메트로폴리탄 박물관 가이드북

서문 토마스 P. 캠벨

메트로폴리탄 박물관, 뉴욕

예일대학교 출판부(뉴헤이븐 · 런던)

차례

머리말

메트로폴리탄 박물관에서 소장품 가이드북을 출판한 지도 거의 30년이 지났습니다. 2009년 제가 관장에 취임했을 때, 늦은 감이 없지 않았지만, 기쁜 마음으로 본 가이드북의 출판을 추진하였습니다. 현재 본 박물관은 관람객들의 예술작품 감상과 이해를 돕기 위해 노력하고 있으며, 그들이 본 박물관 방문을 전후하여 참고할 수 있는 주요 작품 가이드북 출간은 시의적절합니다.

메트로폴리탄 박물관의 방대한 규모를 감안할 때 가이드북 제작은 결코 간단한 작업이 아니었습니다. 우리의 17개 학예 부서가 협력하여 본 박물관 소장품을 가장 설득력 있게 대표할 수 있는 작품을 공동으로 분류하고 각 작품 해설문을 작성하였습니다. 이 공동 작업은 부발행인 겸 출판 총괄 관리인인 그웬 로긴스키와 유럽 회화 부서의 이탈리아 회화 큐레이터인 안드레아 바이어가 맡아 진행하였습니다. 이들은 방대한 양의 자료를 함께 정리하여 짜임새 있는 최종안을 완성하였습니다. 우리 박물관의 우수한 편집팀과 북 디자이너 스티븐 쇤펠더의 재능에 힘입어 이 가이드북은 완성되었습니다.

저는 이 가이드북의 가장 중요한 내용은 메트로폴리탄 박물관의 백과사전적 소장품의 우수한 질과 다양성이라고 생각합니다. 명실공히 메트로폴리탄 박물관은 세계 최고 수준의 박물관으로서 오천 년이 넘는 전 세계 시각문화를 보여줍니다. 두 말할 나위 없이, 우리 박물관의 궁극적인 목표는 관람객들이 우리의 전시실에서 이러한 작품들을 직접 감상하는 것입니다. 이 가이드북은 독자들에게 그러한 영감을 전해 줄 것으로 믿어 의심치 않습니다.

토마스 P. 캠벨

메트로폴리탄 박물관장

서문

토마스 P. 캠벨

메트로폴리탄 박물관이 예술 작품을 수집하기 전부터 견지했던 이상은 예술은 감상을 통해 개인을 고양시킨다는 근본적인 사회적, 도덕적 전제였습니다. 개인의 사고가 고양되고 산업 및 제조업이 진보하면 더 나은 사회가 실현될 것입니다.

메트로폴리탄 소장품의 우수성을 소개하는 이 가이드북의 서문에서 이러한 근본 원칙을 언급하는 것은 중요하다고 생각합니다. 말 그대로 무에서 시작하여 150여 년의 기간 동안 세계에서 가장 위대한(논쟁의 여지는 있지만) 백과사전적 박물관이 된 것을 고려하면 놀라움을 금할 수 없기 때문입니다.

백과사전적 또는 "세계" 박물관이라는 개념은 계몽주의 기간 중 형성된 유럽식 모델에서 비롯되었습니다. 메트로폴리탄 박물관의 사명은 기원전 8천 년까지 거슬러 올라가는 유물을 비롯 모든 문화권과 그 시대를 망라하는 인류의 가장 위대한 예술적 위업을 나타내는 작품을 수집하는 것입니다. 주요 소장품은 17개 학예 부서별로 상설전 및 특정 주제, 시대 또는 예술가에 초점을 맞춘 기획전을 통해 소개되고 있습니다. 이렇게 방대한 작품을 소장하고 있는 메트로폴리탄 박물관은 외견상으로는 관련이 없어 보일지라도 실제로 역사 및 전통의 교류가 가능한 전시를 기획함으로써 관람객들은 단 한 번의 관람으로 전 세계를 횡단하는 것 같은 체험을 하게 됩니다.

메트로폴리탄 박물관의 역사는 많은 면에서 미국 고유의 가치를 대변합니다. 그것은 포부, 시민의 의무감 및 심오한 관대함에 관한 이야기입니다. 수세기 동안 군주의 후원으로 구축된 유럽의 박물관들과는 달리, 1866년 7월 4일 파리에서의 점심식사 중 본 박물관의 구상은 시작되었습니다. 그날 저명한 미국인 변호사 존 제이(John Jay)는 미국의 독자적인 박물관이 필요하다고 선포하였습니다. 그 자리에 동석했던 미국인 동지들은 그 목표의 실현을 위해 함께 맹세했으며, 4년 후 메트로폴리탄 박물관은 탄생하였습니다.

1870년 설립 이래 메트로폴리탄 박물관은 일반 대중의 계몽에 전념하였습니다. 본 박물관의 설립 취지문은 이 점을 명확히 밝히면서 메트로폴리탄 박물관은 "뉴욕 시에 소재하며, 그 목적은 이 도시에서 박물관과 미술 도서관을 설립·운영하고, 예술 연구를 장려·발전시키고, 제조업과 실제 생활에서 예술을 응용하고, 예술과 관련된 일반 상식을 향상하며, 이를 위해 일반 대중을 위한 교육을 제공하기" 위한 것이라고 명시하고 있습니다.

1880년 센트럴 파크 소재 박물관 건물 개관식에서 신탁관리인이었던 조셉

메트로폴리탄 박물관 관람객들, 1910년, 에마누엘 로이체의 회화 〈델라웨어 강을 건너는 워싱턴〉(1851년) 앞에서. 364 페이지 참조.

도판 1. 1880년대의 메트로폴리탄 박물관

C. 초우트는 "근로자 계층의 중요한 실제 관심사"로서 메트로폴리탄 박물관의 개관을 환영하였습니다(도 1). 그러나 초창기 박물관의 개관 시간과 근로자들의 업무 시간이 정확히 겹쳤기 때문에 이 목표가 제대로 수행될 수 없었습니다(도 2). 그 결과, 메트로폴리탄 박물관의 초기 관람객은 소수에 불과하였으며, 당시 통계에 따르면 관람객 대부분이 박물관 설립에 관여한 부유한 사업가군 정도였다고 합니다. 이디스 워튼은 그녀의 소설 『순수의 시대』에서 19세기 후반 메트로폴리탄 박물관을 "관람객이 없어 고독으로 썩었다"고 묘사하고 있습니다. 뉴랜드 아처는 백작부인 올렌스카와 함께 메트로폴

도판 2. 1889년 1월 2일자 『퍽(Puck)』지에 게재된 만화, "그리고 이게 직장인이 귀한 휴일을 박물관에서 보내는 방법이라구."

리탄 박물관의 썰렁한 전시실에 앉아, "아글쎄… 이것도 언젠가는 위대한 박물관이 될 거라고 생각해요"라고 체념한 채 말합니다.

실제로 상황이 점차 변해 갔습니다. 1889년, 수년간의 논의 끝에 메트로폴리탄 박물관은 마침내 일요일에도 개관하기 시작했으며, 1911년도 연례 보고서는 메트로폴리탄 박물관은 "더 이상 상류층만을 대상으로 하지 않는다"고 당당하게 선언하였습니다. 20세기 내내 메트로폴리탄 박물관의 관람객 수와 소장품 규모는 지속적으로 성장하였습니다. 특히 학생들의 관람이 장려되었으며, 수많은 관람객들을 끌었던 중요한 전시회로는 "허드슨-풀턴 축하전"(1909년), "승리를 기원하는 예술가들"(1942년), 〈모나리자〉전(1962년) 및 1978년 "투탕카멘 보물전" 등이 있습니다. 메트로폴리탄 박물관의 지명도가 높아지면서 관람객들도 꾸준히 증가하여, 오늘날 연간 관람객 수는 500만 명이 넘습니다.

흥미로운 점은 일반인을 위해 예술을 제공하고자 했던 본 박물관의 초창기 사명에도 불구하고 수준 높은 진품을 구입할 수 없었다는 것입니다. 걸작품 구입이 불가능할 것이라는 생각이 강하게 지배했던 설립 당시에는 세계적인 걸작품의 전기판 인쇄 복제품과 석고 모형을 수집하는 데 주력하였습니다(도 3). 총 2만 6천 점이 넘는 석고상은 현재의 중세 조각홀과 지금은 주로 유럽시대 전용실로 쓰이고 있는 인접한 두 전시관에 전시되었습니다.

그러나 1902년 대대적인 변화가 일어났습니다. 뉴저지 주 패터슨에서 기관차 제조업을 운영하던 사업가 제이콥 S. 로저스는 메트로폴리탄 박물관에 미술품 구입비로 500만 달러를 기부하였습니다. 그는 괴짜 사업가로서 박물관 후원자라기

도판 3. 석고상을 전시한 메트로폴리탄 박물관 메인 홀, 1907년

도판 4. 메트로폴리탄 박물관 본관 중앙의 정면

보다는 편집증적으로 사람을 싫어했다고 전해지고 있습니다. 재정이 넉넉하지 못했던 메트로폴리탄 박물관은 이 기부금으로 미술 시장의 강력한 세력으로 부상하여 진품을 구입하게 되었습니다. 로저스 기금이 설립된 지 20년이 채 지나지 않아, 이 획기적인 기부금으로 메트로폴리탄 박물관은 브뤼겔의 〈추수하는 농부들〉, 이탈리아 보스코레알레의 폼페이 벽화 및 길버트 스튜어트의 〈조지 워싱턴〉 등 수많은 걸작품을 구입하였습니다.

그러나 메트로폴리탄 박물관 외에도 20세기 초에 걸작품 구입에 매진했던 뛰어난 수집가들이 있었습니다. 당대의 위대한 수집가로는 J. P. 모건, 벤자민 올트만, H. O. 하브마이어를 들 수 있으며, 이들은 이미 탁월한 수집 및 그에 따르는 후한 기부의 전통을 확립하기 시작하였습니다. 그리고 이 전통은 수세대에 걸쳐 박물관 기부자들에 의해 계승되고 있습니다. 이 가이드북을 통해 알 수 있듯이 메트로폴리탄 박물관 학예 부서의 주요 초석은 역사적으로 전무후무했던 우수한 개인 미술 소장품의 기증으로 다져졌습니다. 지속적인 예술작품의 구입을 통해 소장품의 질을 높이고자 하는 박물관의 강한 신념과 함께 이러한 기증의 전통은 오늘날까지 이어져 오고 있습니다.

우리의 소장품과 마찬가지로 메트로폴리탄 박물관의 건물 또한 시대의 흐름에 따라 진화하였습니다. 1880년 센트럴 파크의 한적하고 협소한 곳에 지어진 간소했던 건물은 현재 화려한 5번가를 따라 약 18만 6천 평방미터(200만 스퀘어 피트) 이상으로 확장되었습니다. 오늘날 우리가 보는 신고전주의 양식의 건물 정면은 리처드 모리스 헌트가 설계하여 20세기 초에 건축하였습니다. 북쪽 및 남쪽 윙(각기 1911년과 1913년 건축됨)은 각각 맥킴과 미드 그리고 화이트의 작품입니다. 센트럴 파크 내 건물 증축은 본 박물관의 100주년 기념해인 1970년이 되어서야 끝났으며, 그 후로는 필요에 따라 내부를 개수하고 있습니다.

메트로폴리탄 박물관의 역사를 통해 변하지 않은 것이 있다면, 그것은 학술 장려입니다. 우리의 학술 연구는 전시, 교육 프로그램, 출판, 박물관 웹사이트 등 모든 활동의 기반이 됩니다. 소장품을 이해하지도 해석하지도 못한다면 우리는 문화재 창고 역할밖에는 못할 것입니다. 1906년 메트로폴리탄 박물관이 감행했던 이집트 발굴 조사를 계기로, 본 박물관의 고고학 연구 성과는 고대 문명 연구에서 중요한 역할을 했으며 우리가 출판한 수천 권의 서적 중 다수가 이 분야에서 권위를 인정받았습니다.

이 가이드북의 간행은 메트로폴리탄 박물관 소장품을 찾는 관람객 수의 증가 및 소장품에 관한 정보 수요가 늘어난 것과 궤적을 같이 합니다. 세계 각지에서 수백만 명의 사람들이 박물관 웹사이트에서 예술 작품을 접하고, 나아가 박물관을 방문하여 직접 작품을 감상하고 싶어합니다. 실로 메트로폴리탄 박물관의 소장품만큼 개별 작품 또는 문명으로서 우리에게 강력하게 발언하는 것은 없습니다. 이러한 소장품과 우리들의 연결은 메트로폴리탄 박물관이 시민을 위해 시민에 의해 만들어진 근본적인 이유입니다. 박물관 설립 당시 이는 다소 진보적인 생각이었지만, 교회 또는 왕궁이 아닌 개인의 컬렉션을 일반 대중과 공유하겠다는 확고한 결의를 가졌던 기증자들의 뜻은 현재도 그 의의를 잃지 않고 계승되고 있습니다.

인류의 가장 위대한 예술적 위업을 전시하여 일반 대중을 계몽하고 영감을 주고자 했던 메트로폴리탄 박물관의 설립 취지는 지금도 메트로폴리탄 박물관이 나아갈 방향을 제시해 줍니다. 우리가 이를 성공적으로 실현한다면 이는 모든 예술과 문화에 대한 이해의 폭을 넓히고, 우리가 현재 살고 있는 세계에 대한 국제적 시야의 확대에 공헌할 것입니다. 저는 우리의 미래를 위해 이보다 더 중요한 비전은 없다고 생각합니다.

독자에게 알리는 말씀

메트로폴리탄 박물관의 방대한 소장품을 한 권의 책으로 간행하는 작업은 매우 힘든 일입니다. 이 가이드북은 박물관의 17개 학예 부서를 다섯 섹션으로 분류하여 소개합니다. 이러한 구성은 독자들의 이해를 돕지만, 미국의 소묘 작품이 "유럽" 섹션에 있고 르네상스 시대의 더블릿이 "근대" 페이지에 나오는 등 소수의 예외적인 경우가 불가피하게 발생하였습니다. 이러한 점에 유의하여 가이드북의 큰 맥락을 이해하시기 바랍니다.

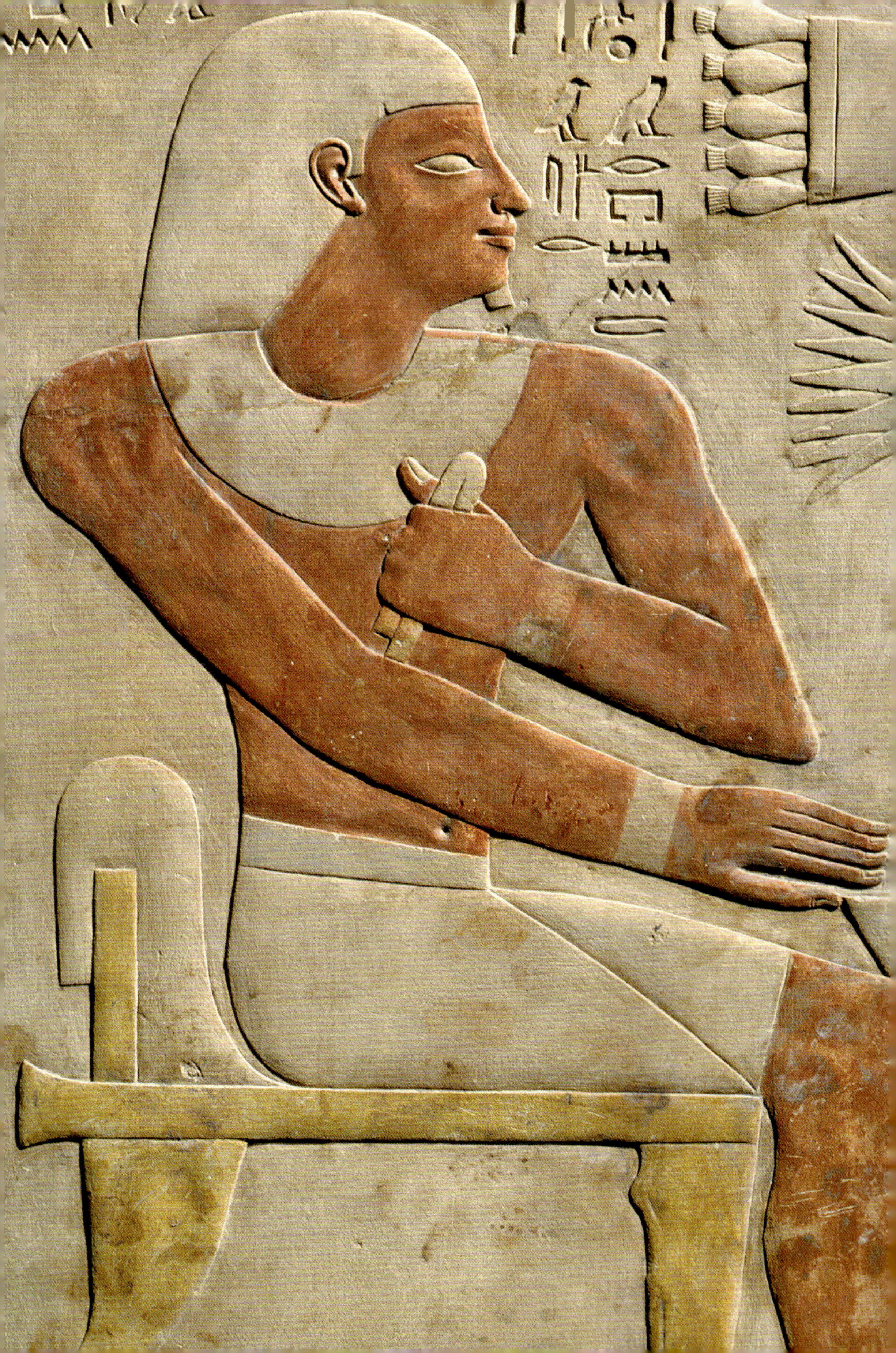

고대

고대 근동 미술

고대 근동 미술 소장품은 7000점 이상의 작품으로 구성되며 그 연대는 기원전 8000년부터 서기 7세기 아랍 정복전쟁 직후까지 포함됩니다. 이 시기의 소장품은 메소포타미아 중심권, 티그리스 강과 유프라테스 강 사이의 광대한 지역에 속하며, 그 지역은 북쪽으로는 코카서스 및 유라시아 스텝지대, 남쪽으로는 아랍 반도, 서쪽으로는 지중해를 경계로 하는 아나톨리아, 시리아 및 레반트 지역, 그리고 동쪽으로는 인더스 강 계곡에 닿아 있는 서중앙아시아와 이란에 이릅니다. 이 지역에서 발굴된 소장품은 매우 다양한 형태, 양식 및 소재로 제작되었고 수천 년 이상 이 지역에서 융성했던 수많은 민족, 도시, 국가를 반영합니다. 이 방대한 작품은 개별적인 중요성뿐만 아니라 인접 문화권의 미술과 연계된 맥락 속에서 전시되고 있습니다. 이 갤러리에서 전시되고 있는 핵심 소장품은 현재 이라크 님루드에 있는 아슈르나시르팔 2세(재위 기원전 883-859년경) 왕궁터에서 출토된 귀중한 아시리아 부조군입니다. 1800년대 후반에 수장하게 된 본 박물관의 최초 고대 근동 미술품은 아시리아 석재 부조, 설형문자 점토판, 스탬프 인장과 원통형 인장이었으며, 그 이후 작품 기증 및 구매를 통해 그리고 근동 지역 고고학 발굴조사에 참여하여 소장품을 추가해 왔습니다. 또한 상설 전시는 타 박물관의 소장품을 장기 대여하여 그 내용이 더욱 풍성해졌습니다.

산양 문양 항아리

이란, 금석병용시대, 기원전 3800–3700년경
채색 도기, 높이: 53cm
매입, 조지프 퓰리처 유증, 1959 (59.52)

이 타원형의 항아리는 원시 도기의 걸작이며, 양식화되었지만 동적인 장식을 보여줍니다. 아이벡스 산양 한 마리가 여섯 개의 가로줄 위에 옆모습이 묘사되어 있으며 이 줄들은 항아리의 가장 넓은 부분을 두르면서 거대한 크기를 강조합니다. 산양 다리 사이의 둥근 공간과 산양 뿔이 형성하는 과장된 곡선은 항아리의 둥그런 형태와 조응하며 직선과 지그재그선이 번갈아 가며 산양의 양편 공간을 장식하고 있습니다. 전체적으로 세련된 기법을 통해 움직임과 역동감이 살아납니다.

무릎 꿇은 자세로 주구형 용기를 들고 있는 황소

이란, 원시 엘람 시대, 기원전 3100–2900년경
은제, 높이: 16.3cm
매입, 조지프 퓰리처 유증, 1966 (66.173)

이 소형 은제 황소상은 계단 문양이 있는 의복을 입고 주구형 그릇을 들고 있으며, 인간과 동물의 특징을 함께 보여 줍니다. 인간의 자세로 묘사된 동물 작품은 초기 이란 미술에 나타나며, 자연력의 상징이었거나 신화 또는 우화의 주인공이었을 것으로 추정합니다. 텅 빈 몸통 안에 조약돌이 들어 있던 걸로 미루어 보아 이 용기는 의식에서 방울로 사용되었을 것입니다. 발굴 당시 조각상에 부착된 천 조각으로부터 제례 의식의 일환으로서 의도적으로 매장되었음을 추정케 합니다.

뿔 달린 사람

이란 혹은 메소포타미아, 원시 엘람 시대
기원전 3100–2900년경
동합금, 높이: 17.5cm
매입, 릴라 애치슨 월러스 기증
2007 (2007.280)

금속 조각 초창기에 성행했던 로스트왁스법으로 주조한 이 역동감 넘치는 조각상은 소형이지만 비범한 힘과 기념비성을 표현합니다. 이란과 메소포타미아 고원 지역에서 발견되는 코가 위로 향한 부츠를 신고 있으며 에너지가 넘치는 이 남성상은 거의 동일한 모습으로 쌍을 이룬 입상 중 하나였습니다. 머리 위 아이벡스 산양 뿔과 어깨에 걸친 맹금의 몸과 날개는 이 남성의 강력한 힘을 강조합니다. 원시 엘람 시대 이란 미술의 특징인 인간과 동물을 합성한 모습은 초자연적 세계를 나타내고 아마도 샤머니즘적 신앙을 표현하고자 한 것 같습니다.

남성 입상

메소포타미아, 에슌나(현재 텔 아스마르) 출토
초기 왕조 I–II 시대, 기원전 2900–2600년경
석고, 조개껍질, 흑석회암, 역청
높이: 29.5cm
플레처 기금, 1940 (40.156)

두 손을 합장하고 눈을 크게 뜬 채 응시하고 있는 이 입상은 신전에서 발굴되었으며, 다른 11개의 입상과 함께 제례용으로 부장되었습니다. 이러한 12개의 입상은 모두 신 앞에서 영원히 기도하는 숭배자 상이었을 것으로 생각합니다. 커다란 두상에 조개껍질과 흑석회암으로 상감세공을 한 돌출한 눈이 이 입상의 특징입니다. 각진 수염의 양 옆으로 양식화된 머릿단이 떨어져 내리며, 머리카락과 수염에는 제작 당시 채색했던 역청의 흔적이 보입니다. 이 입상은 초기 왕조 시대의 사실적인 작품과 동시대에 제작된 수메리아 조각에 나타난 추상 기하학 양식을 보여줍니다.

통치자의 두상

이란 또는 메소포타미아, 초기 청동기 시대
기원전 2300–2000년경
동합금, 높이: 34.3cm
로저스 기금
1947 (47.100.80)

이 등신대 두상의 실제 모델과 제작지는 미상입니다. 이 두상에서 볼 수 있는 숙련된 솜씨, 혁신적 기술, 고가의 재료인 동합금 등은 실제 모델이 왕 또는 상류층이었음을 암시합니다. 두상의 눈은 고대 근동 미술의 특징인 대조적인 색채로 상감세공되었을 것입니다. 우아하게 빗질한 수염의 패턴, 깔끔하게 다듬은 턱수염과 직물 터번의 곡선과 사선은 부식된 청동 표면에서도 여전히 드러납니다.

원통형 인장과 인영: 수렵도

메소포타미아, 후기 아카드 시대, 기원전 2200–2100년경
처트, 높이: 2.8cm
W. 게드니 비티 유증, 1941 (41.160.192)

두 장면이 묘사된 이 원통형 인장은 양식화된 풍경에 의해 전체적으로 통일됩니다. 한 장면에는 두 그루의 키 큰 나무 사이에서 아이벡스 산양의 뿔을 잡고 있는 사냥꾼이 보이며, 그 머리 위에는 이 인장 소유자가 궁정 관리인 발루-일리였으며 그의 직업은 연회에서 술을 따르는 사람이었음을 밝히는 설형문자가 쓰여 있습니다. 다른 장면에는 산 위에서 세 그루의 나무를 사이에 두고 마주보고 있는 아이벡스 산양들이 보입니다. 이 인장이 제작된 아카드 시대는 새로운 신화, 테마, 이야기 등 다양한 도상을 인장에 새겨 넣었습니다.

구데아 좌상

메소포타미아, 기르수(현재 텔로) 출토 추정, 신 수메리아 시대, 기원전 2090년경
섬록암, 높이: 44cm
해리스 브리스베인 딕 기금, 1959 (59.2)

구데아가 다스렸던 수메리아의 도시 국가인 라가슈는 이 조각상이 발견된 것으로 추정되는 고대 도시 기르수를 둘러싸고 있었습니다. 좌상의 인물 예복에 "왕조의 시조이신 구데아를 장수하게 하소서"라는 설형문자가 세로로 새겨져 있습니다. 신전에 모셔졌을 것으로 생각되는 이 좌상에 새겨진 명문은 라가슈 신들에게 통치자의 장수를 직접 탄원하는 수단이 되었을 것입니다. 진지한 표정과 주름진 손에서 좌상의 역할에 합당한 경건함과 차분함이 느껴집니다.

펜던트와 비즈 (세부)

메소포타미아. 전 딜바트 출토, 고 바빌로니아기
기원전 1800–1600년경
金; 가장 큰 메달 직경은 3.6cm
플레처 기금,
1947 (47.1a2, .1a4 –.1a9, .1a11, .1a12, 1b–i)

이 펜던트와 비즈 장신구는 메소포타미아에서 출토된 고대 금세공품의 가장 중요한 예에 속합니다. 이들 여러 가지 장신구의 폭넓은 양식, 다양한 금 합금 방식, 상이한 수준의 세공 기술에 비추어 볼 때 한 개의 목걸이를 구성했던 것이 아니라 따로따로 존재했던 요소를 한데 모아 놓은 것으로 보입니다. 각 펜던트는 악으로부터 보호해주는 신 또는 신의 상징을 나타냅니다. 당시 사람들은 이러한 형상 자체에 펜던트의 상징물이 나타내는 신 또는 여신이 마술적으로 존재한다고 믿었던 것 같습니다.

도끼머리

박트리아-마르기아나(중앙아시아)
청동기 시대, 기원전 2000년경
은, 금박, 길이: 15cm
매입, 해리스 브리스베인 딕 기금, 제임스 N. 스피어 및 쉼멜 재단 기증, 1982 (1982.5)

우수한 기술을 이용하여 은으로 주조한 후 금박으로 도금한 이 도끼는 머리가 새의 형상인 악마가 멧돼지 및 용과 싸우는 장면을 묘사하고 있습니다. 멧돼지의 형상은 억센 털로 덮인 등이 도끼날(상부 우측) 형태를 형성하기 위해 둥글게 뒤틀려졌으며 하단부의 구멍은 목재 손잡이를 고정하기 위한 것입니다. 값비싼 재료를 사용한 이 무기는 실제적 기능보다는 제례용이었을 것입니다. 기원전 3000년대 후반부터 2000년대 초까지 박트리아-마르기아나에서는 찬란한 도시문화가 꽃피었습니다. 이란, 메소포타미아, 아나톨리아 등 여러 문명의 사치품과 실용품 교역이 이 도시문화를 지탱했던 중요한 요소였습니다.

가구 받침대

아나톨리아, 아젬효육 출토 추정, 고 아시리아 상업 식민지 시기, 기원전 1800 – 1700년경
하마 상아, 금박, 높이: 12.7cm
조지 D. 프랫 기증, 1932 (32.161.46)

상아로 만든 이 스핑크스는 가구를 받쳐주는 네 개의 작은 받침대 중 하나입니다. 스핑크스의 몸은 사자의 형상이며 나선형의 머리 모양은 이집트 하토르 여신으로부터 유래하였습니다. 아나톨리아 미술에 나타나는 이집트적 특징과 모티프는 기원전 2000년대 초반 문화교류의 증거를 보여줍니다. 이러한 가구 받침대는 이 시기 북부 메소포타미아의 아시리아 상인들이 세운 상업 식민지 중 한 곳에서 사용되었을 것입니다.

수사슴 형상의 잔

중앙 아나톨리아, 히타이트 제국시대
기원전 1400 – 1200년경
은, 금 상감, 높이: 18cm
노버트 쉼멜 트러스트 기증, 1989 (1989.281.10)

한쪽 끝이 동물 상반신 모양을 한 이 술잔은 근동 고대 용기의 특징적 형태입니다. 뿔이 완전히 자란 수사슴은 히타이트 미술 고유의 자연주의풍으로 아름답게 묘사되어 있습니다. 용기 몸체의 형상은 최소 12장의 은판을 타출하여 만들었습니다. 잔의 테두리에는 제례 또는 종교 의식에 참여 중인 인물군이 타출기법으로 묘사되어 있는데, 이는 아마도 수렵의 성공을 축하하는 장면 같습니다. 히타이트 제국의 제례용 유물 소장품에는 이러한 동물 문양 잔이 포함되어 있습니다.

사람 머리 형상을 한 날개 달린 사자상

메소포타미아, 칼후(현재 님루드) 출토, 신 아시리아기
아슈르나시르팔 2세 재위기, 기원전 883–859년경
설화 석고, 높이: 3.1m
존 D. 록펠러 Jr. 기증, 1932 (32.143.2)

이 날개 달린 사자상은 님루드 소재 아슈르나시르팔 2세의 왕궁 입구 및 출입구에 설치되어 악으로부터 왕을 수호하고, 모든 출입자들에게 강한 인상을 주고자 했던 날개 달린 짐승 형상의 대형 석상 중 하나였습니다. 이 석상의 뿔 달린 모자는 고대 근동의 신을 나타냅니다. 이 사자상의 다섯 개의 다리는 정면에서 보면 확고하게 서 있는 자세로 보이지만 측면에서 보면 앞으로 걸어가는 것처럼 보이게 합니다. 따라서 이 사자상은 두 각도에서 보아야 완전해지며, 이로 인해 두 시점의 초자연적인 수호력을 표현합니다.

아슈르나시르팔 2세 부조

메소포타미아, 칼후(현재 님루드), 신 아시리아기
아슈르나시르팔 2세 저위기, 기원전 883–859년경
설화 석고, 높이: 234.3cm
존 D. 록펠러 Jr. 기증, 1932 (32.143.4)

님루드의 왕궁 실내는 저부조를 조각한 대형 석판과 밝은 색으로 채색된 벽과 천장, 출입구를 지키는 조각상들로 장식되어 있었습니다. 이 부조에서 아슈르나시르팔 2세는 그의 지위를 나타내는 꼭지가 작은 원추형 모자를 쓰고 있습니다. 그는 자신의 권위를 상징하는 활을 왼손에 쥐고 오른손에는 제례 봉헌용 대접을 들고 있습니다. 왕 앞에 서 있는 수행원은 파리채로 왕 주위의 공기를 환기시키고 있으며 왕의 봉헌 대접을 채울 것이 든 국자를 들고 있습니다. 이 장면에서는 인물들의 근엄하고 침착한 태도에서 제례적 성격을 읽을 수 있습니다.

걷는 사자상

메소포타미아, 바빌론(현재 힐라), 신 아시리아기
네부카드네자르 2세 재위기, 기원전 604–562년
채유 벽돌, 높이: 97.2cm
플레처 기금, 1931 (31.13.2)

네부카드네자르 왕이 기원전 천년 중반경 고대 도시 바빌론을 다시 건설하라는 명령을 내렸을 때, 신화 속에 등장하며 사람들을 수호하는 힘이 있는 신성한 야수와 동물상들이 화려한 색의 채유 벽돌로 묘사되어 신전의 벽, 문, 궁정을 장식하였습니다. 이 사자상은 메소포타미아 여신 이슈타르의 힘을 상징하며, 바빌론에 있는 행렬의 길 양쪽 벽을 장식했던 120여 마리 사자상 중 하나였습니다. 그들의 역할은 이 신성한 길을 보호하는 것이었으며, 바빌론 신상들이 이슈타르 문에서 축제 신전까지 이 길을 따라 운반되는 신년 축제 기간 중에는 그 역할이 특히 중요하게 간주되었습니다.

공물 옮기는 사람

메소포타미아, 칼후(현재 님루드) 출토
신 아시리아기, 기원전 800–700년경
상아, 높이: 13.5cm
로저스 기금, 1960 (60.145.11)

기원전 9세기부터 7세기까지 아시리아인들은 메소포타미아, 시리아, 레반트, 그리고 짧은 기간이었지만 이집트까지 통치하였습니다. 제국의 많은 지역으로부터 아시리아의 대도시로 온갖 종류의 공물이 이송되었고, 숙련된 장인들이 몰려들었습니다. 이 조각상에 묘사된 인물은 아시리아 왕을 위해 자신의 고향에서 공물을 운반하고 있습니다. 그의 공물은 원숭이, 오릭스(아프리카 영양)와 표범가죽 등 모두 이집트 남부에 서식하는 동물입니다. 이 조각 작품은 왕궁의 가구를 장식했던 것으로 추정되며 이집트풍이 선명한 자세와 이목구비 등에서 페니키아 양식의 흔적을 엿볼 수 있습니다.

스핑크스 투조 장식판

시리아, 하다투(현재 아슬란 타슈) 출토 추정
신 아시리아기, 기원전 900 – 700년경
상아, 금박, 높이: 6.4cm
플레처 기금, 1957 (57.80.4a, b)

이 상아 장식판은 시리아 아슬란 타슈의 제국 전초기지에 있던 신 아시리아기 건물에서 출토되었을 것입니다. 그 앞발 밑에는 연꽃이 있고 가발과 넓은 옷깃을 걸친 이 날개 달린 스핑크스 와상은 이집트적 주제이지만 얼굴 표정은 시리아 양식입니다. 시리아 양식의 대형 가구에 등장하는 개별 인물은 옆모습으로 묘사되고 대칭 구도로 병치될 때가 많습니다. 이 경우는 두 마리의 스핑크스가 등을 서로 맞대고 별개의 두 장면을 형성합니다. 이들은 아마도 지금은 소실된, 쌍을 이룬 나무 양 옆에 늘어서 있었을 것입니다.

사자 형상의 잔

이란, 아케메네스 왕조 시대
기원전 600–500년경
금, 높이: 17cm
플레처 기금, 1954 (54.3.3)

사자의 상반신 형상을 한 이 우아한 술잔은 아케메네스 왕조 시대 금세공품 중 걸작품입니다. 이런 유형의 그릇은 왕가의 제례 의식용으로 사용되었으며, 오래전부터 귀금속으로 술잔을 제작했던 전통을 반영하였습니다. 으르렁거리는 사자의 야수성을 관습에 따라 장식적으로 표현한 것은 아케메네스 양식의 전형적인 특징입니다. 이 그릇을 만들기 위해 여러 조각의 금속을 연결 부위가 보이지 않게 경납땜으로 연결했으며, 이는 당시의 뛰어난 기술을 말해 줍니다. 약 41.2m 길이의 꼬인 철사는 44개의 짝수 줄로 이루어진 그릇의 상부 띠를 장식하고, 사자 입의 위쪽은 작은 갈비 형상을 이루고 있습니다.

새와 동물 문양이 있는 잔

트라키아, 기원전 400–300년경
은, 높이: 18.7cm
로저스 기금, 1947 (47.100.88)

이 은잔은 트라키아 장식기술의 좋은 예로, 현재 루마니아 또는 불가리아에 해당하는 지역에서 만든 것으로 추정합니다. 뛰어난 장식 기법으로 동물을 표현하고, 동물의 뿔 끝이 새의 머리로 변하는 형상은 기원전 천년 전 러시아 남부의 스텝지대로부터 유럽 전역에 퍼져 있던 유목 민족 미술의 특징입니다. 동시대의 스키타이 및 이란 양식의 영향이 일부 눈에 띄기는 하지만, 이러한 장면은 트라키아의 도상이 확실하며 필시 원주민의 신화 또는 전설을 표현합니다.

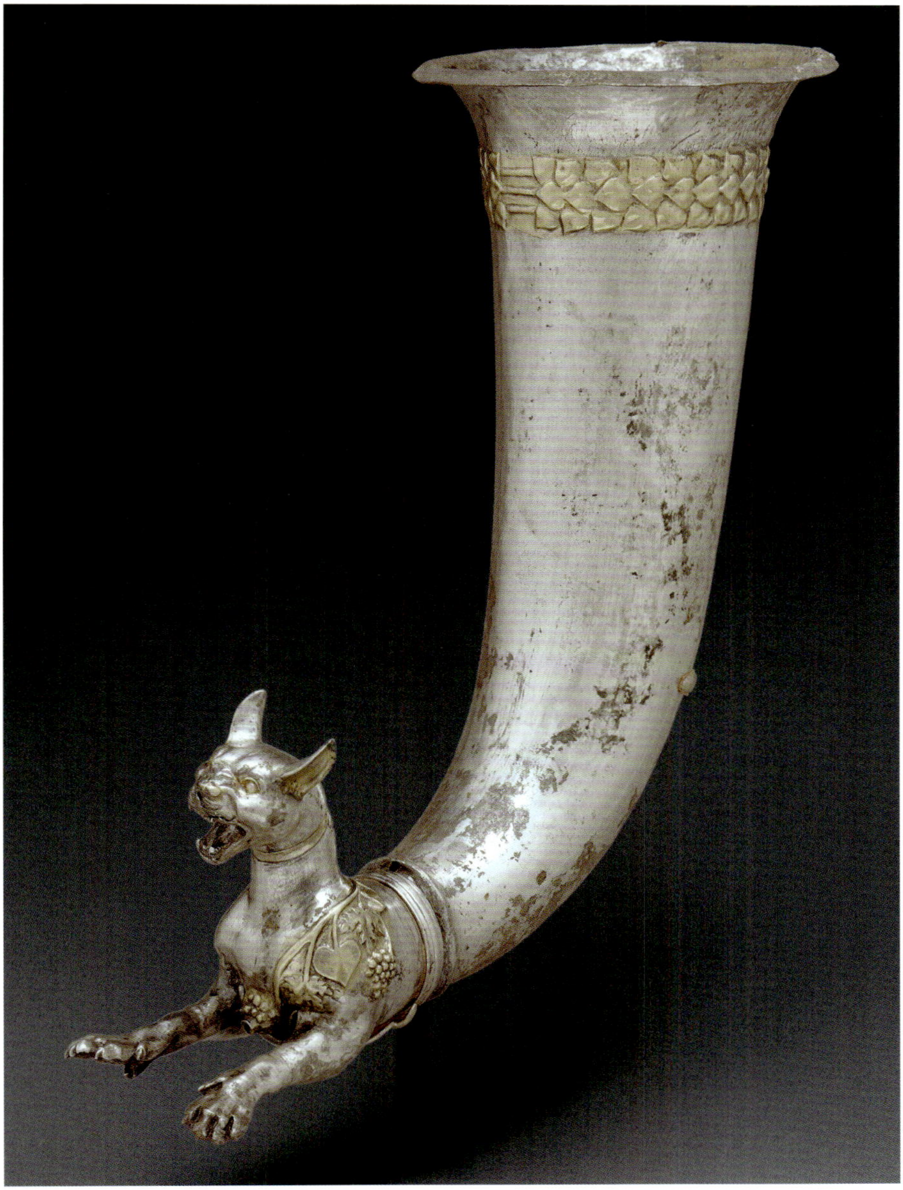

들고양이 형상의 뿔잔

이란, 파르티아 왕조 시대
기원전 100년경–서기 100년경
은, 수은박, 높이: 27.5cm
매입, 로저스 기금, 에니드 A. 하웁트, 도널드 M. 오엔슬라거 뮤리엘 팔리츠 및 기어트 C. E. 프린스 기증, 폴린 V. 풀러턴 유증, 메리 쿠싱 포스버그, 에드워드 C. 무어 및 스티븐 휘트니 피닉스 교환에 의한 유증
1979 (1979.447)

동물 머리 형상의 술잔과 함께 전면에 구멍이 있는 뿔잔은 고대 근동 사회에서 매우 중요하게 간주되었습니다. 들고양이(표범으로 추정) 형상을 한 이 뿔잔은 가슴 중앙에 술이 나오는 주둥이가 있고, 그 주위에는 담쟁이와 포도덩굴 화환이 드리워져 있습니다. 표범, 담쟁이, 포도가 열린 포도덩굴은 모두 그리스의 풍요와 술의 신 디오니소스와 관련된 상징입니다. 이 뿔잔의 이미지와 형태는 근동 및 그리스의 요소를 결합하였는데, 이는 당시 폭넓은 문화 교류와 영향이 있었음을 입증합니다.

묘비

시리아, 팔미라 출토 추정
서기 100-300년경
석회암, 높이: 51.4cm
매입, 1902 (02.29.1)

이 고부조 조각상은 연회 장면을 묘사한 것으로, 한 남자와 그의 아들 그리고 두 딸의 전신상을 보여줍니다. 이 묘비는 팔미라에 있는 어느 가족묘의 개구부를 막는 데 사용했던 것으로 추정됩니다. 서기 1세기 중엽까지 팔미라("종려나무가 있는 곳")는 파르티아 왕조 시대의 근동 지역과 로마령의 지중해 항을 이어 주던 대상의 길을 따라 형성된 부유하고 인상적인 도시였습니다. 도시의 전성기를 맞은 팔미라 시민은 파르티아 왕조의 이란과 서방의 그리스와 로마로부터 관습 및 의복 양식을 받아들였는데, 이 혼합 양식은 팔미라의 미술에도 나타납니다.

향로

아라비아반도 남서부, 기원전 500년경
청동, 높이: 27.6cm
시드니 A. 살라트 박사가 그의 부모님 뉴먼 및 아델레 살라트를 추모하여 기증
1949 (49.71.2)

기원전 천년 중엽부터 서기 6세기까지 아라비아반도 남서부 왕국은 아라비아반도와 지중해 연안 국가들 간의 향료 무역을 지배하여 막대한 부와 권력을 누렸습니다. 이 청동 향로는 아라비아 반도 남서부인들의 종교에서 향로가 차지하는 중요성을 반영합니다. 아이벡스 산양과 뱀 장식은 생식능력과 다산을 나타내는 강력한 액막이의 상징입니다. 원반과 초승달 상징은 아마도 상위 신인 월신을 나타내는 것 같습니다.

수렵 문양이 있는 접시

이란, 사산 왕조 시대, 서기 400–500년경
은, 수은박
직경: 20.1cm
매입, 릴라 애치슨 월러스 기증
1994 (1994.402)

이 접시는 사산 왕조 시대 미술 특유의 복잡한 기술로 아름답게 제작되었으며, 이후 11세기에 쓰여지는 이란의 대서사시 『샤나마』(왕의 책)에 포함되는 이야기를 묘사합니다. 『샤나마』 에서 사산왕 바흐람 구르 또는 바흐람 5세(재위 420-438년)는 그가 총애하는 악사 아자다로부터 궁술 묘기를 보여달라는 요청을 받습니다. 바흐람 구르왕은 수컷 가젤에게 활을 쏘아 그 뿔을 제거하여 암컷처럼 보이게 하고, 암컷 가젤의 머리에는 활을 두 번 쏘아 그 머리에 박힌 두 개의 화살이 수컷의 뿔처럼 보이게 한다는 이야기가 묘사되어 있습니다.

이집트 미술

메트로폴리탄 박물관 이집트 미술 소장품의 핵심 작품은 전 세계에서 손꼽히는 중요한 이집트 미술 소장품에 해당하며, 대부분 20세기 초반에 수집되었습니다. 이 소장품의 주요 작품은 이집트의 여러 지역에서 메트로폴리탄 박물관이 발굴한 유물로서 이집트 고대 유물 당국이 발굴 유물을 분배할 때 메트로폴리탄 박물관에 할당되었습니다. 또한 시간이 흐르면서 다수의 중요 개인 소장품과 단일 작품이 유증되기도 하고, 메트로폴리탄 박물관에서 직접 매입하기도 하였습니다. 그 결과, 이집트 미술 소장품은 고고학적 맥락을 지닌 작품이 특히 풍부합니다. 예를 들면, 여성 파라오였던 하트셉수트를 나타내는 기념비적 조각상과 타의 추종을 불허하는 중왕국 시대의 보석류 등 뛰어난 공예 기교를 보여주는 유물을 소장하게 되었습니다. 이러한 작품들이 제작된 연대는 약 30만 년 전부터 서기 400년까지입니다. 나일 계곡에 인류가 정착했던 시기로부터 파라오의 상형문자 사용이 중단되고 전통적인 제례의식이 점차 사라져가는 시기에 이르기까지, 관람객들은 소장품의 장구한 연대기를 따라 세계에서 가장 위대한 문화권 중 하나인 이집트 문화의 예술적 위업을 감상할 수 있습니다. 직접적이며 일관성 있는 예술 언어로 묘사된 자연 형상과 뛰어난 인간 조각상 등 이집트 문화의 실감나는 표현으로 인해 이집트 미술 전시관은 수많은 관람객들이 방문하는 곳입니다.

걷는 남자상

엘 카브, 고왕국, 제4왕조, 기원전 2575 – 2465년경
규암, 도료, 높이: 89.5cm
해리스 브리스베인 딕 기금, 1962 (62.200)

이 활기찬 남성상은 이집트 남부 지방의 어느 귀족의 부장품으로 제작되었으며, 넓은 어깨, 날씬한 허리, 헤비급 운동선수와 같은 근육질 팔다리를 보여줍니다. 손과 발은 유난히 크며 규범적이라 할 수 있는 걷는 자세는 거의 호전적인 양식으로 묘사되었습니다. 가는 콧수염 밑의 큰 입은 결의에 찬 듯 굳게 다물고 있으며, 코 옆의 깊은 주름살은 피라미드 시대의 남성에게나 걸맞는 표정을 만들어 냅니다.

니카레 가족 조각상

사카라 출토 추정, 고왕국, 제5왕조, 니우세레 재위기
기원전 2420–2389년경 또는 그 후로 추정
석회암, 도료, 57 × 22.5 × 32.5cm
로저스 기금, 1952 (52.19)

곡물창고 관리였던 니카레는 니우세레 재위기 또는 그 이후 경제 분야에서 중요한 역할을 하였습니다. 그의 묘에서 출토된 네 개의 조각상 중 두 개를 메트로폴리탄 박물관이 소장하고 있습니다. 그 중 한 개(화강암 소재)는 그를 서기로 표현합니다. 그는 이 조각상에서 당당한 가장으로 묘사되었습니다. 그의 아내 쿠에누브는 그의 왼쪽 다리 옆에 꿇어앉아 있으며 어린 딸 쿠네브티는 오른쪽 다리 옆에 서 있습니다. 신체의 여러 부분을 해부학적으로 자세히 묘사한 조각술이 주목할 만하며 제작 시의 채색 흔적은 조각상에 생기를 불어넣습니다.

페르넵의 묘

사카라, 스텝 피라미드 북측
고왕국, 제5왕조, 이세이 또는 유니스 재위기, 기원전 2381–2323년경
석회암, 도료, 높이: 4.82m
에드워드 S. 하크니스 기증, 1913 (13.183.3)

페르넵은 왕의 의복 정장을 담당했던 궁정 관리였습니다. 그의 묘 상부구조는 벽화가 있는 봉헌물실로 구성되어 있는데, 이는 현관을 통해 중정에서 들어가도록 제작되었습니다. 봉헌물실 내부의 양식화된 감실 출입구(소위 가짜 출입구)는 사자(死者)를 상징적으로 접촉하는 공간이었습니다. 장식된 봉헌물실 자체뿐만 아니라 중정 및 페르넵의 조각상을 위한 부속실도 메트로폴리탄 박물관이 소장하고 있으므로, 이는 묘 전체를 완전하게 형성하는 유일무이한 박물관 소장품입니다.

배 모형

테베, 아사시프 남부, 메케트레 묘
중왕국, 제12왕조, 아메넴헤트 1세
재위 초기, 기원전 1981–1975년경
목재, 젯소, 도료, 마 노끈, 마포
높이: 37cm, 노 포함 30.5cm
키 포함 175cm
로저스 기금 및 에드워드 S. 하크니스 기증
1920 (20.3.1)

아메넴헤트 1세 통치 초기에 제작된 이 고대 모형은 노를 들어올리고 강 하류로 흘러가고 있는 하천선을 표현합니다. 강한 북풍 아래서 강 상류로 이동할 때만 범주가 가능하였습니다. 하류로 내려갈 때는 돛대(여기는 없음)를 접어 백색 크로치에 수평으로 눕혀둡니다. 조타수는 기다란 단일 키를 조종하고, 뱃머리에 있는 선원은 시시각각으로 변하는 물골의 수심을 측정할 준비를 하고 있습니다. 아메넴헤트 통치 시 고위 관리였던 메케트레는 객실 앞에 앉아 장님 하프 연주가와 가수가 연주하는 음악을 듣고 있으며, 그 앞에는 선장이 서 있습니다.

멘투오세 석비

아비도스, 중왕국, 제12왕조, 기원전 1945년경
석회암, 도료, 104.3 × 47.9cm
에드워드 S. 하크니스 기증, 1912 (12.184)

중왕국 시대 이집트인들은 오시리스(내세의 신)의 죽음과 부활을 기리는 연례 축제에 대리인으로서 영원히 참여하기 위해 아비도스에 석비를 세웠습니다. 현존하는 가장 훌륭한 석비 중 하나인 이 석비는 관리였던 멘투오세가 봉헌하였으며, 의식에 참여하는 그의 부친, 아들, 딸과 함께 봉헌 테이블에 앉은 모습으로 묘사되었습니다. 비문에 의하면 이 석비는 세누스레트 1세 재위 17년에 봉헌되었으며, 멘투오세의 공무 수행, 정직성, 성공, 빈민에 대한 선행을 칭송하고 있습니다.

공물을 운반하는 여인

테베, 아사시프 남부, 메케트레 묘, 중왕국
제12왕조, 아메넴헤트 1세 재위 초기
기원전 1981–1975년경
목재, 젯소, 도료, 112 × 16.5 × 46.5cm
로저스 기금 및 에드워드 S. 하크니스 기증
1920 (20.3.7)

고왕국 시대에 제작된 부조에서 음식 공물을 옮기는 여인에게는 특정 묘의 장례식을 집행하는 지명을 레이블로 부착하였습니다. 그러나 이 여인상에는 이름이 부착되지 않았지만, 장식은 많습니다. 머리에는 음식 바구니를 이고 오른손에 오리를 들고 운반합니다. 현재 카이로에 있는 조각상과 한 쌍을 이루며 왕궁의 고위 관리였던 메케트레의 묘를 위해 제작되었습니다. 여인상의 보석 장식과 깃털이 달린 의복을 통해 판단해 보면, 이 여인은 하녀 신분에 그치지 않고 죽은 자를 지키는 여신인 이시스와 네프티스의 역할과 흡사한 역할을 했던 반여신이기도 하였습니다.

세누스레트 3세 스핑크스

테베, 카르나크, 중왕국, 제12왕조, 기원전 1878–1840년경
편마암, 길이: 42.5 × 29.3 × 73cm
에드워드 S. 하크니스 기증, 1917 (17.9.2)

이집트의 스핑크스상은 사자 몸, 사람 머리 그리고 여기에서 보는 바와 같이 자주 황소 꼬리를 결합합니다. 이는 왕의 권력을 가장 무시무시한 형태로 나타내는 것이었으며, 왕궁과 신전 입구를 보호하기 위해 자주 도입되었습니다. 조각가가 석재 줄무늬를 이용하여 사자 몸을 강조한 점이 이 스핑크스의 특징입니다. 두상은 파라오 세누스레트 3세의 무서운 표정을 보여줍니다. 제례 의식용 턱수염 밑에는 세레크 양식으로 된 궁의 파사드가 왕의 이른바 호루스명(형태의 신성함) 및 즉위명(광명은 라의 생명력[카]이다.)과 함께 새겨져 있습니다.

세누스레트 3세 안면상

중왕국, 제12왕조, 기원전 1878–1840년경
적색 규암, 높이: 16.5cm
매입, 에드워드 S. 하크니스 기증, 1926 (26.7.1394)

세누스레트 3세의 조각상에서 분리된 이 안면상은 그의 이름이 새겨진 스핑크스(앞 페이지)에 묘사된 동일 통치자와 비교하면 현저하게 다른 관점을 보여줍니다. 스핑크스의 살찐 얼굴은 몹시 지쳐 보이지만 이 안면상은 산뜻하고 생기가 있어 보입니다. 스핑크스의 아몬드형 눈은 작고 위협적이지만, 아래를 응시하는 이 안면상의 눈은 내성적인 표정을 짓고 있는데, 이는 코 위의 깊은 주름살로 인해 더욱 강조됩니다. 마지막으로, 스핑크스의 처진 입꼬리는 적의를 품은 인상을 주는 반면, 이 규암 소재 안면상은 온화하고 포용력이 있어 보입니다.

시타토류네트 공주의 흉부 장식

라훈, 시타토류네트 묘, 중왕국, 제12왕조, 세누스레트 2세 재위기, 기원전 1887–1878년경
金, 홍옥수, 장석, 석류석, 터키석, 청금속
목걸이 길이 82cm, 흉부 장식 4.5 × 8.2cm
매입, 로저스 기금 및 헨리 월터스 기증
1916 (16.1.3)

이집트의 보석류 제작은 중왕국 시대에 최고조에 달했으며, 세누스레트 2세 재위기에 제작된 이 흉부 장식은 당대 가장 뛰어난 걸작 중 하나입니다. 375개의 반보석을 금 칠보에 상감한 다색 문장 구성의 양 옆에 쉔(통치권) 표지를 잡고 있는 두 마리의 태양 매가 있습니다. 이 두 마리의 매와 매의 머리 위 코브라의 꼬리에 매달린 두 개의 앙크(생명) 상형문자 사이에 세누스레트 2세의 이름이 보입니다. 그 밑에 영원의 신 헤는 종려나무 가지("년"를 나타내는 상형문자)를 잡고 있으며 그의 팔꿈치에 걸린 줄에는 올챙이("10만"을 나타내는 상형문자)가 매달려 있습니다.

하마상

메이르, 센비 묘, 중왕국 초기
제12왕조 초기, 기원전 1981–1885년경
파양스 도기, 11.2 × 20cm
에드워드 S. 하크니스 기증, 1917 (17.9.1)

하마떼는 농부의 전답을 통과하는 것만으로 이를 다 망쳐 놓을 수 있지만, 고대 이집트인들은 이 동물을 모든 생명의 근원인 진흙탕 물의 유익한 동물로 숭배하였습니다. 파괴와 창조의 양면성으로 인해 하마상은 특별한 마력을 지니게 되었으며 종종 묘에 매장되었습니다. 메트로폴리탄 박물관이 소장하고 있는 하마상은 어느 관람객 가족이 윌리엄이라는 별명을 붙여 주었습니다. 이 가족은 『펀치』 잡지에 자기 집에 윌리엄이라고 부르는 이 하마 복제품이 있는데 이 하마의 표정이 가족의 결정 사항에 대한 승인 또는 거부를 나타낸다고 공언하는 이야기를 기고하였습니다.

하트셉수트 스핑크스

테베, 데르 엘 바리, 세넨무트 채석장, 신왕국, 제18왕조
하트셉수트 및 투트모세 3세 공동 재위기
기원전 1473–1458년경
화강암, 도료
높이: 164cm, 길이: 3.43m
로저스 기금, 1931 (31.3.166)

이 위엄 있는 스핑크스는 하트셉수트와 그녀의 의붓아들이었던 투트모세 3세 공동 통치기 중 제작되었습니다. 이 여성 파라오가 기원전 1458년에 사망한 후 투트모세 3세는 데르 엘 바리 신전에 있던 하트셉수트의 다른 조각품들과 함께 이 작품을 파괴하여 채석장에 버리도록 명령하였습니다. 1920년대에 메트로폴리탄 박물관의 발굴단은 이 조각난 작품을 발굴하여 복원하였습니다. 당시 발굴된 여섯 개의 화강암 스핑크스 중 네 개는 크기가 다른 것으로 보아 신전 경내에 단독으로 세워졌던 것 같습니다. 무게가 6,758kg에 달하는 이 야수는 출입구 양옆에 서 있었을 것으로 추정되는 한 쌍의 스핑크스 중 하나입니다. 이 스핑크스와 함께 발굴되었던 다른 스핑크스 유물은 카이로에 있습니다.

전투 장면

테베, 아사시프, 람세스 4세 신전 기초(다시 사용됨)
신왕국 제18왕조, 아멘호테프 2세 재위기로 추정
기원전 1427–1400년경
채색된 사암, 27 × 123.5 × 82cm
로저스 기금 및 에드워드 S. 하크니스 기증
1913 (13.180.21)

신왕국 신전 벽의 부조는 대형 전투 장면을 표현하는 경우가 많습니다. 이러한 부조의 일부가 후에 다른 신전의 기초로 사용되었으며, 메트로폴리탄 박물관 발굴단이 이 부조를 발견했을 때 제작 당시의 채색을 유지하고 있었습니다. 많은 수의 황색과 적색 피부색의 서아시아 병사들이 화살에 맞아 부상을 당한 채 파라오의 전차를 끄는 말들 밑에 쓰러져 있습니다. 부조의 상부 가장자리에서 말의 복부를 볼 수 있습니다. 하트셉수트의 사망 후 투트모세 3세(재위 기원전 1458년경-1425년경)는 레반트와 서아시아로 수많은 군사 원정을 감행했으며 유프라테스까지 원정할 때도 있었습니다. 그의 아들 아멘호테프 2세(재위 기원전 1427년경-1400년경) 통치 기간 중에도 전쟁은 계속되었습니다. 그러나 이 부조가 속했던 원래 대형 장면은 구체적인 전투를 묘사한 것이 아니라, 혼돈에 대한 질서의 수호자로서 파라오의 영원한 역할을 묘사했을 것입니다. 이 부조는 아멘호테프 2세 재위기의 양식에 가장 부합됩니다.

아멘호테프 3세 스핑크스

신왕국, 제18왕조, 기원전 1390 – 1352년경
파양스 도기, 길이: 13.3 × 13.3 × 25.1cm
매입, 릴라 애치슨 월러스 기증, 1972 (1972.125)

화려한 청색 파양스 도기로 제작한 이 소형 스핑크스는 아멘호테프 3세 이름이 새겨져 있으며, 이 통치자의 많은 상에 나타나는 특징적인 양식화된 표정을 보여줍니다. 앞발이 봉헌물용 그릇을 쥐고 있는 사람의 손 형상을 하고 있는 변형된 스핑크스는 일찍이 고왕국 시대에 존재했으며, 신왕국 시대에는 봉헌물을 바치는 자세로 묘사된 자그마한 상을 바치는 왕이 수없이 많이 표현되었습니다.

가젤

신왕국, 제18왕조, 아멘호테프 3세 재위기
기원전 1390 – 1352년경
코끼리 상아, 목재, 청색 안료 상감, 11.5 × 10cm
매입, 에드워드 S. 하크니스 기증
1926 (26.7.1292)

이 어린 가젤도 아멘호테프 3세 재위기에 만들어졌으며 이집트 초원의 굴곡이 심한 땅에 작은 발굽을 딛고서 앙증맞게 서 있습니다. 기단에 새긴 후 청색 안료를 채워 넣은 깃털 모양의 식물 형태는 여분의 식물을 표현합니다. 이 가젤의 목은 백조의 목을 닮았고 머리는 경계를 늦추지 않고 있으며 크고 부드러운 갈색 눈은 경이에 찬 눈으로 세상을 응시합니다. 귀는 깨졌고, 제작 당시 다른 소재로 만들었던 뿔은 소실되었습니다.

여왕 두상의 파편

아마르나(?), 신왕국, 제18왕조, 아케나텐 재위기
기원전 1352 – 1336년경
황벽옥, 13 × 12.5 × 12.5cm
매입, 에드워드 S. 하크니스 기증
1926 (26.7.1396)

이 관능적인 느낌이 살아있는 두상 파편이 1922년 전시를 통해 처음 세상에 알려진 이후 사람들은 이 두상이 누구를 나타내는지 궁금해 하였습니다. 아멘호테프 3세의 부인인 티예 여왕, 아케나텐의 여왕인 네페르티티 또는 그의 후궁인 키야 등이 거론되었지만 이 의문은 아직도 답을 찾지 못하고 있습니다. 이 작품이 만들어진 아케나텐 재위 기간 중 다양한 소재를 조합한 조각상이 많이 제작되었습니다. 조각상의 육체 부분에는 대개 적색 또는 황색 석재를 사용하였으며 의복과 장신구는 놀라운 시각적 효과를 내기 위해 선택된 다른 소재를 사용하였습니다. 이집트의 나일 강 계곡과 홍해 사이의 산악지역에서 산출된 적색, 황색 또는 청색 벽옥은 석영만큼 단단하며, 이 작품의 소재와도 관련이 많습니다. 적벽옥을 조각한 작품의 표면을 손으로 연마하여 무광 광택을 냈으며, 이 황벽옥 소재 안면상의 절묘한 거울 같은 광택은 전적으로 "고된 작업"에 의한 것입니다.

외국인들

아마르나, 후에는 헤르모폴리스, 신왕국, 제18왕조, 아케나텐 재위기경, 기원전 1352–1336년
석회암, 도료, 24.1 × 53.5cm
노버트 쉼멜 기증, 1985 (1985.328.13)

네 명의 외국인 두상을 보여주는 이 부조 파편은 아마르나에서 버려진 후 헤르모폴리스에서 다시 사용되었습니다. 오른쪽의 두 명은 누비아인이고 왼쪽의 두 명은 리비아인일 가능성이 많습니다. 치켜올린 팔과 막대기(햇빛 가리개용으로 추정)를 쥔 손이 같은 사람에게 속하는지는 분명하지 않습니다. 부조 하단의 파형 선은 말고삐를 나타내며, 이 외국인들이 왕과 왕비와 함께 전차를 타고 있다는 것을 암시합니다. 아케나텐의 재위 기간 중 외국인들은 이집트 군인 또는 왕의 경호원으로 일하였습니다.

카노푸스 단지와 뚜껑

테베, 왕들의 계곡, 묘 KV 55, 신왕국, 제18왕조, 아케나텐 재위기, 기원전 1352–1336년경
이집트산 설화석, 청유리, 흑요석, 미확인 석재
뚜껑 높이: 18.2cm, 직경: 16.3cm,
단지 높이: 52.1cm
테오도어 M. 데이비스 기증, 1907 (07.226.1), 테오도어 M. 데이비스 소장품, 테오도어 M. 데이비스 유증, 1915 (30.8.54)

이 기품 있는 단지는 장기를 담았던 용기로서 현재 카이로에 있는 3점의 부속 단지와 함께 왕들의 계곡에 있는 제55호 묘 내 아케나텐 왕족을 위해 제작된 수수께끼 같은 매장품 중에서 발견되었습니다. 학자들은 네 개의 단지의 지워진 이름을 해독하여, 이것이 아케나텐의 후처인 키야 왕비의 단지임을 밝혀냈습니다. 하지만 네 단지 뚜껑이 잘 맞지 않아서 단지와 뚜껑이 제작 당시의 짝이 아닐 수 있다는 가능성을 열어두고 있습니다.

서기 하렘합

멤피스 추정, 프타 신전, 제18왕조
아야 또는 투탕카멘 재위기, 기원전 1336–1295년경
화강 섬록암, 113 × 71 × 55.5cm
V. 에버리트 메이시 부부 기증
1923 (23.10.1)

하렘합은 파라오에 즉위하기 전 아야 파라오와 투탕카멘 파라오 재위 시 군 최고사령관과 총리직을 역임하였습니다. 이 조각상은 하렘합이 장군이었던 기간 중 제작되었으며 그를 서기 겸 행정관으로 표현하고 있습니다. 하렘합의 오른팔은 소실되었지만 그가 무릎 위에 파피루스를 놓고 글을 쓰고 있다는 것을 분명히 알 수 있습니다. 조각상에 새겨진 글은 작문과 지혜의 신 트로트에 대한 헌사입니다. 이 헌사는 트로트를 태양신 레를 섬기는 성실한 고관으로 칭송하고 있는데, 이는 파라오에 대한 하렘합의 충성이 레를 섬기는 트로트와 같다는 것을 암시합니다.

투탕카멘 두상과 아문 신의 손

신왕국, 제18왕조, 기원전 1336 – 1327년경
석회암(경화)
높이: 15cm, 길이: 23cm
로저스 기금, 1950 (50.6)

투탕카멘을 나타내는 두상 뒤편에 아문 신의 손이 보존되어 남아 있습니다. 이는 제작 당시의 완전한 조각 군상에는 파라오의 작은 입상 뒤로 신의 좌상을 묘사했음을 보여줍니다. 투탕카멘 재위 전 빛의 신 아텐을 유일신으로 섬겼던 아케나텐의 통치 시 이집트는 종교적인 격변을 겪었습니다. 투탕카멘은 전통적인 다신교 숭배와 더불어 이 조각상이 표현하듯 아문신 지상주의를 복원하였습니다.

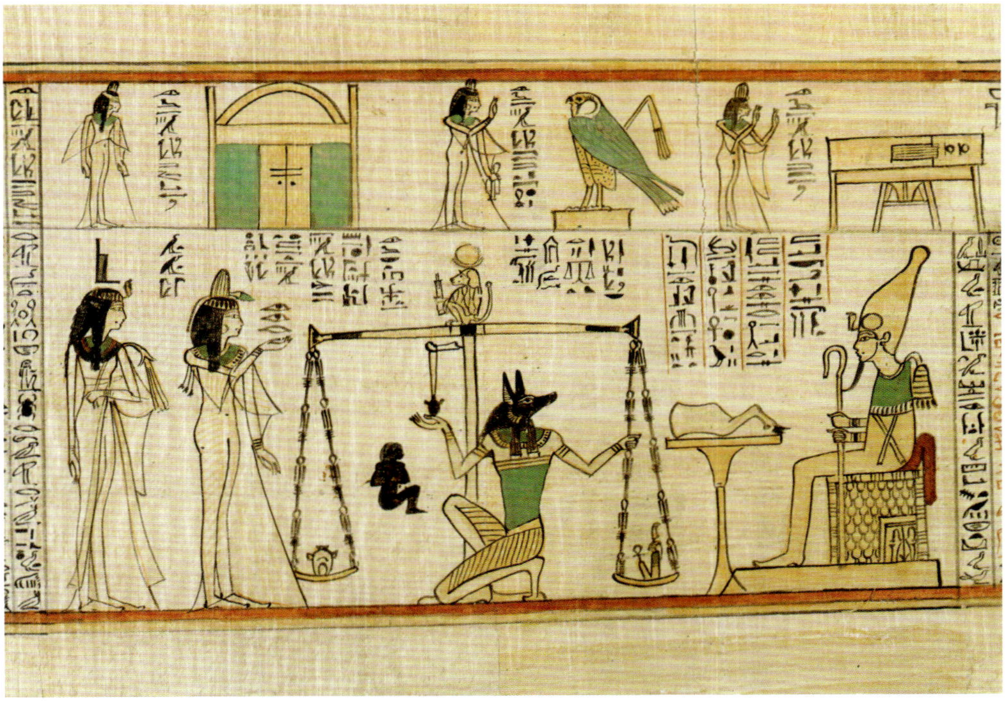

나니가 쓴 사자(死者)의 서 (세부)

테베, 데이르 엘 바리, 메리타문 묘, 제3중간기
제21왕조, 기원전 1050년경
파피루스, 도료, 35cm × 5.24m
로저스 기금, 1930 (30.3.31)

나니는 아문신 의식에 노래 불렀던 가수였으며, 왕(자칭 테베의 사제장 또는 나일 강 델타 지역 타니스의 왕)의 딸이었습니다. 나니는 직접 쓴 사자의 서 중 이 장면에서 대형 천칭 옆에 서서 그녀의 심장과 마아트(정의와 진리의 여신)의 무게를 달아 비교합니다. 왼쪽에는 이시스가 있으며, 자칼 머리 형상의 아누비스는 미라를 만드는 신으로서 여기에서 천칭을 조절하며, 지하세계의 신 오시리스는 이 행사를 주재합니다. 이들은 나니가 현실 세계에서 저지른 행실을 심판하지만, 그 결과는 우호적입니다. "그녀의 마음은 올바르다"라고 아누비스가 선포하고 오시리스는 이를 확인합니다.

헤네타위의 관

테베, 데이르 엘 바리, 헤네타위 묘, 제3중간기
제21왕조, 기원전 1010–945년경
목재, 젯소, 도료, 니스, 길이: 203cm
로저스 기금, 1925 (25.3.182a, b)

아문 신과 레 신의 제례 의식에서 노래 부르는 가수였던 헤네타위는 20대 초에 세상을 떠나, 이전에 사용된 적이 있는 장식 없는 묘실에 매장되었습니다. 하지만 그녀의 관을 장식한 선명한 색채의 그림은 벽화가 장식되지 않은 묘실 벽을 보충하고도 남습니다. 관 외부의 화려한 그림은 백색 마포로 싸고 장례용 마스크와 부적 보석으로 장식한 미라를 연상하게 합니다. 측면과 하반신에는 상형문자가 있는 황색(금색) 띠가 오시리스 신과 그 외 수호신들을 찬양하는 헤네타위 상이 있는 작은 장면들을 에워싸고 있습니다. 발에는 두 여신 이시스와 네프티스가 애도하는 몸짓을 보여줍니다. 이 두 여신상은 헤네타위가 두상에 씌워져 있는 가면을 통해 내려다볼 수 있도록 거꾸로 묘사되어 있습니다.

아문 신 소상

테베 추정, 카르나크, 제3중간기
제22왕조, 기원전 945–712년경
금, 17.5 × 4.7 × 5.8cm
매입, 에드워드 S. 하크니스 기증
1926 (26.7.1412)

이 작품은 낫칼을 든 아문 신을 전투의 승리를 보장하는 신으로 표현하였습니다. 무게가 0.9kg(약 2파운드)인 이 순금 소상은 실제로 신전의 제례 의식에서 사용되었을 것으로 추정합니다. 왕관 뒤에 달린 고리는(지금은 부서졌지만) 너무 무거워 보석류로 사용될 수는 없습니다. 배 모양의 제례 의식용 제단에 걸려 있었거나 행진 중 사제가 줄에 꿰어 몸에 걸었을 것입니다. 또한 이 고리는 실제 또는 상상 속의 과거 관습과 관련될 수도 있습니다. 왕관에는 또한 아문 신의 특징을 나타내는 배지인 두 개의 날개가 있었지만 지금은 소실되었습니다.

성배

투나 엘 게벨 지역, 제3중간기
제22왕조, 기원전 945–712년경
파양스 도기, 높이: 14.5cm
매입, 에드워드 S. 하크니스 기증
1926 (26.7.971)

하부가 연꽃 형태인 푸른색 파양스 잔은 일찍이 제18왕조(기원전 1550년경-1295년경) 시기에 존재하였습니다. 기원전 천년까지 풍부하게 장식된 성배로 발전했으며, 일상적인 음주를 위한 용도가 아닌 봉헌물 및 제기로서 사용되었습니다. 이 성배를 장식하고 있는 부조는 태양신의 아이로서의 파라오 탄생과 관련된 신화를 그리고 있습니다. 성배 중앙부의 습지 환경은 매년 한여름에 발생하는 나일 강 홍수 후 이집트의 재생을 표현합니다.

토르소

말기 왕조, 기원전 4세기
메타 경사암, 62.2 × 32.8 × 27cm
매입, 릴라 애치슨 월러스 기증, 헨리 월터스 교환에 의한 기증, 애셔 B. 에델만 기증, 주디트 및 러셀 카슨 부부 기증 어네스트 L. 포크 3세 유증, 루들로우 불 기금 및 여러 기부자들에 의해 조성된 기금, 1996 (1996.91)

이 토루소가 표현하는 사람의 이름은 조각상의 지주가 깨져 나가면서 소실되었지만 남아 있는 명문은 그의 장군 계급과 나일 강 델타의 도시인 부시리스 및 이집트 남부 지역의 오시리스 신 숭배 중심지인 아비도스에서 수행한 직위 목록을 기록하고 있습니다. 신체의 살집을 강조한 팔과 가슴의 육감적인 조각술은 프톨레마이오스 시대 양식의 도래를 예고하고 있습니다. 이 걸작품은 후기 고전기 그리스 미술과 대체로 동시대이며 이집트 조각가들은 일부 그리스 작품에 대해 알고 있었을 가능성은 있지만 제30왕조(기원전 380-343년) 기간 중 광범위하게 부활한 이집트 전통을 전적으로 고수하고 있습니다.

고양이

마케도니아 및 프톨레마이오스 왕조
기원전 332–30년
청동, 납 함유, 높이: 27.4cm
해리스 브리스베인 딕 기금, 1956 (56.16.1)

이집트의 중왕국 시대에는 사냥하는 야생 동물로서 고양이가 가장 많이 표현되며, 신왕국 시대에 이르러서야 가정의 애완동물로 등장합니다. 말기 왕조 또는 그 이후, 특히 바스테트 여신을 모신 신전 경내에 고양이 미라를 매장하는 관습이 있었습니다. 고양이 미라를 위한 이 용기는 신에게 바치는 이 선물의 사치스러운 성격을 예증합니다. 매끈한 근육, 길고 우아한 다리, 경계를 늦추지 않고 응시하는 매혹적인 이 고양이상은 뛰어난 금속 세공술을 보여줍니다. 지금은 비록 소실되었지만 고양이의 금제 피어스 귀걸이와 눈 모양의 부적 펜던트를 새긴 목걸이는 이 동물의 신성함을 더욱 강조하였습니다.

마법의 석주

알렉산드리아, 말기 왕조, 제30왕조, 넥타네보 2세 재위기
기원전 360년경-343년경
메타 경사암, 전체 높이 83.5cm
플레처 기금, 1950 (50.85)

이 석주는 넥타네보 2세 재위 기간 중 오늘날 카이로 근처에 해당하는 헬리오폴리스 소재 므네비스 신전(황소 신전)을 위해 사제 에사튬이 제작하였습니다. 단단한 석재를 경이로울 정도로 섬세하게 조각하였습니다. 석주 정면의 깊게 새긴 이미지는 젊은 호루스 신이 악어와 전갈과 같은 위험한 동물을 퇴치하는 장면을 보여줍니다. 기단에 새겨진 문자는 호루스 신이 전갈에 쏘였지만 치유되었다는 이야기를 전합니다. 석주의 전체 표면을 덮고 있는 치유 주문과 수호신 상은 고대 이집트인들에게 커다란 심리적 힘이 되었습니다.

덴두르 신전(새클러 윙 설치)

누비아 북부, 덴두르, 로마 시대, 기원전 15년경
풍성 사암, 길이: 대문부터 신전 뒤쪽까지 25m
1965년 이집트 정부가 미국 정부에 기증, 1967년 메트로폴리탄 박물관 소장 및 1978년 새클러 윙에 설치(68.154)

덴두르 신전은 이집트 정부가 미국 정부의 누비아 유적 보호 지원에 대한 감사의 표시로 기증하였습니다. 이 신전은 해체되지 않았더라면 아스완 하이 댐 건설로 인해 나일강에 수몰되었을 것입니다. 덴두르 신전은 이집트의 다른 거대한 신전에 비하면 소형이지만 대문, 전실(포티코), 공물실, 성소 등 신전의 필수적인 구성 요소를 모두 갖추고 있습니다. 기둥머리에는 식물 문양이 장식되어 있고 벽의 부조는 신들에게 공물을 바치는 파라오를 보여줍니다. 오른쪽에 묘사된 아우구스투스 로마 황제가 프넙스의 토트 신에게 술을 바치고 있습니다.

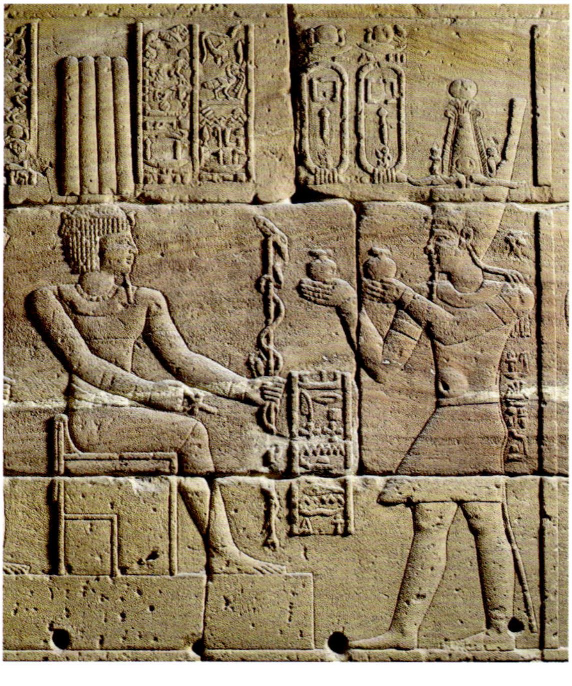

아르시노 2세 두상

아부 라와슈, 와디 카렌, 프톨레마이오스 왕조
기원전 278-270년
석회암(경화), 11.8 × 8.7 × 8.4cm
애비 올드리치 록펠러 기증, 1938 (38.10)

등신대의 절반인 이 두상은 프톨레마이오스 2세(기원전 284-246년)의 자매이자 부인이었던 아르시노 2세 상으로 간주되고 있는데, 이 작품이 바티칸에 있는 이름이 새겨진 다른 조각상과 매우 흡사하기 때문입니다. 제작연도는 그녀가 이집트 여왕으로 재위했던 8년간의 기간 이후일 수 있는데, 그 이유는 머리 위에 돌출한 석재 부위에 고정되었을 이 조각상의 왕관 위치와 형태는 아르시노를 이시스-하토르 여신으로 신격화한(따라서 사후의) 상으로 표현하고 있기 때문입니다. 이 철저한 이집트 양식은 마케도니아 그리스계의 프톨레마이오스 왕조가 자신들을 진정한 파라오의 계승자로 나타내려는 노력을 입증합니다.

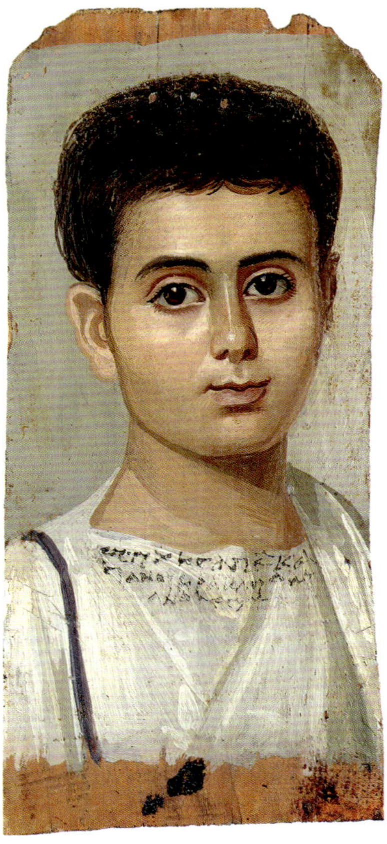

유티케스의 미라 초상

로마 시대, 서기 100–150년
납화, 목판, 도료, 38 × 19cm
에드워드 S. 하크니스 기증, 1918 (18.9.2)

수세기에 걸쳐 외국의 지배를 받아 전국적으로 외국인들이 거주하게 된 이후 이집트는 서기 2세기가 되면 진정한 다문화 사회가 됩니다. 믿음이 가는 슬픈 눈을 한 이 말쑥한 소년상에는 다음과 같은 글이 쓰여 있습니다. 카사니오스의 자유인 유티케스, 에반드로스의 헤라클레이데스의 아들(또는 헤라클레이데스, 에반드로스의 아들) 내가 서명했음. 이 소년은 카사니오스가 노예에서 해방시켜 주었는데도 젊은 나이에 사망한 것 같습니다. 이름이 기록된 두 사람 중 한 사람이 이 초상화를 의뢰했거나 대금을 지불했을 것입니다. 이 초상화는 그리스 회화 전통을 따라 제작되었으며, 이집트의 미라에서 수천년 동안 가면이 사용된 방식대로 소년의 이집트 양식 미라를 싸고 있는 마포 붕대에 삽입되어 그의 머리를 덮었습니다.

그리스 로마 미술

기원전 4500년경부터 서기 330년 사이에 제작된 1만 7천 점 이상의 작품으로 구성된 그리스와 로마 미술 소장품은 고전기 미술의 다양성과 업적을 보여줍니다. 작품에 표현된 다양한 문화는 그리스와 이탈리아 문화에 국한되지 않습니다. 이는 전성기 로마제국의 영토가 영국과 스페인에서부터 소아시아, 시리아, 아프리카 북부까지 확장되었기 때문입니다. 뿐만 아니라, 본 박물관의 그리스와 로마 미술 부서는 그리스 고전기 시대 이전의 그리스 지역 미술과 로마제국 이전의 이탈리아 미술, 즉 에트루리아 미술을 위주로 본 박물관 소장 고고학 자료의 근간을 이루는 세놀라 컬렉션의 고대 키프로스 작품도 전시합니다. 메트로폴리탄 박물관은 1914년 이전 프린스턴대의 터키 사디스 지역 발굴을 지원하여 소장품을 한층 더 확충하였습니다. 이 가이드북의 하이라이트는 그리스의 대두와 융성기, 알렉산더 대왕과 그의 계승자들 그리고 로마제국의 위업에 따라 연대순으로 정리되었습니다. 작은 음각 보석과 주화(미국화폐협회 협력)부터 기념비적인 조각상을 포함하여, 대리석, 테라코타, 청동, 상아, 호박 및 목재 등 고대 미술가들이 사용했던 거의 모든 소재를 반영하는 7500여 점의 작품이 상설 전시됩니다. 그 중 특히 내로라하는 분야는 키프로스 조각, 그리스 채색 도기, 로마의 대리석, 청동제 초상, 로마 벽화 등입니다. 유리와 금은 세공품은 세계에서 가장 훌륭한 컬렉션에 속하며, 아티카의 아르카익 양식 조각은 아테네에 이어 두 번째로 뛰어난 컬렉션을 자랑합니다.

하프 연주자 좌상

키클라데스 문명, 전기 키클라데스 I기 말기-
전기 키클라데스 II기
기원전 2800 - 2700년경
대리석, 높이: 29.2cm
로저스 기금, 1947 (47.100.1)

이 작품은 키클라데스 제도에서 출토된 초기 청동기시대 미술에서 음악가를 표현한 소수의 작품 중 가장 오래된 작품 중 하나입니다.

이러한 하프 연주자들은 문자를 사용하기 전 지역사회의 주요 인사였으며, 민족의 역사, 신화 및 음악을 기록하고 전승하는 역할을 하였습니다. 그들은 〈오디세이〉와 같은 호머의 서사시와 그 뒤를 잇는 고대 그리스의 풍부한 구전 시 전통에서 언급되고 있는 영웅적인 미케네 시대에 활동하는 전문적 공연가의 전신으로 간주될 수 있습니다.

남자와 켄타우로스

그리스, 기원전 8세기 중엽
청동, 높이: 11.1cm
J. 피어폰트 모건 기증, 1917 (17.190.2072)

그리스인들은 신화 속 반인반마 켄타우로스가 외딴 숲속에서 산다고 생각하였습니다. 많은 그리스 미술 작품에서 인간과 싸우는 켄타우로스가 등장하는데, 이는 문명화된 인간에 대한 안티테제를 암시합니다. 이 주제의 전통적인 묘사는 아테네 파르테논 신전의 메토프에서 볼 수 있으며, 이 청동 소상에도 잘 표현되었습니다. 싸움의 결과는 켄타우로스의 왼쪽 옆구리에 삐져나온 창끝과 켄타우로스에 비해 훨씬 더 큰 남자의 키로 미루어 볼 때 짐작하기 어렵지 않습니다.

케르노스

키클라데스 문명, 전기 키클라데스 III기-중기
키클라데스 I기, 기원전 2300 – 1900년경
테라코타, 높이: 27cm
매입, 아넨버그 재단 기증
2004 (2004.363.1)

녹로가 도입되기 전에 제작된 케르노스(여러 가지 공물을 넣는 용기)는 중앙의 대접을 에워싼 25개의 용기로 구성되며, 당시 거장의 도기 제작 및 소성 기술을 보여줍니다. 케르노스는 선사시대에 널리 사용되었지만, 특히 인상적인 작품들은 키클라데스 제도에서 제작되었습니다. 이 케르노스는 씨앗, 곡물, 꽃, 과일 또는 액체 등 공물을 담았을 것으로 추정되며 가장 보존이 잘된 작품 중 하나입니다. 이 작품의 또 다른 특징은 선사시대 그리스 미술품이 체계적으로 발굴되기 전인 1829년에 발견되었다는 점입니다.

전
허쉬펠드 공방
유해 안치 의식 장면이 있는 크라테르

그리스, 아티카, 기원전 750 – 735년경
테라코타, 높이: 108.3cm
로저스 기금, 1914 (14.130.14)

기원전 천년 초 그리스 미술에서 장례식 장면으로 장식된 대형 크라테르(속 깊은 항아리)는 대형 묘의 표석으로 제작되었습니다. 항아리의 주요 부분은 프로테시스(유해 안치 의식)를 묘사합니다. 유해는 관대 위에 누워 있고, 이를 유족이 둘러싸고 있으며 추모객이 양 옆으로 늘어서 있습니다. 그 아래에 묘사된 전차와 보병 행렬은 죽은 자가 생전에 성취했던 군공을 나타냅니다. 모래시계형 방패와 전차는 당시에는 존재하지 않았던 과거의 유물이기 때문에 이 장면은 또한 사자의 영예로운 조상을 기립니다.

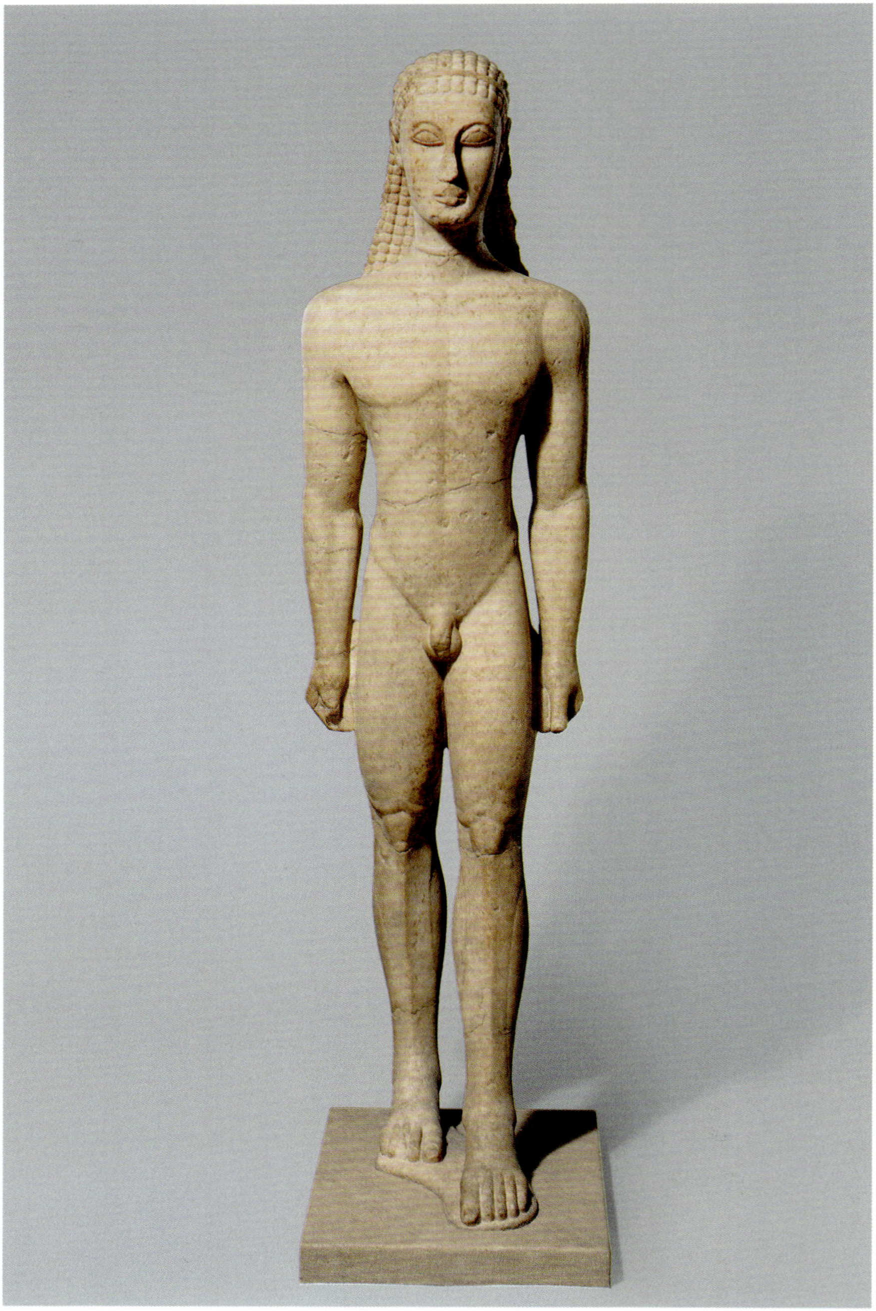

쿠로스상

그리스, 아티카, 아르카익기, 기원전 590–580년경
대리석, 대좌를 제외한 높이: 194.6cm
플레처 기금, 1932 (32.11.1)

이 쿠로스(청년)는 아티카에서 조각된 인물 조각상 중 가장 오래된 것 중 하나입니다. 왼발을 앞으로 내밀고 옆구리에 양팔을 붙인 경직된 자세는 이집트 미술에서 유래하였습니다. 그리스 조각가들은 기원전 6세기 내내 이 단순 명료한 자세를 사용하였습니다. 거의 추상에 가까운 기하학적 형태는 이러한 초기 조각상에서 주로 나타나며, 인체구조 세부도 이와 유사한 아름다운 기하학적 패턴으로 묘사되었습니다. 이 조각상은 아테네의 어느 젊은 귀족의 묘 표석이었습니다.

스핑크스 형상의 장식을 한 기둥머리가 있는 청년과 소녀의 묘비

그리스, 아티카, 아르카익기, 기원전 530년경
대리석, 높이: 4.24m
프레데릭 C. 휴잇 기금, 1911; 로저스 기금, 1921; 익명 기증, 1951 (11.185a–d, f, g)

석재 묘비가 처음 등장한 것은 기원전 7세기였으며, 세월이 지날수록 점점 더 화려해지면서 과시의 대상이 되어갔습니다. 아티카에서 출토되었다고 전해지는 이 묘비는 아르카익기를 통틀어 가장 완전하게 보존된 묘비입니다. 대좌에는 "나 [가클레스]에게, 그가 죽었을 때, 그의 아버지와 친애하는 어머니께서 [나를] 묘비로 세우셨다"라는 명문이 새겨져 있습니다. 석주 부분에는 그의 팔목에 매달린 아리발로스(향유병)로 인해 운동선수임을 알 수 있는 한 청년과 자매로 보이는 소녀가 함께 서 있습니다. 스핑크스는 경비를 서고 있습니다. 이 운동선수 근육의 명확한 묘사는 인체에 대한 자연주의적 묘사를 추구하던 당대의 경향을 반영합니다. 약 50년 전에 제작된 앞 페이지의 쿠로스와 비교하면 이러한 양식상의 전개를 추적할 수 있습니다. 현재 보존이 잘 되어 있는 폴리크로미(다색 장식)는 세심하고 정밀한 조각 기법을 보완합니다.

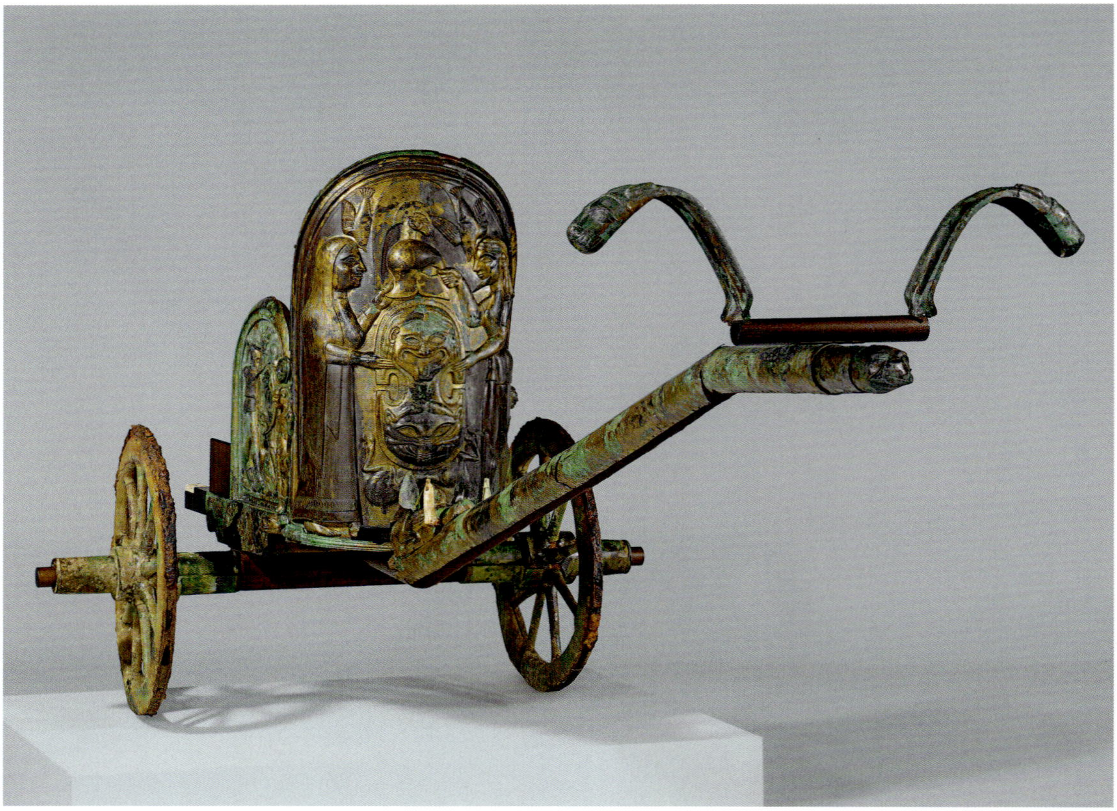

몬텔레오네 전차

에트루리아, 기원전 6세기, 제2 사반세기
청동, 상아 상감
높이: 131.1cm; 전차 폴 길이: 208.9cm
로저스 기금, 1903 (03.23.1)

로마 시대 이전 이탈리아에서 출토된 전차 중 가장 보존 상태가 좋은 몬텔레오네 전차는 최신 연구에 기초하여 다시 조립되었습니다. 이 전차는 전투용이 아닌 의식용이며, 아마투스 석관(다음 페이지)에 표현된 전차와 유사한 용도로 사용되었으며 주요 인사와 전차 운전자가 탔을 것입니다. 에트루리아인들은 당시 뛰어난 금속공예 기술로 유명하였습니다. 이 전차는 그리스의 영웅 아킬레스의 일생을 묘사한 장면뿐 아니라 맹금류 등 추가 모티프로 장식되었는데, 이는 전차 소유자의 권력과 부를 나타냅니다.

아마투스 석관

키프로스, 기원전 5세기, 제2 사반세기
석회암, 157.5 × 236.5 × 97.8cm
세놀라 소장품, 기부금으로 매입
1874–76 (74.51.2453)

아마투스 석관은 아마투스 왕의 관이 틀림없으며 메트로폴리탄 박물관의 풍부한 키프로스 소장품 중 가장 중요한 유물입니다. 표면 색채의 보존상태가 놀랍습니다. 관의 이미지는 왕의 권위와 기원전 5세기 당시 다양한 문화 속에 존재했던 여러 신에 대한 신앙심을 표현합니다. 관의 긴 측면에는 말을 탄 하인들이 전차 행렬을 호위하는 가운데 그 뒤로 보병들이 따르는 장면이 묘사되어 있습니다. 명예로운 주인공은 파라솔 밑에 있습니다. 짧은 면에는 근동의 여신 아스타르테와 이집트의 베스 신이 묘사되어 있는데, 이들은 모두 풍요의 신들입니다.

여인 두상(스핑크스상으로 추정)

그리스, 기원전 5세기, 제1 사반세기
테라코타, 높이: 20.6cm
로저스 기금, 1947 (47.100.3)

그리스에서는 석회암과 대리석을 쉽게 구할 수 있기 때문에 테라코타(소성 점토)를 사용하여 대형 조각상을 제작하는 일은 흔치 않았습니다. 그럼에도 불구하고, 이례적으로 우수한 이 테라코타 두상은 전체적인 비례와 목의 절단된 부분으로 미루어 볼 때 스핑크스의 머리였을 것으로 추정되며, 필시 어느 작은 건물의 지붕 장식품이었을 것입니다. 스핑크스는 전통적으로 수호상 역할을 했으며, 전술한 아티카의 인상적인 묘비에서 볼 수 있는 바와 같이 주로 묘비에 많이 사용되었습니다. 이 작품에서는 특히 다색 장식 기법을 사용하여 귀고리와 머리띠 등 세부를 묘사하는 방식이 주목할 만합니다.

전
아마시스 화가
양모를 짜는 여인 그리고 젊은 남녀와 함께 있는 여인이 그려진 레키토스

그리스, 아티카, 기원전 550–530년경
테라코타, 높이: 17.1cm
플레처 기금, 1931 (31.11.10)

이 레키토스(향유병)는 또 하나의 레키토스와 함께 발견되었습니다. 이 역시 메트로폴리탄 박물관이 소장하고 있으며, 밤에 신부가 신랑 집으로 가는 결혼 행렬을 묘사합니다. 이 두 향유병은 결혼 선물이었고, 이 선물을 받았던 신부가 죽은 후 그녀의 묘에 함께 매장되었을 것입니다. 이 작품에 자세히 묘사된 옷감 짜는 일은 당시 중요한 가사였으며, 특히 직립형 베틀이 강조되었습니다. 그 양쪽에서는 여인들이 양모의 무게를 달고, 실을 잣고, 기다란 천을 접고 있습니다. 작품의 배경은 이 집의 여성 전용 공간이었을 것입니다.

인물상이 있는 피불라

에트루리아, 기원전 500년경
호박, 길이: 14cm
J. 피어폰트 모건 기증
1917 (17.190.2067)

이 작품은 현존하는 고대 이탈리아 호박 조각 중 가장 정교합니다. 하단의 철핀 흔적이 난 구멍은 이것이 원래 피불라(안전 핀)였음을 암시합니다. 여자와 남자가 긴 의자에 누워 있으며, 여자는 작은 병을 들고 왼쪽 손가락으로 병 주둥이를 만지고 있습니다. 그녀는 수염 없는 둥근 얼굴의 젊은 남자와 함께 있습니다. 그들의 어깨에는 새가 둥지를 틀고 있고 발치에는 자그마한 하인이 서 있습니다. 이 인물들이 인간인지 신인지는 알 수 없습니다.

전
에피메네스
화살을 검사하는 살수

그리스, 기원전 500년경
옥수, 1.7cm
플레처 기금, 1931 (31.11.5)

기원전 6세기 말 그리스 미술가들은 다양한 소재를 사용하여 움직이는 인체를 표현하였습니다. 조각 분야에서는 청동 주조기술이 발달하여 종래의 석상에서 가능했던 것보다 더 큰 규모의 역동적인 인물상을 제작할 수 있었습니다. 도기화 분야에서는 적회식 기법이 개발되었기 때문에 화가들은 도기 표면을 자유로운 필선으로 장식할 수 있었습니다. 그리고 두께가 2.5cm 이하인 경질석을 사용하여 이 작품을 제작한 보석 상감 공예가는 화살이 곧은지를 검사하는 청년의 유연한 자세, 잔물결과 같은 근육, 아름답게 정리된 모발을 묘사하였습니다.

착의 여인상 받침대가 있는 거울

그리스, 아르고스, 기원전 5세기 중엽
청동, 높이: 40.6cm
월터 C. 베이커 유증, 1971 (1972.118.78)

그리스 미술의 특징 중 한 가지는 입체 조각상을 실용적인 작품과 통합하는 것입니다. 인물, 동물, 신화 등 다양한 요소가 이 거울을 생동감 넘치게 장식합니다. 대좌 위에 서 있는 여인 입상이 거울 원반을 받치고 있으며 간결한 양모 페플로스가 수직으로 나란한 옷주름을 형성하고 있습니다. 날개 달린 두 에로스(사랑의 신)가 그녀의 머리 주위를 날고 있습니다. 원반 양 측면에서는 사냥개들이 토끼를 쫓고, 새와 여인 형상을 한 사이렌은 거울 상단에 앉아 있습니다.

전

털복숭이 사티로스 화가
그리스인과 아마존 전사, 켄타우로스와 라피테스족의 전투 장면이 있는 회오리 장식 크라테르

그리스 아티카, 기원전 450년경
테라코타, 높이: 63.5cm
로저스 기금, 1907 (07.286.84)

기원전 5세기의 문학 작품은 그리스인들이 페르시아 전쟁(기원전 490-479년)의 승전에 대한 중요한 의미를 이해하고 있었다고 기록하고 있지만, 그리스의 미술 작품에는 주요한 역사적 사건 또는 인물은 묘사되지 않았습니다. 그 대신 신화 속에 등장하는 그리스인과 동방의 적, 특히 아마존족(신화 속의 여전사) 간의 대전투가 표현되었습니다. 기원전 5세기 전반에 걸쳐 이러한 전투 장면을 그린 대형 벽화는 아테네의 테세이온 신전과 스토아 포이킬레(채색 주랑현관)를 장식하였습니다. 이 회오리 장식 크라테르(포도주와 물을 혼합하는 용기)에 묘사된 장면도 그 영향을 받았습니다.

부상당한 아마존상

로마, 1-2세기
기원전 450년경-425년경에 제작된
그리스 청동 조각상의 복제품
대리석, 높이: 203.8cm
존. D. 록펠러 주니어. 기증, 1932 (32.11.4)

그리스 미술에서 아마존 여전사들이 헤라클레스, 아킬레스, 테세우스 등 신화 속 영웅들과 싸우는 장면이 많이 묘사되었습니다. 이 조각상은 무기를 잃고 오른쪽 가슴 밑 상처에서는 피가 흐르는 전사를 표현합니다. 왼쪽 어깨의 키톤은 풀려서 흘러내리고, 허리 벨트 대신 그녀의 말 굴레를 임시로 사용하고 있습니다. 곤경에 처해 있지만 그녀의 얼굴은 고통이나 피로의 기색은 없습니다. 그녀는 석주에 가볍게 기대어 서서 오른팔을 우아하게 머리에 얹고 휴식을 취하고 있는데, 이 자세는 잠 또는 죽음을 암시할 때가 많았습니다.

가니메데스 그룹

그리스, 기원전 330 - 300년경
금, 수정, 에메랄드
목걸이 길이 33cm, 귀걸이 길이 6cm, 팔찌 직경 7.9cm
피불라 직경 5cm, 반지 높이 2.1cm
해리스 브리스베인 딕 기금, 1937 (37.11.8 - .17)

목걸이, 반지, 한 쌍의 귀걸이, 네 개의 피불라(안전 핀) 및 두 개의 팔찌는 정교한 보석군을 구성하지만 개별 작품의 상이한 양식은 동시에 제작되지 않았음을 짐작케 합니다. 독수리 날개에 감싸인 젊은 가니메데스를 묘사한 세밀화가 있는 귀걸이는 특히 주목할 만합니다. 제우스 신은 독수리로 변신하여, 이 소년을 올림포스 산으로 데려가 술 따르는 종자로 삼으려고 하였습니다. 반지에는 이집트 또는 우랄 산맥산 에메랄드가 박혀 있으며 팔찌에는 금사와 수정 장식이 있습니다.

베일로 얼굴을 가린 무희 소상

그리스, 기원전 3세기 - 2세기
청동, 높이: 21cm
월터 C. 베이커 유증, 1971 (1972.118.95)

신체와 주름진 옷의 접촉을 통해 무희의 정교한 몸동작이 표현됩니다. 무희의 가벼운 망토는 오른손, 왼팔, 오른발의 힘을 받아 팽팽해지고, 겹쳐 입은 속옷은 깊은 옷주름을 형성하며 떨어져 내리면서 무겁게 바닥에 끌립니다. 여인의 얼굴은 투명한 베일에 싸여 있으며 밖으로 내딛는 오른발은 레이스로 만든 슬리퍼를 신고 있습니다. 국제도시 고대 알렉산드리아의 명물이었던 무언극과 춤을 전문으로 하던 연예인이 이 조각상의 모델이었습니다.

잠자는 에로스상

그리스 또는 로마, 기원전 3세기 - 서기 1세기 초
청동, 길이 85.4cm
로저스 기금, 1943 (43.11.4)

헬레니즘기 미술은 주제 및 양식상의 전개가 매우 다양하며, 이 시대의 미술가들은 연령별 특징을 정확히 형상화하는 혁신적인 기법을 개발하였습니다. 그들이 선호했던 대상은 어린아이였고, 아기 헤라클레스 또는 에로스 등 신화에 등장하는 아이들이나 풍속화 장면의 놀고 있는 아이들, 애완동물과 함께 있는 어린아이들을 주로 다루었습니다. 여기에서 사랑의 신 에로스는 활과 화살 없이 누워서 자고 있는데, 이는 아르카익기 그리스의 시에 등장하는 힘세고 종종 잔인하며 변덕스러운 에로스상과 현저하게 다른 표현입니다. 현존하는 소수 고대 청동상 중에서 이 조각상은 로데스 섬에서 출토되었다고 하며 청동으로 표현 가능한 즉시성 및 자연주의적인 세부묘사를 보여줍니다.

사디스 아르테미스 신전 기둥

그리스, 헬레니즘기, 기원전 300년경
대리석, 높이: 11피트, 3.61m
사디스 발굴 미국협회 기증
1926 (26.59.1)

이 기둥 부분은 제작 당시 설치되었던 장소인 아르테미스 신전에서의 높이는 약 17.7미터(58피트)였으며 기다란 세로 홈이 새겨진 이오니아식 기둥입니다. 기둥머리의 섬세한 잎사귀 장식은 이 신전의 현존 기둥머리 중에서도 독특하며 토루스(잎사귀 장식 대좌)의 비늘 모양 식물 문양도 이례적으로 정교합니다. 이 기둥머리는 같은 신전에서 발굴된 다른 기둥머리에 비해 약간 작은 편이어서 외부 주랑에 속하지 않았던 것임을 알 수 있습니다. 두 개의 유사한 기둥이 동편 및 서편 현관을 지지했었는데, 이 부분은 필시 그 중 하나일 것입니다.

남자상

그리스, 헬레니즘기, 기원전 2세기 - 1세기
청동, 높이: 185.4cm
르네 E.와 로버트 A. 벨퍼 부부 기증
2001 (2001.443)

이 조각상과 같이 존경을 표시하는 입상은 일반적으로 유력한 인사의 초상 조각이며, 이들은 중요한 자선활동을 하여 도시국가 또는 통치자로부터 상을 받았습니다. 이러한 조각상은 국가가 수여하는 최고의 영예였습니다.

이 인상적인 인물상은 한쪽 다리로 체중을 지탱하고 다른 쪽 다리는 자유롭게 굽히고 있는 콘트라포스토 자세로 서 있습니다. 히마티온(겉옷) 밖으로 그의 오른손을 내밀어 손바닥을 벌리고 손가락은 위로 향하여 연설하는 자세를 취하고 있으며, 왼손은 몸에 붙이고 있습니다. 그의 겉옷은 묵직한 술이 달렸고 최초 제작 시 채색되었거나 금박을 입혔을 장식적인 수평 띠로 풍부하게 장식되어 있습니다.

2인의 황족상

로마, 아우구스투스 또는 율리우스-클라우디우스 시대
기원전 27년-서기 68년
대리석, 높이: 119.4cm; 높이: 116.8cm
빌 블라스 유증
2002 (2003.407.8a, b-.9)

고전기 이후 이와 같은 반라 입상은 신을 표현하고 유명한 인물의 영예를 나타내는 조각상으로 사용되었습니다. 그러나 이 작품들은 아우구스투스 시대로부터 네로 시대까지 로마를 통치했던 율리우스-클라우디우스 왕족을 찬미하는 조각 군상의 일부였을 것으로 추정됩니다. 이 반라 인물상의 자세는 기원전 5세기 그리스의 가장 유명한 조각가 중 한 사람이었던 폴리클레이토스의 규범적인 작품을 연상하게 하며, 그로 인한 영웅적인 아우라를 발산하도록 의도했음이 분명해 보입니다. 생전과 사후에 제작된 황족 조각상은 도시 광장, 바실리카 또는 극장 등 공공 장소에 함께 설치되는 경우가 많았습니다.

아래의 작품

소년 귀족상

로마, 아우구스투스 시대, 기원전 27년 - 서기 14년
청동, 높이: 132.4cm
로저스 기금, 1914 (14.130.1)

이 조각상은 등신대이며, 로마 시대 상업 및 문화의 부유한 중심지로서 번창했던 그리스의 로데스 섬에서 발견되었습니다. 이 소년상의 넓은 얼굴과 짧은 머리는 아우구스투스 황족의 젊은 왕자와 닮았지만 로데스 섬의 지배계층 또는 이 섬에 주재했던 중요한 로마 관리의 아들이었을 가능성도 있습니다. 이 소년은 로마의 전통 토가 대신 그리스의 히마티온(겉옷)을 입고 있는데, 철학과 수사학을 가르치는 로데스 섬의 명문교에 다니고 있었다는 것을 알 수 있습니다.

위의 작품

가이우스(일명 칼리굴라) 황제 흉상

로마, 율리우스 - 클라우디우스 시대, 서기 37 - 41년
대리석, 높이: 50.8cm
로저스 기금, 1914 (14.37)

이 훌륭한 칼리굴라 황제 흉상은 증조부인 아우구스투스를 위해 제작된 공식 초상화 양식을 따름으로써 율리우스-클라우디우스 왕조의 통일과 연속성을 강조합니다. 뿐만 아니라, 조각가는 이 작품에서 칼리굴라의 개성을 표현하였습니다. 당당하게 고개를 돌리고 있는 자세와 굳게 다문 가는 입술은 그의 악명 높은 자만과 잔인함을 암시하는 것 같습니다. 칼리굴라가 군림했던 짧은 기간은 28세의 나이로 그가 암살당함으로써 막을 내리고, 그 후 그의 많은 초상 조각은 파괴되었거나 다른 조각상으로 다시 제작되기도 하고, 티베르 강에 던져지기도 하였습니다.

앉아서 키타라를 연주하는 여인을 그린 벽화 (세부)

로마, 공화국 시대 말, 기원전 50–40년경
프레스코, 186.7 × 186.7cm
로저스 기금, 1903 (03.14.5)

이 프레스코 벽화는 폼페이 인근 보스코레알레의 P. 파니우스 시니스터 빌라 내 주 접견실 벽을 장식한 대형 패널 시리즈 중 하나입니다. 서기 79년 베수비어 화산 분출에 의해 로마 시와 함께 이 빌라도 매몰되었습니다. 이 패널은 헬레니즘 시대 초기(기원전 4세기 말-3세기 초) 마케도니아 왕궁을 위해 제작된 궁정 회화에서 유래했으며, 필시 왕조의 결혼식을 축하하는 내용일 것입니다. 앉아서 키타라(수금)를 타는 여인은 중요한 신분임에 틀림없습니다. 그녀는 다이아뎀(장식이 있는 헤드밴드형 왕관)을 쓰고 왕좌 같은 화려한 의자에 앉아 있기 때문입니다.

화환 사발

로마, 아우구스투스 시대, 기원전 1세기 말
주조 유리, 직경: 18.1cm
에드워드 C. 무어 컬렉션, 에드워드 C. 무어 유증 1891 (91.1.1402)

이 주조 유리 사발은 고대 유리 제품 중 걸작이며, 투명한 자색, 황색, 청색, 무색으로 크기가 거의 같은 네 개의 유리 조각을 주형에서 동시에 압축하여 제조하였습니다. 그런 다음 불투명한 백색 선에 매달린 화환을 표현하는 다색 모자이크 유리(유리봉 꾸러미 횡단면)를 각 조각에 추가하여 장식하였습니다. 현존하는 고대 유리 제품 중 색상이 상이한 유리 섹션 또는 띠로 만든 용기는 거의 없으며, 이 사발이 모자이크 장식 기술을 결합한 유일한 작품입니다.

아우구스투스 황제의 카메오 초상화

로마, 클라우디우스 시대
서기 41–54년
사도닉스, 높이: 3.8cm
매입, 조지프 퓰리처 유증
1942 (42.11.30)

이 카메오는 승승장구하는 나체의 반신반인으로서 아우구스투스를 묘사하고 있습니다. 그는 왼쪽 어깨에 이기스를 걸치고 있는데, 이 케이프는 대개 로마신 주피터와 미네르바를 상징합니다. 이 작품에서는 이집트로부터 로마까지 옥수수 상선을 운항하게 했던 여름 바람의 인격화를 의도했을 바람신의 두상으로 조각되었습니다. 따라서 기원전 31년 가을, 안토니우스와 클레오파트라를 무찌른 후 아우구스투스가 이집트와 합병한 것을 은연 중 나타내고 있습니다. 그의 포즈에서는 로마 초대 황제에게 부여된 원수의 위엄이 느껴집니다. 오랜 재임 기간 중(기원전 27–서기 14년) 아우구스투스는 다양한 외관과 매체를 사용하여 항상 이상화된 미남 청년으로 묘사되었습니다.

부조 장식이 있는 스키포스

로마, 아우구스투스 시대
기원전 1세기 말–서기 1세기 초
은도금, 높이: 9.5cm; 직경: 20.6cm
매입, 마거리트와 프랭크 A. 코스그로프 Jr. 부부 기금 및 릴라 애치슨 월러스 기증
1994 (1994.43.1, .2)

이 은제 스키포스(잔)는 로마 금속공예 기술의 정점을 보여줍니다. 당시 황족 및 로마 귀족에게 납품하던 최고의 공방에서 생산했음이 분명합니다. 춤을 추고 악기를 연주하는 등의 여러 큐피드상을 잔에 장식하였습니다. 디오니소스 축제와 연관성이 있는 큐피드는 호화로운 파티에서 사용되는 술잔에 매우 적합한 주제이지만 실제 상징적인 의미는 없어 보입니다. 다른 많은 은제품 장식과 같이 이 잔도 실용적인 목적뿐 아니라 관상용으로 제작한 의도가 분명합니다.

아래의 작품

디오니소스의 승리와 사계절을 묘사한 장면이 있는 대리석 석관

로마, 제국시대 후기, 서기 260–70년경
대리석, 86.4 × 215.9 × 92.1cm
매입, 조지프 퓰리처 유증, 1955 (55.11.5)

이 석관은 부유한 의뢰인을 위해 로마에서 제작된 장례 미술의 정교한 예를 보여줍니다. 석관의 측면과 전면은 인물과 동물을 합하여 40개에 이르는 고부조로 조각된 상으로 장식되어 있습니다. 중앙에는 디오니소스 신이 표범을 타고 앉아 있고 그 양옆으로 왼쪽부터 오른쪽으로 겨울, 봄, 여름, 가을을 상징하는 네 명의 인물들이 서 있습니다. 이 다섯 명의 중심 인물 주위에는 자그마하게 묘사된 바커스 신과 관련된 인물 그리고 제례용품이 보입니다. 석관의 둥근 양끝에는 인격화된 땅과 물 등 다른 대형 군상이 있습니다.

맞은편 작품

세미신상

로마, 2세기
대리석, 123 × 100cm
매입, 필로도로이협회, 릴라 애치슨, 메리와 마이클 자하리스 부부, 아네트와 오스카 드 라 렌타, 레운 레비 재단, 로버트 A.와 르네 E. 벨퍼가 재단, 존 A. 모란 부부, 자네트와 조나산 로센 부부, 말콤 휴잇 위너 재단 및 니콜라스 S. 줄라스 기증 2010 (2010.260)

아프로디테의 시녀들인 아글라이아(미의 여신), 유프로시네(환희의 여신) 그리고 탈리아(풍요의 여신)는 프리즈 조각상에서 볼 수 있는 우아한 자세의 소녀 나상으로 묘사되었습니다. 세 미신을 이런 식으로 묘사하는 구도를 어디에서 누가 창안했는지는 알 수 없지만 헬레니즘 말기에 양식화되었습니다. 로마 시대에 알려진 구도 중 가장 유명하고 가장 널리 모사된 작품 중 하나이며, 주화에서 석관, 모자이크에 이르기까지 모든 매체와 모든 제품에 등장하였습니다. 이 조각상은 원래 정원 또는 공공 목욕탕에 설치되었을 것입니다.

콘스탄티누스 1세 두상

로마, 제국시대 후기, 서기 325 – 70년경
대리석, 높이: 95.3cm
메리 클라크 톰슨 유증, 1923 (26.229)

최초의 기독교 황제인 콘스탄티누스 대제(재위 306-337년)는 로마제국의 새로운 수도를 정하고 자신의 이름을 따서 콘스탄티노플이라고 명명하였습니다. 흉상 또는 등신대보다 더 큰 조각상의 일부였을 것으로 추정되는 이 두상이 제작될 무렵 콘스탄티누스는 이교도였던 직전의 황제들과 자신을 구분할 목적으로 공식적인 이미지를 채택하였습니다. 긴 얼굴, 깔끔하게 정리된 두발, 말쑥하게 면도를 한 외관의 이 초상 두상은 아우구스투스 황제(재위 기원전 28-서기 14년) 또는 트라야누스 황제(재위 98-117년)와 같은 선한 황제에 대한 기억을 상기시키려는 의도적인 시도를 반영합니다.

다양한 문화

아시아 미술

아시아 미술 소장품의 연대는 기원전 4천년부터 현대까지 망라하며, 관람객들은 전 세계의 거의 절반을 차지하는 광대한 지역의 미술 전통을 감상할 수 있습니다. 소장 작품들은 중국, 한국, 남아시아, 동남아시아 및 히말라야 산맥에 위치한 여러 왕국의 고대 및 현대 문화를 표현합니다. 중국 소장품의 하이라이트 중에는 기념비적인 불교 조각, 고대의 비취와 청동 작품, 회화와 서예 작품, 그리고 도자기, 칠기, 직물 등 공예 미술품 등이 있습니다. 그 외 주목할 작품은 소주의 유명한 17세기 정원을 모델로 삼아 중국 전통 장인이 직접 지은 고요한 분위기의 아스터 코트입니다. 한국 소장품은 불교 조각과 도자기 작품이 우수합니다. 일본 작품은 초기 두루마리 회화, 15세기부터 18세기까지의 병풍과 에도시대의 자기를 포함합니다. 남아시아와 동남아시아 지역 소장품 중 특히 뛰어난 작품은 쿠샨 왕조의 석조 및 청동 불교 조각, 촐라 시대의 힌두교 청동 조각, 초기 자바 금속 공예품과 크메르 왕조의 조각입니다. 소장품에 포함된 많은 작품들은 아시아의 다양한 문화만큼이나 독특하며, 불교와 힌두교 등 종교 교류에 기인하거나 청화백자 또는 묵화에 나타나는 주제와 기법을 통해 조형 및 도상의 유사성을 보이기도 합니다. 이러한 소장 작품들은 전체적으로 아시아의 풍부한 문화를 표현하는 미술을 감상할 기회뿐 아니라 이들 여러 전통 간의 연결 고리를 이해하는 데도 도움을 줍니다.

제단과 제기

중국 상 왕조와 서주
왕조 시대, 기원전 11세기 후반
청동, 제단상, 18.1 × 89.9 × 46.4cm
먼세이 기금,
1931 (24.72.1–14)

정성껏 제작한 이 제례 의식용 청동 제기는 한 개의 제단상과 13개의 술잔으로 구성되며 중국 청동기 시대 전성기의 화려함을 보여줍니다. 기념비적인 디자인, 정교한 표면 장식 및 능숙한 주조 기술은 세련된 예술미와 진보한 기술에 대한 확신에 찬 증언입니다. 이 제기 세트는 섬서성의 서주 시대 귀족의 묘에서 20세기 초 발굴되었습니다. 그 후 유력한 정부 관리이자 유명한 골동품 수장가였던 단방의 소장품으로 들어갔으며 나중에 그의 후손이 메트로폴리탄 박물관에 판 것입니다.

매듭이 있는 용 모양 펜던트

중국, 동주 왕조, 전국 시대, 기원전 3세기
비취(연옥), 높이: 7.9cm
어니스트 에릭슨 재단 기증, 1985 (1985.214.99)

초기 중국 비취 조각의 걸작인 이 펜던트는 우아한 고리를 형성하는 뱀의 몸체를 가진 용의 형상을 하고 있습니다. 깊게 각인된 홈이 있는 몸체는 꼬여 있는 끈처럼 보이면서 강건한 느낌을 강조합니다. 곡선의 몸과 으르렁거리는 턱을 가진 굽이치는 용은 동주 왕조 말기에 널리 퍼졌던 장식적인 모티프이며, 유라시아 고원의 유목 민족이 인접 국가인 중국에 전파했던 서역 미술에서 영감을 받았습니다.

무희

중국, 서한 왕조 시대, 기원전 2세기
토기에 도료 채색, 높이: 53.3cm
살로트 C.와 존 C. 웨버 소장품, 살로트 C.와 존 C. 웨버 기증
1992 (1992.165.19)

초기 중국 조각의 정수를 보여주는 이 토기 인물상은 정적인 재료를 사용하여 몸의 움직임을 표현한 장인의 숙달된 기술을 보여줍니다. 조각가는 무희가 한 쪽 소매를 뒤로 젖혀 던지면서 동시에 상체를 앞으로 굽히며 무릎을 구부릴 때의 긴장된 순간을 포착함으로써 무희의 생명력을 표현하고 있습니다.

미륵보살 제단 조각

중국, 북위 왕조 시대, 서기 524년
금동, 높이: 76.8cm
로저스 기금, 1938 (38.158.1a–n)

이 제단 조각은 단독상의 드문 예로서 6세기 초 북위 궁정에서 발달했던 양식이며 여윈 몸집과 전신을 덮는 두꺼운 의복이 특징입니다. 미륵(미륵불)은 초기 중국 불교에서 중요한 역할을 했으며, 불교가 파괴되는 내세에서 불교가 복원될 때 가르침을 주는 부처가 되는 보살(개오에 도달한 구제자 상)로 간주됩니다. 이 제단 조각의 명문에 이 조각상이 미륵상임을 밝히고 있습니다. 명문에는 어떤 사람이 죽은 아들을 위해 조각을 의뢰했으며 후세에서 아들과 친척들이 부처님 계신 곳에서 다시 만나기를 희망하고 있다고 기록되어 있습니다.

부처 혹은 아미타불

중국, 당 왕조 시대, 7세기 초
중공 건칠, 금박 및 다색 도료 흔적
높이: 96.5cm
로저스 기금, 1919 (19.186)

아미타불 신앙은 이상적인 환경과 거리가 먼 현세에서는 개오를 하는 것이 불가능함을 강조하고, 깨우침에 도달하기에 알맞은 정토 또는 중간 지점인 극락정토에서의 왕생을 기원합니다. 이 아미타불상의 양팔의 위치를 볼 때 소실된 손은 사유의 수인을 맺고 있었을 것으로 추정됩니다. 이 불상은 목재를 많이 사용하는 심에 점토를 입혀 옻칠한 마포로 싼 복잡한 건칠 기법으로 만든 후 심을 제거하였습니다. 이 기법은 8세기에 중국으로부터 일본까지 널리 보급되었습니다.

잎사귀 모양 접시

중국, 당 왕조 시대, 7세기 말 - 8세기 초
은, 일부 도금, 길이 14.6cm
매입, 아서 M. 새클러 기증,
1974 (1974.268.11)

중국의 은세공 기술은 중앙 아시아 및 서부 아시아와 활발한 교역을 통해 외국의 영향이 조형 및 모티프에 나타나는 당 왕조 시대(618-906년)에 절정에 달하였습니다. 또한 이 제조 기법은 전통적인 주조 방식에서 타출과 조금 방식으로 변하였습니다. 잎사귀 모양의 정교한 접시는 타출기법(표면에서 타출)으로 꽃과 새를 장식하여 당 왕조 장식미술의 뛰어난 수준을 반영하고 있습니다.

전
한간

중국, 활동기 742-756년

조야백도

당 왕조 시대, 750년경
두루마리, 지본 묵화, 30.8 × 34cm
매입, 딜론 기금 기증, 1977 (1977.78)

당 현종(재위 712-756년)의 애마인 조야백을 그린 이 작품은 말을 주제로 한 중국 회화를 대표하는 작품입니다. 불 같은 기질을 가진 이 동물은 "피의 땀"을 흘리고 실제로는 용이 변장했다고 하는, 외국에서 바친 공헌마 중 "천마"에 얽힌 중국 신화를 완벽하게 보여줍니다. 이 회화의 작가로 전해지는 한간은 말의 사실적인 유사성뿐 아니라 그 강한 기질까지 표현한 것으로 유명합니다. 한간은 말에 관한 고회화를 임모하기보다는 마구간에서 실제 관찰하는 것을 더 좋아했다고 전해지지만 이 말의 측면상 및 몸체 구조의 추상적인 표현은 분명히 고대의 원형으로부터 유래되었습니다.

삼룡문 청자 대접

중국, 절강성, 오대 왕조 시대, 10세기
석기에 각문, 청자유, 직경: 27cm
로저스 기금, 1918 (18.56.36)

서양에서 청자라는 용어는 청유를 시유한 도자기를 설명하기 위해 주로 사용되었습니다. 중국에서 제작된 청자는 일반적으로 국내용과 수출용 모두 청자가 제작된 요의 이름에 따라 분류되었습니다. 이 청자 대접 내부를 장식하는 생동감 넘치는 세 마리 용 중 한 마리의 꼬리가 뒷다리 밑으로 들어가 있는 디자인은, 기원전 2세기부터 절강성에서 활동했던 월주요의 특징입니다. 월주요 청자는 8세기부터 폐요되는 11세기까지 광범위한 지역으로 수출되었기 때문에 서쪽의 먼 나라인 아프리카에 이르기까지 당시의 월주요 청자가 발견되고 있습니다.

전

굴정

중국, 활동기 1023년경-1056년경

하산도

송 왕조 시대, 1050년경
두루마리, 견본 수묵 담채, 45.3 × 115.2cm
딜론 기금 기증, 1973 (1973.120.1)

중국 화가들은 900년부터 1100년까지의 기간 동안 창작의 숭고성을 표현하는 산수화를 제작하였습니다. 이러한 산수화는 감상자가 그림에 등장하는 인물상과 자신을 동일시하도록 의도되었습니다. 이 〈하산도〉에서 여행자들은 사원의 안거를 향해 나아갑니다. 중앙의 산은 신하에 둘러싸인 황제마냥 권위가 있으며 자연 위계 질서의 정점을 이루고 있습니다. 질감을 강조하는 필획과 능숙한 수묵 사용법은 〈하산도〉가 1050년경 활동한 거장이 그린 작품임을 암시합니다. 이 연대는 송대 휘종 황제(재위기 1101-1125년)의 감식인에 의해 확인되었으며, 그의 회화 목록은 굴정 작의 〈하경〉이라는 제목을 가진 세 점의 작품을 포함하지만, 그 외 화가에 관해서 알려진 바는 없습니다.

용화문 태피스트리

중앙아시아 동부, 11-12세기
비단 태피스트리, 53.7 × 33cm
플레처 기금, 1987 (1987.275)

이 비단 태피스트리의 모티프는 개별적으로는 거의 변하지 않고 창의적으로 재조합되는 전형적인 중앙아시아의 장식 양식입니다. 긴 코와 꼬리가 다리에 걸린 형태의 용 형상은, 몽고의 쿠빌라이 칸이 1271년 창시한 원 왕조 시대까지 중앙 아시아에 존속했던 당 왕조의 전통적인 문양입니다. 꽃 문양에 용을 배치한 구도는 필시 중앙아시아에서 창안되었을 것입니다. 찬란한 색채와 생동감 있는 용의 묘사 또한 이 지역 태피스트리의 특징이며, 이 태피스트리는 화려한 직물 의복으로 유명한 위구르족이 제작했을 것으로 추정됩니다.

곽희

중국, 1000년경 – 1090년경

수색평원도 (세부)

송 왕조 시대, 11세기 후반
두루마리, 견본 묵화 채색, 34.9 × 104.8cm
존 M. 크로포드 Jr. 컬렉션, 더글러스 딜론을 기리며
존 M. 크로포드 Jr. 기증, 1981 (1981.276)

11세기 후반 탁월한 산수화가였던 곽희는 시적인 이미지와 감정을 형상화하려고 했으며, 특히 사계절의 뉘앙스와 변화하는 하루의 시간을 묘사하는 데 관심이 많았습니다. 〈수색평원도〉는 광활한 강 유역을 배경으로 키 큰 나무를 전경에 배치한 전통적인 "평원" 법의 변형을 보여주며, 정부 관리인 친구의 퇴임을 기념하기 위해 그렸던 그의 후기작으로 추정됩니다. 두루마리의 마지막 부분에 등장하는 잎이 다 떨어진 나무와 짙은 안개는 황량한 가을 분위기를 조성하며, 이 장면에서 정자에 다가가는 두 노인은 아마도 친구에게 작별 인사를 하러 가는 것 같습니다.

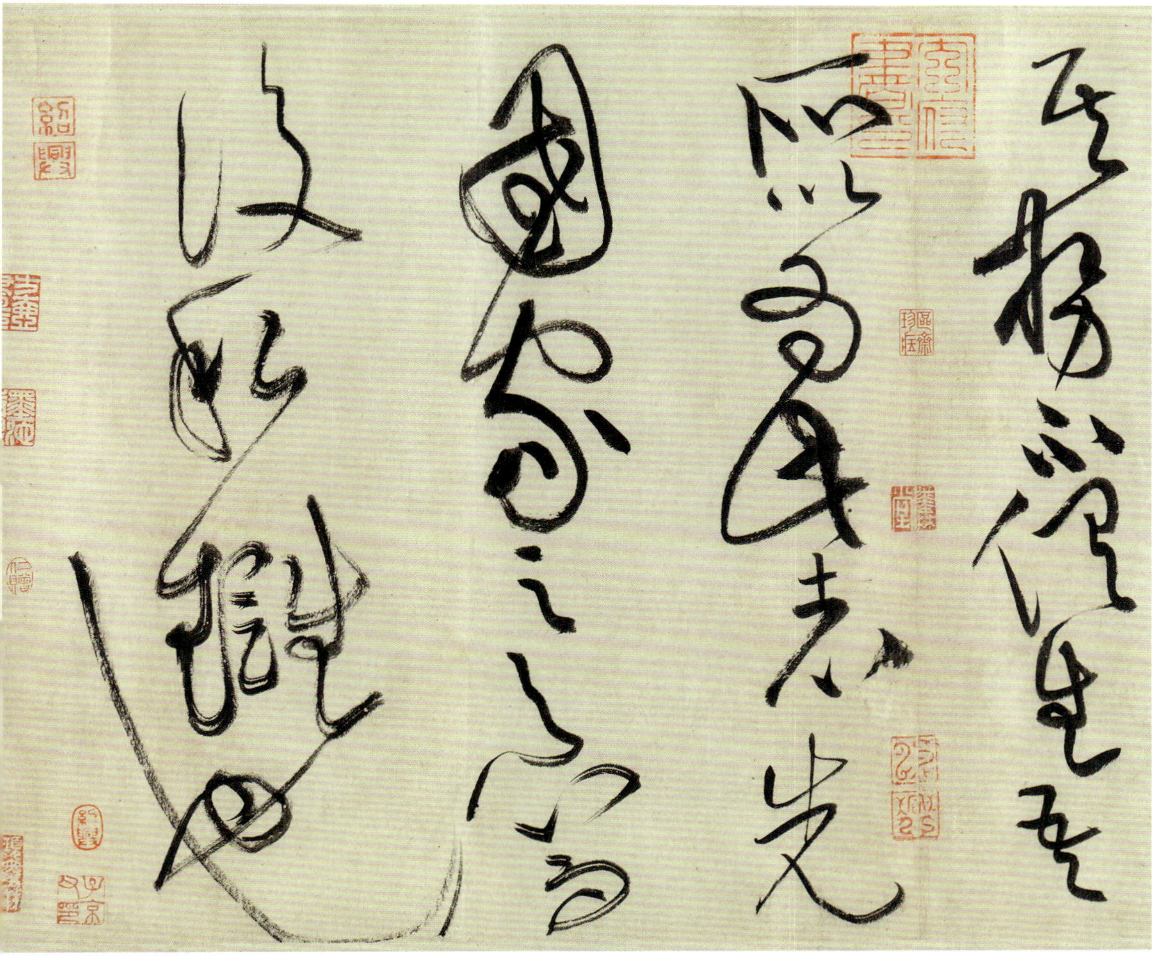

황정견

중국, 1045–1105년

염파와 인상여의 전기 (세부)

송 왕조 시대, 1095년경
두루마리, 지본 묵화, 32.5 × 1822.4cm
존 M. 크로포드 Jr. 유증, 1988 (1989.363.4)

시인, 서예가 겸 다재다능한 선승이었던 황정견은 서도는 즉흥적으로 자기를 표현하는 "마음의 그림"이어야 한다고 믿었습니다. 거의 1200자가 쓰여진 이 두루마리는 초서체 걸작품이며, 경쟁 관계에 있던 두 관리에 관한 내용입니다. 염파는 걸출한 장군이었고 인상여는 능란한 전략가였습니다. 황정견은 인상여의 발언으로 갑자기 글을 맺습니다. "두 마리의 호랑이가 싸울 때 한 마리는 죽어야 한다. 나는 사적인 원한보다 국가의 운명을 우선시하여 행동한다." 황정견의 글을 송대의 정치적 내분이라는 맥락에 비추어 읽으면 이는 당파심에 대한 강한 비난이 되며 이로 인해 그는 1094년에 유배를 당합니다.

휘종 황제

중국, 1082 – 1135년, 재위 1101 – 1125년

취죽쌍금도

송 왕조 시대, 12세기 초
두루마리, 견본 묵화 채색, 27.9 × 45.7cm
존 M. 크로포드 Jr. 컬렉션, 매입, 더글러스 딜론 기증, 1981
(1981.278)

휘종은 송 왕조의 제8대 황제였으며 역대 송의 황제 중 가장 예술적인 업적을 많이 남겼습니다.

〈취죽쌍금도〉는 휘종의 화원에서 다루었던 화조화의 사실적인 양식의 실례를 보여줍니다. 그러나 휘종은 자연을 모사하든 시를 한 줄 표현하든지 간에 사실적인 재현보다는 주제에 담긴 혼을 포착하는 것을 중요시하였습니다. 이 그림에서 세밀한 관찰을 통해 묘사된 되새는 실제 살아있는 새의 생명감이 깃들어 있습니다. 새의 눈을 살아있는 것처럼 표현하기 위해 몇 방울의 옻칠을 첨가하여 마감하였습니다.

명황행촉도

중국, 송 왕조 시대, 12세기 중엽
족자, 견본 묵화 채색, 82.8 × 113.6cm
로저스 기금, 1941 (41.138)

745년, 당의 현종 황제(재위 712-756년)는 후궁이었던 양귀비와 사랑에 빠져 정사를 등한시하기 시작하였습니다. 이는 33년간의 선정을 베푼 후의 일입니다. 양귀비가 총애하던 안록산 장군이 755년 반란을 일으켰을 때 양귀비는 책임을 피할 수 없었습니다. 현종 황제는 수도 서안에서 안전한 촉(사천성)으로 도피할 것을 강요받았으며, 양귀비의 처형을 요구하는 반란군과 대적하게 되었습니다. 현종은 마지못해 이에 동의하고 양귀비의 처형 장면을 공포와 수치에 떨며 지켜보았고, 그 후 얼마 안 되어 퇴위당하였습니다. 이 회화는 양귀비 처형 후 침울한 황제의 수행원들을 묘사하고 있습니다. 인물들은 당의 의복을 입고 있지만 입체감 있는 형태와 안개가 자욱한 대기를 복잡하게 묘사한 풍경 양식은 12세기 중엽에 이 회화가 제작되었음을 추정하게 합니다.

약사불

중국, 산서성, 원 왕조 시대, 1319년경
짚을 혼합한 점토 토대, 수성도료, 높이: 7.5m
아이삭과 소피 새클러를 기리며 아들인 아서 M. 새클러가 기증, 1965 (65.29.2)

육체와 정신을 치유하는 불교의 교리는 아시아 전역에 불교가 전파되는 데 중요한 역할을 하였습니다. 이 벽화에서 약사여래(약사불)는 붉은 옷을 입고 있으며 해와 달의 상징물을 손에 들고 앉아 있는 일광과 월광 보살을 좌우 협시로 두고 그 외 여러 신들을 함께 거느리고 있습니다. 좌우에 여섯 명씩 배치된 12신장상은 부처의 중생 구제 약속을 상징합니다. 둥근 얼굴의 원기왕성한 부처상과 얕은 공간 구성은 14세기 초에 불교와 도교 회화를 그리며 활동했던 주호고의 특징적인 작품 양식을 반영하고 있습니다.

수미산 만다라

중국, 원 왕조 시대, 14세기
비단 태피스트리, 83.8 × 83.8cm
매입, 플레처 기금 및 조셉 E. 호퉁과 다니엘르 로젠버그 기증, 1989년 -1989.14

공들여 태피스트리로 짠 이 만다라 또는 우주 도표는 밀교의 성격을 띤 불교가 중국에 진출했을 때 함께 도입된 인도의 도상을 반영하고 있습니다. 중앙에는 신화 속에 등장하는 수미산이 피라미드가 거꾸로 뒤집어진 형상으로 묘사되었고 그 상부에는 불교에서 순결을 상징하는 연꽃이 놓여 있습니다. 그 산의 기단에 해(삼족오)와 달(토끼)을 나타내는 중국의 전통적 상징물이 보입니다. 동서남북 사방의 풍경화는 인도 신화의 4대륙을 나타내지만 중국의 전통적인 "청록산수" 양식을 따르고 있습니다. 가장자리의 조밀하게 묘사된 꽃무늬는 티벳 중부 지방의 도상에서 유래했으며, 특히 원 왕조의 궁정과 교류가 있었던 사원과 관련이 많습니다.

전선

중국, 1235년경 - 1307년 이전

왕희지관아도 (세부)

원 왕조 시대, 1295년경
두루마리, 지본 묵화 채색, 금박
23.2 × 92.7cm
딜론 기금 기증, 1973 (1973.120.6)

1276년 남송의 수도인 항주가 함락된 후 전선은 유민,즉 송 왕조의 "남겨진 신하"의 삶을 선택하였습니다. 전선이 의고적인 "청록산수" 양식으로 그린 이 두루마리는 전설적인 명성을 지닌 서성이었으며 도교 비술의 전문가이자 거위 목의 우아한 움직임 등과 같은 자연 형태에서 영감을 받아 작품활동을 했다고 전해지는 왕희지(303-361년)의 이야기를 묘사하고 있습니다. 이 화가는 고대를 꿈과 같이 회고하며 회화 공간을 사실적으로 묘사하지 않음으로써 송 왕조 멸망 후 그가 느꼈던 고독감을 표현하고자 하였습니다.

구름무늬 용문 경전함

중국, 명 왕조 시대
영락기, 1403-1424년
칠기, 금상감 장식, 길이 40.6cm
매입, 조셉 호퉁 경 및 빈센트 아스토 재단 기증, 2001 (2001.584a-c)

영락 황제 재위 시 제작된 자기 및 칠기, 그 밖의 다양한 소재로 제작된 작품에는 강건한 형상의 용문양이 자주 묘사되었습니다. 중국에서 두루마리에 적은 불교 경전을 보관하기 위해 만든 이처럼 우아한 함은 궁정에서 사용하기 위해 제작되었으며, 특히 외교적인 선물로 티베트에 기증되곤 하였습니다. 당시의 조칠기는 다수 전해지지만 옻칠 표면에 새긴 패턴을 금 또는 금색 안료로 채워 넣는 상감 기법을 사용하여 장식한 경전함의 예는 흔치 않습니다. 금속 자물쇠가 현재까지 보존된 것도 드문 예입니다.

용문호

중국, 강서성, 명 왕조 시대
선덕 황제 인 및 시대, 1426-1435년
자기, 청색 밑유약, 높이: 48.3cm
로버트 E. 토드 기증, 1937 (37.191.1)

코발트 블루 안료로 자기를 채색하는 기법은 중국에서 14세기에 처음 꽃을 피웠으며, 논쟁의 여지는 있지만 이는 세계 도자사에서 가장 중요한 발전이었습니다. 이 멋진 저장용 단지는 경덕진요에서 궁정을 위해 제작하였으며 어깨 부분의 명문에 의해 선덕 황제의 치세 기간으로 연대를 정할 수 있습니다. 이 자기의 표면에는 구름이 둥실둥실 떠 다니는 하늘을 굽이쳐 날고 있는 강한 인상의 용문양이 그려져 있습니다. 자기에 장식된 기괴한 얼굴은 인도-히말라야 도상에 많이 나타나는 수호신 키르티무카(영광의 얼굴)에서 유래했을 것이며 15세기 초 중국에서 인기를 끌었던 도상입니다.

오빈

중국, 활동기 1583년경-1626년경

십육나한도 (세부)

명 왕조 시대, 1591년
두루마리, 지본 묵화 채색, 32 × 414.3cm
에드워드 엘리옷 가 컬렉션, 더글러스 딜론 기증
1986 (1986.266.4)

중국의 민간신앙에서 탁발승, 마술사, 신비한 은둔자들은 "살아있는 나한" 또는 기적을 일으킬 수 있는 불교 성인들이 변장한 것으로 간주됩니다. 명대 말기와 같이 정부의 부패와 무능력이 사회질서를 위태롭게 하는 시기에는 이러한 미신적인 구세주 신앙이 더욱 광범위하게 퍼지곤 하였습니다. 현존하는 오빈의 초기 작품 중 하나인 이 두루마리는 중국의 고전적인 인물묘사 양식을 반영하고 있으며, 그로테스크한 외모로 인해 사람들이 그들의 내적 정신성을 오해하는 기인으로서 나한을 묘사하는 전통을 답습하고 있습니다. 인물을 해학적으로 표현한 오빈의 회화는 성스러움은 기괴한 외모 속에 숨어 있을 수 있다는 진지한 메시지를 전하고 있는지 모릅니다.

공현

중국, 1619 – 1689년

산수시화 (세부)

청 왕조 시대, 1688년
16매 화첩, 지본 묵화, 27.3 × 41cm
더글러스 딜론 기증
1980, 1981 (1980.516.2; 1981.4.1)

멸망한 명 왕조에 계속 충성하고자 했던 은둔자 공현은 청 왕조(1644 –1911년)의 지배하에서 자신을 유민, 즉 "남겨진 신하"로 여겼습니다. 패망한 명의 수도 남경과 그 주변 장소를 즐겨 찾았던 공현은 그곳을 신의 주거지와 비교하여 그린 화첩에 포함된 이 작품에서 자신의 은둔 생활을 묘사하고 있으며 시를 덧붙였습니다. 그 시는 고결한 품성을 상징하고 추운 겨울을 견디는 능력이 있는 난초를, 땔감으로 사용되는 딸기나무(하찮은 사람)와 대비시키는 내용입니다. 공현은 수묵의 기법과 점묘법을 완성하여 회화의 밀도와 투명성을 동시에 표현하였습니다.

왕휘

중국, 1632 – 1717년

강희남순도, 제3권: 제남에서 태산으로 (세부)

청 왕조 시대, 1698년
두루마리, 견본 묵화 채색
67.8 × 1393.8cm
매입, 딜론 기금 기증
1979 (1979.5)

1644년 중국을 정복한 만주인의 후손인 강희 황제(재위 1662-1722년)는 1689년 강남 지역의 지배권을 장악하기 위한 순행 원정을 감행하였습니다. 당대 유명한 산수화가 왕휘는 12권의 대형 두루마리에 이 순행을 기록하도록 의뢰를 받았습니다. 이 작품은 그 중 제3권이며 중국의 성산 태산을 등산하는 황제를 묘사하고 있습니다. 왕휘는 태산을 실제 방문한 적이 없을 뿐더러 지도와 목판화에 기초하여 구도를 잡았지만, 특정 장소를 고전 산수화에 등장하는 상상의 장소와 연결하고 전통적인 "청록" 색조를 사용하여 강희 황제의 선정을 강조합니다.

화병

중국, 청 왕조 시대, 강희 황제 시대
1662–1722년
자기, "도화"유, 높이: 19.7cm
벤자민 알트만 유증, 1913 (14.40.377)

이 작은 화병에 사용된 "도화"유와 같이 분홍색이 도는 적색의 참신한 유약은 17세기 중후반에 처음 제조된 것입니다. 이같은 형태의 작은 화병은 당시 문필용으로 제작된 것으로 일반적으로 8개 이상의 세트로 구성되었습니다. 이 화병은 한 세트의 문방구로서 각각의 형태가 미묘하게 다른 네 개의 화병 중 하나였으며, 네 개의 화병은 목 부분에 도드라진 세 개의 가는 고리로 구별됩니다. 이러한 화병 세트는 그 실제 사용 여부와 상관없이 십중팔구 궁정 관리에게 선사할 선물로 제작되었습니다. 궁정용으로 제작된 작품에서 자주 보는 것과 같이 이 화병 바닥에는 강희 황제 재위 시 제작되었음을 시사하는 여섯 글자(大清康熙年製)의 명문이 있습니다. 그러나 이 한자 서체에 의하면 화병의 제작 연대는 1678년부터 1688년까지입니다.

장왕권현 입상

일본, 헤이안 시대. 11세기
금동 장식 조각, 높이: 37.5cm
해리 G. C. 패커드 아시아 미술 컬렉션
해리 G. C. 패커드 기증 및 매입
플레처, 로저스, 해리스 브리스베인 딕 및 루이스 V. 벨
기금, 조지프 퓰리처 유증, 아넨버그 기금 기증, 1975
(1975.268.155)

장왕권현은 수많은 불상 중 일본 고유의 불상입니다. 이 불상이 제작되었을 당시 산악 신앙의 대상인 장왕권현과 연관된 수많은 종교 의식이 깊은 산속의 사원에서 열렸습니다. 이러한 의식을 통해 수행자들은 장왕권현의 체력을 자신들을 위해 이용하려고 하였습니다.

북야천신연기 (세부)

일본, 가마쿠라 시대, 13세기 후반
5권의 두루마리(각기 길이는 다름), 지본
묵화 채색 금박, 28.8 × 571.4 - 894.5cm
플레처 기금, 1925 (25.224a - e)

교토에 있는 북야천신궁에서는 9세기의 학자이자 정치가였던 수가와라 미치자네(845-903년)의 제사를 지냅니다.

미치자네는 궁정에서 정적의 비방으로 인해 유배되어 결국 유배지에서 사망했는데, 그 후 자연재해가 연이어 발생하면서 그의 정적들이 갑자기 죽었습니다. 그때 미치자네의 영이 수도 북서부 지역에서 제사를 지내주기를 원했다고 합니다. 오늘날 그를 배움과 서예의 신토신으로 숭배하고 있습니다.

춘옥묘파 초상화

일본, 남북조 시대, 1383년경
족자, 견본 묵화 채색 금박
114.3 × 52.1cm
실반 바넷 및 윌리엄 버토 기증
2007 (2007.329)

일본 선불교의 유명한 선승인 춘옥묘파(1311-1388년)의 이 공식 초상화는 교토의 사원을 위해 제작되었으며 춘옥묘파 자신의 명문이 기록되어 있습니다. 이 초상화는 원래 장례식 및 추모제를 위해 제작되던 중국 초상화의 전통을 따르고 있습니다. 그런데 일본에서 이러한 초상화는 추모제를 위해서뿐 아니라 선사가 문하생에게 불교의 가르침(달마)을 성공적으로 전달했음을 인증하는 방식으로서 선사의 특징을 묘사한 회화를 의미하였습니다. 이 초상화는 능숙한 묵필의 사용과 정교한 채색으로 의복과 얼굴의 세부를 대담하게 묘사하여 보는 사람을 끌어들이는 강렬한 힘이 있습니다.

셋손 슈케이

일본, 1504년경 – 1589년경

원후도 (세부)

무로마치 시대, 1570년경
6폭 병풍 한 쌍, 지본 묵화, 157.5 × 348cm
매입, 로저스 기금과 빈센트 아스토 재단, 메리 리빙스턴 그릭스와 메리 그릭스 버크 재단 및 플로렌스와 허버트 어빙 기증, 1992 (1992.8.1,2)

중국 남부 지역 숲속에 서식하는 긴팔원숭이는 회화와 시가를 통해 일본에 알려졌습니다. 그 울음소리가 시에서는 고독의 승화된 정신을, 도교 설화에서는 우수한 생명력과 결부됩니다. 일본 선승들은 중국의 선승 화가 목계(활동기 1245년경)가 그린 긴팔원숭이 회화를 진중히 여겼습니다. 묵계 양식의 긴팔원숭이 회화는 15세기 후반까지 병풍 그림의 주제로서 선호되었습니다. 여기에서 여러 마리의 긴팔원숭이가 수면에 비친 달(개오를 상징)을 잡으려고 손을 뻗치는 장면은 선종의 근본적인 역설을 표현합니다.

조개껍질과 해초 문양이 있는 기모노(세부)

일본, 에도 시대, 17세기 초
플로트 패턴의 염색 견평직물에 견사자수
및 금박, 전체 높이 153.7cm
S. 모리스 노무라 부부를 추모하여 폴 T. 노무라 부부가 기증
1992 (1992.253)

섬세하게 수를 놓은 이 희귀한 기모노(코소데)는 조개껍질과 해초가 흩어져 있는 일본 해안의 해변 자연경관에서 영감을 받았습니다. 성긴 배경에 꽃문양을 짜넣은 바탕 직물은 중국에서 수입된 것입니다. 백포는 그 후 일본에서 염색되어 모래톱의 효과를 냈으며, 그 위로 바다 모티프 자수를 놓았습니다. 교차하는 담청색 띠의 금박 악센트는 짜넣은 꽃문양을 강조합니다.

국동문 주전자

일본, 모모야마 시대, 1596–1600년경
칠기, 금분 장식, 손잡이 부분 높이 25.4cm
주둥이 부분 25.7cm
직경: 17.8cm
매입, Mrs. 러셀 세이지, 교환에 따른 기증
1980 (1980.6)

1590년대 일본을 통일했던 도요토미 히데요시(1536-1598년)는 호화로운 것을 좋아했던 강력한 통치자였으며 실제로 이 주전자를 사용했을 가능성이 있습니다. 그의 묘가 있는 고다이지에는 코아미 공방에서 제작한 칠기 가구가 비치되어 있는데, 이러한 칠기에는 세밀하게 묘사된 가을 풀과 도요토미 가문 문장이 그려져 있습니다. 이 주전자는 후에 고다이지 양식(화려한 금장식 흑칠기를 지칭)으로 알려지는 기법으로 디자인되었으며, 색채, 리듬, 모티프가 전혀 다른 두 가지 패턴이 놀라운 대조를 이루고 있습니다. 당시 칠기뿐 아니라 도기 및 염직 분야에서 이러한 장식 유형이 특히 선호되었습니다.

채색삼호문 접시

일본, 에도 시대, 18세기 초
자기, 청색 하회, 에나멜 상회
높이: 4.1cm, 직경: 15.2cm
해리 G. C. 패커드 아시아 미술 컬렉션, 해리 G. C. 패커드 기증 및 매입, 플레처, 로저스, 해리스 브리스베인 딕 및 루이스 V. 벨 기금, 조지프 퓰리처 유증, 아넨버그 기금 기증 1975 (1975.268.563)

일본의 초기 자기 생산의 중심지는 규슈의 히젠 지역이었습니다. 규슈에서 생산된 도안과 그릇들은 수출용이 많았지만 히젠 지역의 자기는 나베시마 문중 직영 요에서 제작되어 나베시마 유형으로 알려졌습니다. 이 작품과 같은 접시는 식기로 사용되었으며, 이러한 자기 세트는 에도(도쿄)에 있는 쇼군에게 연례 진상품으로 보낼 때도 많았습니다. 이 접시에 그려져 있는 항아리의 경쾌한 문양은 나베시마 요에서 제작된 고품질 자기의 특징인 대담하고 밝은 색채와 정교함을 보여주고 있습니다.

가노 산세츠

일본, 1589–1651년

노매도

에도 시대, 1647년경
네 짝 미닫이문, 지본 금지 채색
174.6 × 485.5cm
해리 G. C. 패커드 아시아 미술 컬렉션, 해리 G. C. 패커드 기증 및 매입, 플레처, 로저스, 해리스 브리스베인 딕 및 루이스 V. 벨 기금, 조지프 퓰리처 유증, 아넨버그 기금 기증 1975 (1975.268.48a–d)

매화는 노목에서도 싹을 틔우기 때문에 매화 나무는 불굴의 정신 및 회춘을 상징합니다. 이 미닫이문은 교토의 유명한 선사인 묘신지에 속한 텐쇼의 선승 처소에서 사용되었습니다. 과장되게 굽은 나무와 기하학적인 바위의 예리한 윤곽선은 가노 산라쿠(1559-1635년)의 제자이며 양자였던 가노 산세츠의 낙관이 있는 작품의 고유한 양식입니다. 산라쿠는 묘신지에서 많은 후원을 받았으며 산세츠도 이 선사의 지원을 계속 받았을 것입니다.

오가타 코린

일본, 1658–1716년

파주도

에도 시대, 1704–1709년경
2폭 병풍, 지본 금지 채색, 146.5 × 165.4cm
플레처 기금, 1926 (26.117)

많은 예술가와 시인들은 굽이치는 파도를 포착하여 표현하려고 하였습니다. 오가타 코린의 파도 표현은 길고 불규칙한 거품의 촉수 여기저기 구멍이 나 이상하게 불길한 느낌을 줍니다. 한 손에 두 자루의 붓을 들고 그리는 중국 고대의 기법을 사용하여 먹으로 윤곽선을 그린 집게발 같은 파도는 무로마치 시대의 선승 화가 셋손 슈케이(1504년경-1589년경)의 작품에서 영감을 얻었을 것입니다. 병풍에는 코린이 1704년에 사용하기 시작한 이름인 도수의 낙관이 찍혀 있습니다.

스즈키 하루노부

일본, 1725–1770년

소상야우

에도 시대, 1766년경
다색 목판화, 종이에 먹과 채색 안료
28.6 × 20.3cm
프란시스 래스롭 컬렉션, 매입, 프레더릭 C. 휴잇 기금
1911 (JP698)

여름 화로 위에서 부드럽게 끓는 찻주전자 소리에 취한 소녀를 묘사한 이 매력적인 장면은 하루노부의 좌부팔경(座敷八景) 중 하나입니다. 이 작품은 중국과 일본 회화의 주요 테마인 소상팔경 중의 "소상야우"를 암시합니다. 여기에서 이 풍경 특유의 여름 분위기가 에도(도쿄)의 유곽 실내로 장소를 바꾸어 구현되고 있습니다. 하루노부의 작품은 두 가지의 색채를 인쇄하여 중첩하지 않고 안료를 혼합함으로써 미묘한 색조를 유지하는 특색이 있습니다.

보살반가상

한국, 삼국시대, 7세기 중엽
금동, 22.5 × 10.2 × 10.8cm
매입, 월터와 레오노르 아넨버그 부부 및 아넨버그 재단 기증 2003 (2003.222)

보살반가상은 아시아 전역에서 제작되었습니다. 한국에서는 6, 7세기 무렵, 특히 백제와 신라에서 중요한 불교 성상으로 등장하였습니다. 이 좌상은 보존상태가 양호한 중요한 작품입니다. 유연한 손가락과 발가락 등 실물과 같은 세부묘사로 인해 미묘한 에너지가 느껴지며, 불상의 땋은 머리는 선의 극적인 패턴을 보여줍니다. 왕관은 보주와 초승달 모티프로 장식되어 있는데, 이는 중앙아시아의 영향을 받은 것입니다.

뚜껑 있는 함

한국, 고려 왕조시대, 12세기
칠기, 안료 위에 자개와 별갑을 박음, 황동선
높이: 4.1cm, 길이 10.2cm
플레처 기금, 1925 (25.215.41a, b)

이 함은 화장품 또는 향을 넣는 원형 또는 꽃모양 함을 중심으로 외부에는 네 개의 3엽형 함이 조화를 이루는 칠기 일습의 일부입니다. 또한 유사한 도자기 및 청동 작품도 있어서 다양한 매체 간의 영향을 입증합니다. 그 자체로 보물인 이 함은 복잡한 세공 및 은색 자개와 별갑을 박은 정교한 장식으로 고려 왕조(918-1392년) 시대 칠기 공예의 정수를 보여줍니다.

수월관음보살상

한국, 고려 왕조시대, 14세기 전반
족자, 견본 묵화 채색, 114.5 × 55.6cm
찰스 스튜어트 스미스 컬렉션, 찰스 스튜어트 스미스를 추모하여 찰스 스튜어트 스미스 부인, 찰스 스튜어트 스미스 Jr. 및 하워드 카스웰 스미스 기증, 1914 (14.76.6)

이 두루마리 그림은 화려한 옷을 입은 수월관음보살(수월관음)로 알려진 보살이 파도가 내려다보이는 바위 노두에 앉아 있습니다. 이 보살의 지물인 왕관 속 작은 아미타여래좌상과 제례용 물병, 버들가지가 보입니다. 회화 상단에 그려져 있는 작은 달에는 토끼가 불로장생약을 찧고 있습니다. 보살의 발치에는 우아한 옷을 입은 작은 사람들이 용왕의 안내를 받습니다. 오른쪽 하단에는 소년 순례자 선재동자가 묘사되어 있는데, 화엄경에서 그와 관음의 만남을 이야기하고 있습니다.

백자 달항아리

한국, 조선 왕조시대, 18세기 후반
자기, 높이: 38.7cm, 직경 33cm
상단 14cm, 바닥 12.4cm
해리 G. C. 패커드 아시아 미술 컬렉션, 해리 G. C. 패커드 기증 및 매입, 플레처, 로저스, 해리스 브리스베인 딕 및 루이스 V. 벨 기금, 조지프 퓰리처 유증, 아넨버그 기금 기증 1975 (1979.413.1)

조선 시대(1392-1910년) 후반기에 제작된 백자의 독특한 유형인 달항아리는 둥근 달을 연상시키는 형태로 말미암아 이같이 불려지며 대개 두 개의 반달형 점토 그릇을 합해서 만듭니다. 따라서 이음새가 드러나기도 하지만 전체적으로 유기적인 형태를 취합니다. 소성 시 우연히 얻어진 유약의 복숭아색은 이 백자의 매력을 배가시킵니다. 자기는 18세기에 전 세계적으로 제작되었지만 이러한 유형의 백자 달항아리는 한국 특유의 것입니다.

야차

인도, 마디아프라데시 주, 슌가 시대
기원전 50년경
사암, 높이: 88.9cm
마틴 러너를 추모하여 제프리 B. 소레프 기증
1988 (1988.354)

야차(자연의 남신)는 자연계를 인격화한 것입니다. 세월이 흐르면서 야차는 불교와 힌두교 신 중 부신으로 간주되었고 자연의 풍요를 수호하는 신의 역할을 담당했으며, 부를 상징하게 되었습니다. 이 배불뚝이 난쟁이는 제작 당시에는 머리 위의 그릇을 팔로 받쳐들고 있었으며, 이를 통해 그가 "운반인" 또는 바라바하카 야차에서 유래했음을 알 수 있습니다. 이 작품에 가장 근접한 양식은 보팔 근처 산치에 있는 초기 대규모 불교 사리탑(숭배 대상 유물을 매장할 수 있게 설계된 고분과 같은 구조물)의 주두 양식입니다. 이 야차는 사리탑의 입구에 배치되어, 그 머리 위의 그릇에 참배자들이 보시를 넣었을 것으로 추정합니다.

보살 토르소

파키스탄, 고대 간다라 지역(현 페샤와르 지역)
5세기경
편암, 높이: 163.8cm
매입, 릴라 애치슨 월러스 기증
1995 (1995.419)

보살상은 4세기부터 5세기에 걸쳐 대승불교(인도 북부의 불교 종파)에서 중요한 숭배 대상이었습니다. 간다라 지역 사원에서는 구제의 불에 대한 점증하는 신도의 요구를 반영하여 불교의 자비심을 구현하는 등신대 이상의 관음보살상을 제작하였습니다. 보살 신앙은 이러한 염원을 가장 잘 대변하였습니다. 제작 당시의 높이가 약 3미터 정도였던 이 대형 석상 토르소는 사리-발롤 사원에서 출토된 것으로 추정되며 이 시대의 뛰어난 유물입니다. 이 석상의 육감적인 신체 표현과 입고 있는 승복 묘사는 헬레니즘 시대 서구와의 교류를 여전히 반영하고 있습니다.

아래의 작품

설법하는 불좌상

스리랑카, 아누라다푸라
아누라다푸라 시대 말, 8세기 후반
동합금, 높이: 26.7cm
매입, 해리스 브리스베인 딕 기금, 빈센트 아스토 재단 기증
구입 및 2008 자선기금, 교환에 의한 존 스튜어트 케네디 기금
2009 (2009.60)

스리랑카 초기 불교의 전형적인 성상은 설법인 수인을 하고서 설법하는 불좌상이었습니다. 이 불상은 요가의 명상하는 자세로 앉아 있고 바느질하지 않은 가사를 팽팽히 감고 있으며 남방불교식으로 오른쪽 어깨를 드러내고 있습니다. 불상의 두발 형태는 나발로서 석가모니가 왕자의 장신구를 버리고 삭발함으로써 물질세계를 거부한 것을 상기시킵니다. 눈에는 제작 당시 사실성을 높이기 위해 보석 또는 수정을 새겨 넣었을 것입니다. 불꽃 모양의 두상돌기(육발)는 깨달음의 경지를 나타내는 중요한 인의 하나인 연기인(락샤나)입니다.

위의 작품

석가상

인도, 프라데시, 마두라, 굽타 왕조, 5세기
사암, 높이: 85.5cm
매입, 에니드 A. 하우프트 기증
1979 (1979.6)

이 석가상은 가장 높은 경지의 지혜를 터득해야 얻을 수 있는 찬란한 내적 평정과 고요를 나타냅니다. 제작 당시의 불상은 오른손(소실됨)을 들어 두려움을 물리치고 중생을 안심시키는 시무외인(아바야무드라)을 하고 있었습니다. 석가는 바느질하지 않은 간소한 승복을 입고 있으며, 그의 불심은 깨달음(완전한 열반의 상태)을 의미하는 커다란 후광과 자연 및 초자연의 연기인(락샤나)에 의해 더욱 강조됩니다. 이 불상 양식은 불교 팽창기 양식 전개의 정점을 이루며 아시아 전역에서 석가상의 기준이 되었습니다.

옥좌 위 비슈누 신

인도, 타밀 나두, 판디아 왕조 시대
8세기 후반 - 9세기 초
화강암, 높이: 2.97m
매입, 찰스 엥겔하드를 추모하여 찰스 엥겔하드 재단 기증, 1984 (1984.296)

메트로폴리탄 박물관의 남아시아 소장품 중 최대 규모인 이 기념비적 조각상은 판디아 왕조의 귀한 유물입니다. 판디아 왕조는 팔라바 왕조와 더불어 남인도에서 대규모의 사원건축을 개시하였습니다. 비슈누 신은 요가의 라리타사나에서 유래하였습니다. 힌두교에서 비슈누 신의 역할은 인간 세계의 질서를 회복하고 삼라만상의 안정을 위협하는 악과 싸우는 것입니다. 제작 당시 이 상의 상부 왼손은 나각(전투 나팔로 사용됨)을, 상부 오른손은 전쟁 원반을 들고 있었으며, 하부 오른손은 시무외인(아바야무드라) 수인을 하고 있었습니다.

왼쪽

젊은 성인 삼반다

인도, 타밀 나두, 촐라 왕조 시대, 11세기 말
동합금, 높이: 74.6cm
매입, 릴라 애치슨 월러스 및 도리스 위너 기증
2010 (2010.230)

삼반다는 7세기에 널리 숭배되던 유아 성인으로서 남인도 삼성인 무바르의 한 명입니다. 전설에 의하면, 여신 우마로부터 우유 선물(사발로 표현됨)을 받은 후 유아 삼반다는 시바 신을 찬양하는 찬미가를 작곡하는 데 일생을 바쳤습니다. 들어올린 그의 손은 시바가 거주하는 성소인 히말라야의 칼리아쉬산을 가르킵니다. 조각가는 이 성인의 어린 아이 같은 특징을 포착하면서 동시에 정신적 지도자로서의 성숙함과 권위를 부여하고 있습니다. 이 도상은 여러 신과 성인을 기리는 사원 축제 기간 중 행렬에 사용하기 위해 제작되었습니다.

오른쪽

명상하는 자이나교 백의파의 티르탕카라

인도, 구자라트 또는 라자스탄
솔란키 시대, 11세기 전반
대리석, 높이: 99cm
매입, 플로렌스 및 허버트 어빙 기증
1992 (1992.131)

자이나교의 일일 종교의식의 중심은 인도 전역에서 이상으로 간주하는 금욕적 고행자의 개념적 기본인 자이나상에 대한 예배입니다. 이 고대의 관습은 최고의 힌두경전인 『베다』에서 칭송되고 있으며, 영적인 지혜의 획득과 심오한 명상의 추구 및 물질적인 안락함에 대한 이탈을 동일시합니다. 자이나교에서는 이러한 높은 경지에 이른 24명의 조사를 티르탕카라스(여울을 건너는 자)로 숭배합니다. 이 자이나-티르탕카라는 보석으로 장식된 옥좌 쿠션에 앉아 있으며, 기원전 5세기의 석가모니불과 거의 동시대에 태어난 자이나교의 창시자 마하비라를 표현한 것으로 추정합니다.

물소 악마 마히샤를 퇴치하는 두르가 여신

네팔, 14-15세기
금도금 동합금, 준보석 상감, 높이: 21cm
앨리스 및 나슬리 M. 히라마넥 기증, 1986 (1986.498)

팔이 18개 달린 여신(데비)인 이 두르가 조각상은 제작 당시에는 대좌 위에 서서 물소 악마 마히샤를 한 발로 밟고서 시바 신의 삼지창으로 찔러 퇴치하는 장면을 묘사하였습니다. 악을 물리치고 선이 승리하는 이 장면은 마히샤가 남성신들을 패배시킨 후 일어난 일입니다. 절망에 빠진 남성신들은 두르가에게 그들의 전사가 되어줄 것을 요청하고 각자의 마법의 무기를 주었습니다. 두르가는 물소 악마를 처단함으로써 암흑으로부터 우주를 해방시켰습니다. 두르가는 데비의 힘에 대한 최고의 표현이며 "난공불락의 신, 무적의 신"으로 불립니다.

라마승과 마하시다의 시중을 받는 자나나타파 초상화

티베트, 리오체사원, 1350년경
천에 디스템퍼화
68.6 × 54.6cm
매입, 아시아미술우호회 기증
1987 (1987.144)

이 초상화는 티베트 동부에 있는 타클룽사원의 말사인 리오체사원에서 이 두 사원 간의 영적인 계통을 나타내기 위해 제작되었습니다. 중앙에 있는 인물의 이름은 직접 표시되어 있지 않지만, 유명한 인도의 마하시다("위대한 완벽자," 인도 밀교의 영적 창시자)를 의미하는 자나나타파 이름은 회화에 부착된 베일에 적혀 있으며 중앙의 인물 위의 신들은 아바가르바로 확인되었습니다. 타클룽사원의 공식 기록에 의하면, 리오체사원의 최초 주지 승려는 "독보적인 마하시다 자나나타파"로서의 생을 살았으며, 그의 밀교 스승은 벵골의 싯다인 아바가르바였습니다.

마하비라의 탄생을 예언하는 데바난다의 상서로운 꿈 14개: 칼파수트라 필사본의 폴리오

인도, 우타르프라데시 주, 자운푸르
1465년경
종이에 불투명 수채, 금박
11.8 × 29.2cm
매입, 신시아 헤이즌 폴스키 기증
1992 (1992.359)

이 폴리오는 삽화가 그려져 있는 칼파수트라(성전)의 일부이며 자이나교의 티르탕카라스(여울을 건너는 자)의 전기를 포함하고 있습니다. 여기에는 후에 마하비라의 어머니가 되는 브라마니 데바난다의 상서로운 꿈이 14개 묘사되어 있습니다. 모든 꿈은 침실 장면 상부에 표현된 상징으로 암시됩니다. 금박 및 라피스 라줄리의 진한 군청색은 14, 15세기 델리 술탄 왕조시대에 접할 수 있었던 이란 회화양식의 영향을 시사합니다. 이 작품은 전반적으로 인도 서부지역의 고대 양식을 답습하고 있지만 델리와 주변 지역에서 번창했던 인도 북부 신흥 화파와 연관되는 대담한 채색과 장식성을 보여주고 있습니다. 이 폴리오의 수평 구도는 종려나무 잎을 잘라 내어 처리한 페이지에 인쇄했던 인도의 초기 삽화서를 상기시킵니다.

누르푸르의 데비다사

인도, 활동기 1680-1720년

차우파르를 연주하는 시바와 파르바티: 라사만자리 시리즈의 폴리오

인도, 히마찰프라데시 주, 바소힐리, 1694-1695년
종이에 불투명 수채, 잉크, 은박, 금박
이미지 16.5 × 27.6cm
J.C. 버넷 박사 기증, 1957 (57.185.2)

이 회화는 바누다타가 15세기에 산스크리트어로 쓴 연애시 〈라사만자리(기쁨 체험의 본질)〉를 표현하는 삽화 연작 중 한 점입니다. 이 연애시는 나야카(남성 주인공은 사랑하는 사람)와 나이카(여성 주인공은 사랑받는 사람)의 분위기와 감정을 표현하고 분류하는 것이 중심 내용이며 연극 예술에 관한 최초 논문인 바라타의 〈나탸샤스타라〉에서 유래하였습니다. 대담한 채색과 모호한 공간구성에 의해 활기가 넘치는 이 장면에서 파르바티는 차우파르 게임에서 남편인 시바의 속임수로 목걸이를 잃은 후 남편에게 애원하고 있습니다. 인물의 자세와 색채의 상징적인 사용은 이시기 바소힐리 화파의 특징입니다.

타라

인도, 활동기 1836-1868년

귀한 종마를 바라보는 마하라나 사룹 싱

1845 - 1846년
종이에 불투명 수채, 잉크, 금박
42.5 × 57.8cm
신시아 헤이즌 폴스키 및 레온 B. 폴스키 기금
2001 (2001.344)

이 회화는 마하라나 사룹 싱의 공방에서 가장 중요한 화가인 타라의 작품으로 메와르르의 통치자가 여러 신하에 둘러싸여 귀한 종마를 바라보는 장면을 묘사한 것입니다. 여름용 카펫과 캐노피 등 풍부하게 장식된 직물은 옥외의 일회용 설치물을 마치 궁전과 흡사한 화려한 장면으로 전환케합니다. 타라는 마하라나의 생애에서 우다이푸르 궁전과 그의 영지 교외에서 일어났던 주요 행사를 기록하는 데 뛰어난 소질을 보였습니다. 회화 뒷면에는 마하라나 및 종마, 주요 신하의 이름이 기입되어 있는 것으로 보아 이 회화는 마하라나의 생일로 추정되는 특별 행사를 기록한 회화임을 암시합니다.

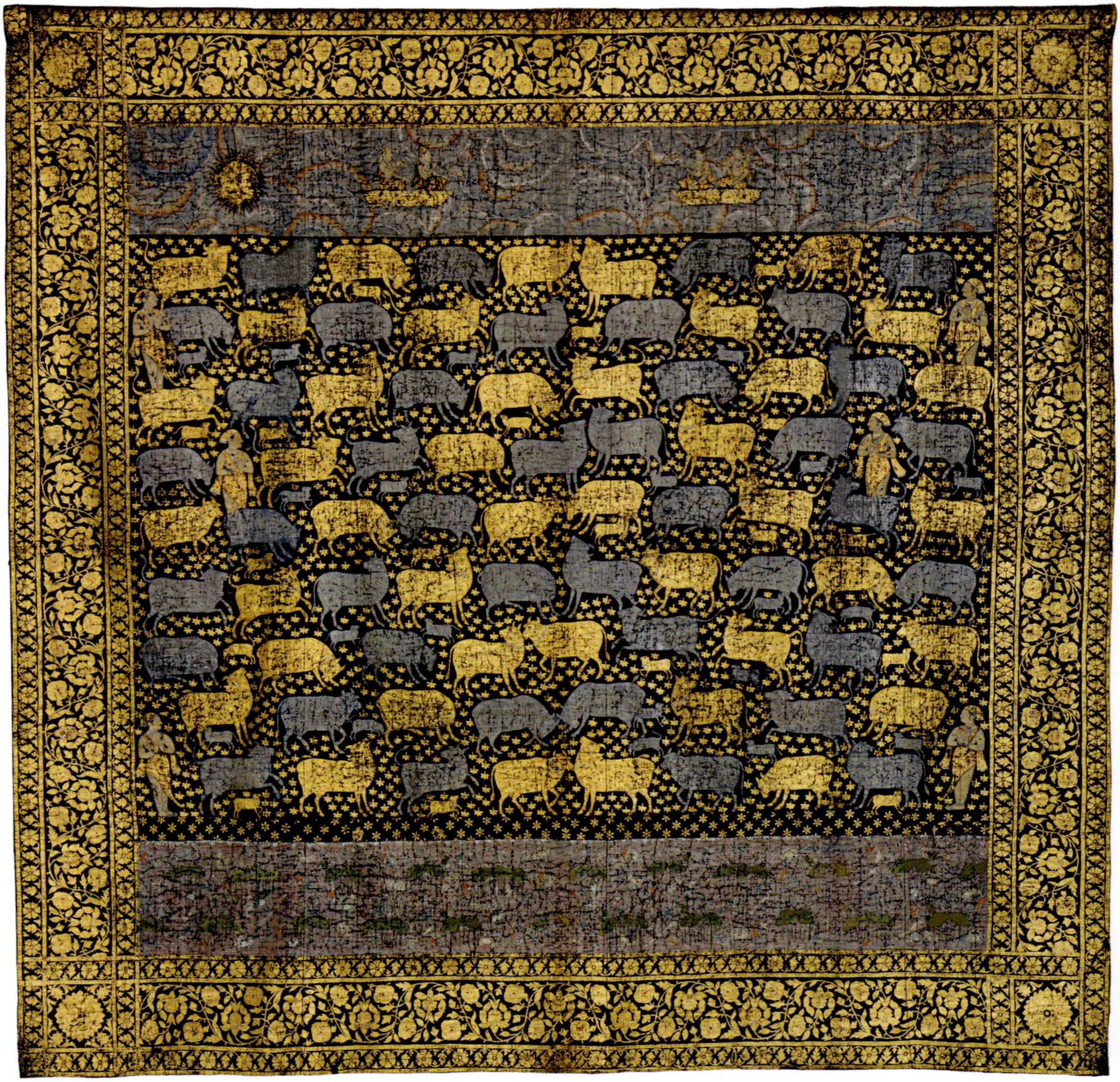

소축제를 묘사하는 피치와이

인도, 데칸 고원, 18세기 말 - 19세기 초
쪽빛 염색 면직물에 금박, 은박, 불투명 수채화로 착색 및 날염, 248 × 262cm
매입, 아시아미술우호회 기증
2003 (2003.177)

피치와이는 천에 그린 대형 회화를 일컫는 것으로 보통 사원의 본존 뒤에 걸어둡니다. 17세기 크리슈나를 쉬리 나트지(어린 왕)로서 숭배했던 발라바차랴파의 본존은 라자스탄 지방 우다이푸르 근처 나트드바라에서 모시고 있었습니다. 이 무렵 소수의 부유한 쉬리 나트지 신도들이 데칸 고원으로 이주하여 이 회화를 제작했을 것으로 추정하고 있습니다. 쪽빛으로 염색된 바탕에 금박과 은박을 풍부하게 사용한 것은 18세기 말 데칸 피치와이의 전형적인 양식입니다. 이 회화의 특이한 도상을 살펴보면 늦가을에 개최되는 소축제(고파쉬타미)를 위해 제작된 것으로 크리슈나가 소 관리인에서 목동으로 승격한 것을 축하하고 있음을 알 수 있습니다.

도끼형 제기

인도네시아, 술라웨시 추정, 청동기 및 철기시대, 기원전 100년경–서기 300년경
청동, 높이: 105.1cm
매입, 조지 맥파든 기증 및 이디스 페리 채프먼 기금 1993 (1993.525)

이 제기는 구상 및 기술적인 면에서 모두 뛰어나며, 타악기로 매달아 두고 사용했을 것이 거의 확실합니다. 악어 피부의 돌출 부위와 흡사해 보이는 목 부분 줄무늬는 중앙의 마름모꼴 무늬와 어울리며, 이 악기를 매달기 위해 밧줄을 고정하는 데 유용했을 것입니다. 뒷면에는 의인화된 안면상 및 나선형 띠와 거치문이 보입니다. 이 제기는 1세기 전 술라웨시 남부에서 출토되어 현재 인도네시아 국립박물관에 소장되어 있는 소위 마카사르 도끼와 비교될 정도로 우수한 작품입니다.

하리하라 입상

캄보디아 또는 베트남, 전 앙코르 기
7세기 말 - 8세기 초
석조, 높이: 90.2cm
매입, 로렌스 S. 록펠러 기증 및 익명의 기증자
1977 (1977.241)

이 조각상은 7~8세기 동남아시아 본토 메콩 델타 지역에서 비슈누(하리)와 시바(하라)를 일체화한 연합신인 하리하라를 일반적으로 숭배했다는 것을 입증하는 작품입니다. 당시 새롭게 힌두 문화를 받아들인 이 지역의 통치자들에게 힌두교의 2대 남성신을 합체한 신앙은 명백한 이점을 가져다 주었습니다. 앙코르 시대 이전 프라사트 안데트 양식을 답습한 이 왕궁의 우상은 당시에는 그 표면이 아주 매끈하게 처리되었습니다. 두 눈 외 이마에 조각된 수직의 세 번째 눈, 높게 올린 헤어스타일은 이 입상이 시바 신임을 나타내고 있으며 장식이 없는 원추형 마이터(머리쓰개)는 앙코르 시대 이전 비슈누 신의 특징 중 하나입니다.

관음보살과 집금강신의 시중을 받는 석가좌상

인도네시아, 자바, 동자바 시대 초, 10세기 후반
청동, 29.2 × 21.9 × 12.7cm
매입, 로저스 기금 및 모티머 D. 새클러
테레사 새클러와 가족 기증
2004 (2004.259)

현존하는 자바의 청동 작품 중 가장 정교한 이 조각은 개별적으로 주조된 일곱 개의 부분으로 구성됩니다. 설법인을 하고 있는 중앙 인물상은 역사상의 부처인 석가모니 또는 그의 진신인 비로자나불일 수 있습니다. 중앙 대좌에 돌출한 사자상은 석가의 가문명을 지칭합니다. 좌측 대좌에 앉아 있는 관음보살은 난딘(송아지와 황소가 합성된 탈것)이 받치고 있고 우측의 집금강신은 마카라(악어와 코끼리가 합성된 신화 속의 동물)와 함께 있습니다. 이 삼불상의 호리호리한 체형과 각진 안면상은 초기 동자바 시대 불상 양식의 특징을 보여줍니다.

시바 신으로 추정되는 입상

캄보디아, 앙코르 시엠리아프 주
앙코르 시대, 11세기
금도금 동합금, 은상감
높이: 130.8cm
월터 H. 및 레오노르 아넨버그 컬렉션
1988 (1988.355)

이 입상은 앙코르에서 출토된 금속상 중 보존상태가 가장 우수하며 캄보디아와 타이 북동부 크메르령에서 발굴되었고 궁정 신앙 관습과 연관된 소수의 힌두신 금속조각상에 속합니다. 이 입상은 표준 수인 도상과 일치하지 않는 수인을 하고 있으며 중요한 지물을 지니고 있지 않기 때문에 식별하기가 쉽지 않지만 시바 신을 인격화된 형태로 묘사한 것으로 추정하고 있습니다. 크메르 미술에서 보기 드문 양식입니다. 이 조각상은 왕궁의 성소에 모신 숭배 대상 및 왕의 특정 조상을 기리는 위한 목적 등 이중으로 사용되었을 가능성이 있습니다.

이슬람 미술

서기 622년 무함마드가 창시한 종교인 이슬람교는 여러 세대가 지나면서 아라비아 반도의 메카로부터 서방의 스페인, 동방으로는 인도와 중앙아시아까지 전파되었습니다. 메트로폴리탄 박물관의 이슬람 미술 소장품은 7세기부터 19세기까지의 작품들이 주를 이루고 있으며 이슬람 문화의 다양성과 광대한 범위를 반영합니다. 1891년 메트로폴리탄 박물관은 에드워드 C. 무어의 유증으로 중요한 이슬람 미술 작품을 처음 소장하게 되었습니다. 그 이후 이슬람 미술 소장품은 기증, 유증 및 매입을 통해 지속적으로 확대되었을 뿐 아니라 본 박물관에서 후원했던 이란 니샤푸르 발굴사업(1935-1939년, 1947년)에서 출토된 중요한 유물들이 추가되었습니다. 현재 본 박물관은 아랍 여러 나라, 터키, 이란, 중앙아시아 및 남아시아 후기 소장품을 위한 갤러리를 신설하여 이슬람 미술에 관해서는 아마 전 세계에서 가장 포괄적인 상설 전시를 하고 있다고 생각합니다. 작품의 지역적 맥락을 강조함으로써 이슬람교는 미술을 통해 단일하고 획일적으로 표현된 것이 아니라 수 세기에 걸친 변화와 문화적 영향을 통해 광대한 지역을 연결했다는 사실을 알리고자 합니다. 특히 우수한 소장품으로는 고대 이슬람 전역의 도기 및 직물, 이집트, 시리아, 메소포타미아 그리고 페르시아의 유리 및 금속 세공품, 페르시아와 인도 무굴제국 궁정의 세밀화, 16, 17세기의 전통 양탄자 등이 있습니다. 18세기 초 시리아인이 살았던 저택의 방과 모로코 페즈의 장인이 재현한 15세기 양식의 모로코 궁정도 이슬람 미술 갤러리 및 도서관과 더불어 빼놓을 수 없는 곳입니다.

고양이 형상의 손잡이가 있는 물병

이란, 7세기
청동, 주조, 돋을새김, 동상감
높이: 48.5cm, 직경 21.1cm
플레처 기금, 1947 (47.100.90)

이 물병은 초기 이슬람 미술이 어떻게 그 이전의 문화로부터 영향을 받았는지를 보여주는 작품입니다. 물병 형태는 파르티아 제국(기원전 247-서기 224년)과 사산 제국(서기 224-651년) 시대의 금속세공을 떠올리게 합니다. 물병 주둥이 테두리의 오리 머리와 몸체를 뒤덮은 추상적인 식물 문양은 전적으로 사산 양식에서 유래한 모티프입니다. 전체적인 구도와 조형은 그때까지 성행했던 사실적인 양식으로부터 초기 이슬람 시대에 점차 선호되던 율동적, 반복적인 패턴으로 변해가는 과도기적인 양식을 보여줍니다. 손잡이는 길쭉하게 늘어난 고양이 형상으로서 주둥이 테두리의 오리를 마치 금방이라도 덮칠 것처럼 응시하고 있습니다.

두 장의 무샤프 알-하디나

튀니지, 카이라완 추정, 이슬람력 410년경/서기 1019–20년경
양피지, 잉크, 불투명 수채, 금박, 44.5 × 60cm
매입, 메릴린 젠킨스-마디나 박사를 추모하여 제임스 및 다이안 버크 기증
2007 (2007.191)

무샤프 알-하디나(유모의 코란)는 지리드 왕조의 통치자 아부-마나드 바디스 이븐 알-만수르(재위 996-1016년)의 유모가 카이라완의 대모스크에 기증하기 위해 제작된 것입니다. 이 코란은 북아프리카 특유의 쿠픽체로 쓰여졌으며 서체가 아름다울뿐 아니라 중세 왕실의 하녀가 의뢰한 작품이라는 것을 기록하는 두 가지 명문이 특히 중요한 부분입니다. 공주 또는 하녀의 신분을 불문하고 지리드 왕실과 관련된 여성 후원자는 드물지 않았습니다. 그들은 부와 신앙심을 나타내기 위해 코란 제작을 의뢰하였습니다. 본 필사본은 이 지역에서 여전히 사용되고 있는 동물 양피지에 쓰여졌지만 이집트, 이라크 및 이란에서는 오래 전부터 코란을 필사하는 데 종이를 일반적으로 사용하였습니다.

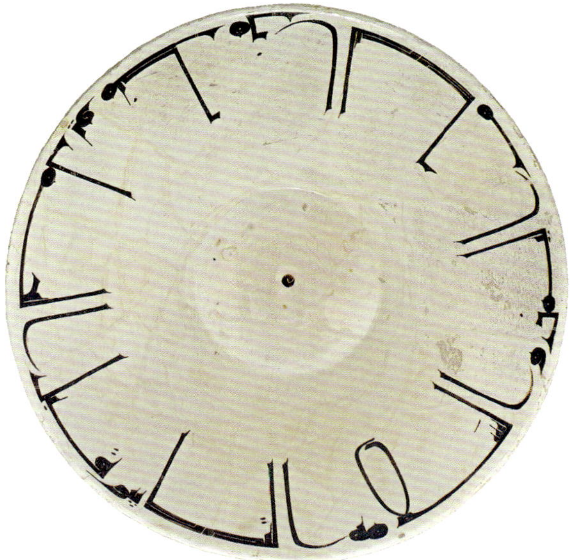

아라비아 문자로 장식한 대접

이란, 니샤푸르, 10세기
토기, 백색 및 흑색 이장 장식에 투명 유채
높이: 17.8cm, 직경: 45.7cm
로저스 기금, 1965 (65.106.2)

문자는 이슬람 미술 역사를 통해 공예 작품과 건물을 장식하는 중요한 모티프였습니다. 이슬람제국 동부에서 제작된 이러한 대접에는 문자가 서체로서뿐만 아니라 장식으로 사용되면서 비할 데 없는 순수함과 강한 힘을 표현하였습니다. 이 대접은 이례적으로 대형이며 특히 우수한 작품입니다. 우아한 쿠픽체로 "실행하기 전에 계획하면 후회하지 않는다. 번영과 평화"라고 쓰여 있습니다.

판넬

스페인, 코르도바 추정, 10 – 11세기
상아, 조각 및 석상감, 안료 흔적, 10.8 × 20.3cm
존 스튜어트 케네디 기금, 1913 (13.141)

코끼리 상아를 조각한 이 판넬은 원래 장방형 상자의 한 면을 장식한 것으로 우마야드 왕조의 칼리프(711-1031년) 통치 기간 중 스페인에서 10-11세기에 제작된 상아 작품군의 일부입니다. 이러한 상아 작품은 수도 코르도바 또는 왕궁이 있던 마디나 알-자라에서 주로 왕족을 위해 제작되었습니다. 우마야드 왕조의 조상이 시리아 왕족이었기 때문에 이러한 상아 작품에 표현된 많은 문양의 기원을 시리아에서 찾을 수 있습니다. 이 장식판의 당초문은 고대 말기에 유행했던 포도나무와 아칸서스 잎 소용돌이 문양이 양식화된 것입니다.

두 마리의 새가 마주보는 장식이 있는 초승달 형상의 펜던트

이집트, 11세기
금, 칠보공예, 터키석, 누금세공, 4.5 × 3.5cm
시어도어 M. 데이비스 컬렉션, 시어도어 M. 데이비스 유증 1915 (30.95.37)

파티마 왕조시대(969-1171년) 카이로에서 제작된 미술작품의 특징은 인간과 동물 모티프의 사용이 눈에 띄게 증가했고 높은 수준의 공예기술이 사용된 점입니다. 금격자 위에 누금세공으로 정교하게 장식한 이 펜던트는 이 시대의 특히 뛰어난 금세공 작품입니다. 파티마 왕조시대에 이 펜던트를 제작한 금세공 장인은 비잔틴 미술에서 비롯된 초승달 모양의 장식뿐 아니라 중앙의 새를 묘사하기 위해 칠보공예 기술을 사용하였습니다. 이 금세공 장인은 기존의 칠보세공품을 구입하여 금 토대 위에 접착제로 붙여 이 작품을 제작한 것으로 추정됩니다.

천마문 대접(러스터 채색)

이란, 12세기
스톤페이스트, 불투명 단색 유약에 러스터 채색
높이: 8.3cm, 직경: 20.3cm
로저스 기금, 1916 (16.87)

12세기 이집트 또는 시리아에서 이란으로 이주한 도공들은 이란에 러스터 채색 도기를 전하였습니다. 따라서 이란의 초기 러스터 채색 도기 제품은 이 대접 디자인의 기념비적 특질이 보여주는 대형 크기, 러스터 바탕으로부터 뚜렷이 구분되는 백색 천마와 테두리 장식 등 파티마 왕조시대에 제작된 이집트 러스터 도기의 특징을 공유합니다. 이전에는 이 대접이 레이(현재 테헤란 근처)에서 제작된 것으로 추정했지만 현재는 남쪽의 카샨이 당시 유일한 러스트 도기 생산 중심지였다고 믿고 있습니다.

자파르 이븐 무함마드 이븐 알리

12세기 말 활동

아미르 사이프 알-두냐 왈-딘 무함마드 알-마와르디의 향로

이란, 이슬람력 577년/서기1181 – 82년경
청동, 주조, 새김, 돋을새김, 투공
85.1 × 82.6 × 22.9cm
로저스 기금, 1951 (51.56)

동물 형상 향로는 셀주크 왕조시대(1040년경-1157년경)에 유행하였습니다. 사자 형상을 한 이 향로는 기념비적인 크기, 표면에 새긴 세련된 문양과 몸체에 새겨 쓴 아라비아 서체 띠가 알려주는 풍부한 정보 등 여러 가지 면에서 특히 중요한 작품입니다. 명문에는 후원자(아미르 사이프 알-두냐 왈-딘 무함마드 알-마와르디)와 세공 장인의 이름, 제작일 등이 기록되어 있습니다. 향로의 머리는 탄이나 향을 넣기 위해 분리할 수 있고 몸체와 목 부위는 향이 빠져나올 수 있도록 투공하였습니다. 이러한 대형 향로는 궁정에서 사용하기 위해 제작되었을 것으로 추정합니다.

하피와 스핑크스 형상이 있는 단지

이란, 카산 추정, 이슬람력 612년/서기 1215 - 16년경
스톤페이스트, 투공 장식, 다채색 안료 위에 터키석 유약
높이: 20.8cm, 직경: 16.8cm
플레처 기금, 1932 (32.52.1)

이 정교한 도기는 조각 및 투공 기법으로 제작된 외벽이 견고한 내벽을 둘러싸고 있는 2중 기벽 구조로 금속 단지를 모방하고 있습니다. 하피(여인의 얼굴을 가진 신화 속의 새), 스핑크스, 사족 동물과 소용돌이 문양을 묘사하는 투공 세공은 검정과 코발트 블루로 채색한 후 단지 전체를 투명한 터키석 유약으로 채유하였습니다. 단지 주둥이 둘레에는 시인 루큰 알-딘 쿰미의 페르시아어 시가 쓰여 있고 굽 근처에 적힌 익명의 연시에는 제작일이 명시되어 있습니다.

아미르 아이다킨 알-알라이 알-분드크다르 영묘의 모스크 램프

이집트, 카이로 추정, 1285년 직후
입으로 불어서 만든 갈색 유리, 접힌 굽, 접착된 손잡이
에나멜 및 금채
높이: 26.4cm, 직경: 21cm
J. 피어폰트 모건 기증
1917 (17.190.985)

맘루크 왕조의 수장들은 자신들이 의뢰한 공예품과 건축물을 궁정의 제례의식과 연관된 문장으로 장식할 경우가 많았습니다. 이 작품에서 적색 방패를 배경으로 삼아 두 개의 금색 활이 교차하는 문장은 이 램프의 소유자가 맘루크 궁정의 고관인 분두크다르(활 관리자)였다는 것을 나타냅니다. 명문에 의하면 이 램프는 1285년 카이로에서 사망한 아이다킨 알-알라이의 영묘에 봉헌하기 위해 제작된 것이라고 합니다.

마주보는 동물 문양이 있는 양탄자

터키, 14세기
양모(날실, 씨실 및 파일), 대칭으로 묶은 파일
165.1 × 138.4cm
매입, 해리스 브리스베인 딕 기금, 조지프 퓰리처 유증
루이스 V. 벨 기금 및 플레처, 파이퍼 및 로저스 기금
1990 (1990.61)

고도의 기하학적 디자인으로 구성된 이 양모 양탄자는 유럽에서 인기 있었던 초기 직물 문화의 전통을 보여줍니다. 이와 유사한 양탄자가 14, 15세기 유럽의 교회에서 발견되고 있으며 당시의 회화에도 묘사되었습니다. 사실 15세 초 제작된 시에나 회화에 동일한 디자인의 양탄자가 등장하기 때문에 이 양탄자의 제작연대를 추정할 수 있었습니다. 초기작으로서 이 정도로 완전하게 보존된 양탄자는 전 세계에서 세 점에 불과하며 그 중 한 점이 이 양탄자입니다. 서로 마주보는 큰 동물이 각기 그 안에 작은 동물을 포함하는 이러한 디자인은 아마 동시대의 직물에서 유래했을 것입니다. 이후 16세기의 터키 양탄자는 초화 문양 모티프와 독특하게 양식화된 별과 원형 형태를 받아들였습니다.

코끼리 시계: 기발한 기계 장치에 관한 지식서의 폴리오

시리아, 이슬람력 715년 /서기 1315년
종이에 잉크, 불투명 수채, 금박
30 × 19.7cm
코라 팀켄 버넷 유증
1956 (57.51.23)

이 그림은 이스마일 알-자자리가 1315년에 집필한 발명에 관한 논문 삽화 중 한 장입니다. 그의 코끼리 시계는 특히 정교합니다. 30분마다 돔 위의 새가 지저귀고 그 아래의 남성은 용의 입 안으로 구슬을 떨어뜨리며 조종사는 예리한 날이 달린 막대기로 코끼리를 채찍질합니다. 이 자동시계는 작은 조각상의 움직임을 통해 시간의 흐름을 재미있게 전했던 중세 유럽 시청의 정교한 시계를 연상하게 합니다. 시리아에서 이 시기의 필사본이 거의 전해지지 않는 것을 감안할 때 이 폴리오는 귀한 작품입니다.

맞은편 작품

미흐라브

이란, 이스파한, 이슬람력 755년/서기 1354–55년경
스톤페이스트 본체에 다색 채유 타일을 모르타르로 고정한 모자이크, 높이: 3.43 × 2.89m
해리스 브리스베인 딕 기금, 1939 (39.20)

모스크에서 가장 중요한 요소는 이슬람교도가 기도를 할 때 아라비아 반도에 있는 이슬람교의 신성한 순례지인 메카 쪽을 향하도록 배치된 미흐라브입니다. 이스파한의 마드라사 이마미 모스크의 미흐라브는 다양한 패턴과 명문을 표현하는 작은 채유 타일 모자이크로 구성되어 있습니다. 바깥쪽 테두리를 따라 이슬람교 성전인 코란의 인용구가 하단부의 오른쪽부터 왼쪽까지 기록되어 있습니다. 두 번째 명문은 쿠픽체로 예언자의 명언이 감실의 첨두 아치 테두리에 적혀 있고, 세 번째 명문은 필기체로 감실의 중앙 프레임에 적혀 있습니다. 이 미흐라브는 현존하는 모자이크 타일 작품 중 가장 오래된 작품이자 가장 뛰어난 작품 중 하나입니다.

설교단의 문(한 쌍)

이집트, 카이로, 1325-30년경
자단, 뽕나무, 조각한 상아, 흑단, 그 외 목재에 상감
196.2 × 88.9 × 4.4cm
에드워드 C. 무어 컬렉션, 에드워드 C. 무어 유증
1891 (91.1.2064)

설교단(민바르)은 계단의 최하부에 문이 있고 이 계단을 통해 올라가는 연단으로 구성됩니다. 이 한 쌍의 문은 카이로의 아미르 사이프 알-딘 카슨의 모스크의 민바르 문이었을 것으로 추정합니다. 카이로에 있는 모스크 가구는 특히 맘루크 왕조시대(1250-1517년)에 정교한 구성의 다각형으로 장식되었습니다. 이 한 쌍의 문은 매우 다양한 패턴을 보여주는데, 이들 패턴의 대부분은 석재 조각, 대리석 모자이크, 스투코 창격자 등 다른 매체에서도 또한 사용되었습니다. 이러한 패턴을 갖춘 공예품은 조각 하나하나가 전체에 영향을 미치므로 극히 정교한 절단 기술이 필요합니다.

요나와 고래: 자미 알-타우리크의 폴리오

이란, 1400년경
종이에 잉크, 불투명 수채, 금박, 은박
33.7 × 49.5cm
매입, 조지프 퓰리처 유증
1933 (33.113)

코란에 언급되어 있는 요나와 고래 이야기는 이슬람 문화권에서 인기가 많았기 때문에 "연대기 초록"으로 해석되는 이 작품과 같은 세계사 필사본에서 자주 표현됩니다. 그러나 이 작품에는 그림에 딸린 글이 없습니다. 낭독 중에 걸어 두었거나 이 자체로 전시되었을 것입니다. 기념비적인 구성, 직접적인 표현과 강렬한 색채는 벽화의 영향을 암시합니다. 이 그림에서 고래는 요나를 해안으로 데려오는데, 요나 주제의 중세 서양 삽화에도 자주 등장하는 것처럼 박 넝쿨이 그의 머리 위로 곡선을 그리며 뻗쳐 있습니다.

마주보는 용 형상 날밑

중앙아시아, 14-15세기 초
네프라이트(비취), 조각, 5.1 × 10.2 × 3cm
히버 R. 비숍 기증, 1902 (02.18.765)

티무르 왕조시대(1370년경-1507년경)의 비취 공예품 중에는 이같이 용 머리 형상 손잡이가 있는 작품이 몇 점 전하고 있습니다. 그러나 이 작품의 원형은 티무르의 금속세공품입니다. 이 날밑의 암록색은 티무르인들이 좋아했던 색상이며 양식화된 신화 속 야수의 흉포함을 강조합니다. 티무르인들이 비취를 좋아했던 이유는 용과 같이 비취에도 수호력이 있다고 믿었기 때문일 것입니다. 단단하기로 유명한 비취를 조각하는 일이 극히 어렵기 때문에 이 고도로 정교한 공예품을 만든 세공기술의 우수성을 짐작할 수 있습니다. 칼날이 현존하지 않으므로 이 검이 얼마나 자주 실전에서 사용되었는지 알 수 없지만 티무르 왕조시대는 지역분쟁이 많았으므로 전투에서 사용되었을 것으로 추정합니다.

“시모네티” 양탄자

이집트, 카이로 추정, 1500년경
양모, 날실, 씨실, 파일, 대칭으로 묶은 파일
8.97 × 2.39m
플레처 기금
1970 (1970.105)

이전 소유자의 이름을 따 “시모네티” 양탄자로 명명된 이 뛰어난 직물은 맘루크 왕조시대의 가장 유명한 양탄자 중 하나입니다. 이 양탄자는 바닥에 까는 유형의 양탄자로서는 대형이며 일반적인 한 개 또는 세 개보다 많은 다섯 개의 원형 문양이 있고 더욱 다양하면서 약간 더 밝은 색상을 유지하고 있습니다. 맘루크 왕조시대에 이집트에서 제작되었을 가능성이 높은 이러한 양탄자는 상대적으로 거친 직조술과 제한된 색상을 감안하면 놀라울 정도로 풍부한 외관을 보여줍니다. 이 양탄자는 전체적으로 빛나는 모자이크와 같은 효과를 내고 있습니다.

전

술탄 무함마드

이란, 16세기 전반 활동

디브를 물리친 타흐무라스: 샤흐 타흐마스프의 샤나마로부터의 폴리오

이란, 1525년경
종이에 불투명 수채, 잉크, 은박, 금박
28.3 × 18.6cm
아서 A. 휴튼 Jr. 기증, 1970 (1970.301.3)

말을 타고 초원을 달려가는 영웅적인 통치자 타흐무라스는 디브(악마)를 무찌르고 목숨을 살려주는 조건으로 서도를 가르쳤습니다. 이 폴리오는 샤나마(왕서)의 장면을 묘사하며 술탄 무함마드가 그렸다고 전해집니다. 그는 고대 이란 왕들의 이야기를 신화적인 기원부터 651년 아랍 정복까지 묘사한 샤나마의 초대 화가였습니다. 공포에 질린 디브의 표정과 몸짓의 해학성 그리고 반점 있는 피부의 회화적 처리는 술탄 무함마드의 전형적인 양식입니다. 연 모양 구름과 극단적인 단축법 사용을 통해 이 화가의 뿌리가 투르크멘족에 있음을 짐작할 수 있습니다. 이 화가의 또 다른 특징인 바위에 숨은 동물 형상은 영적인 세계를 상기시킵니다.

직물

터키, 이스탄불 추정, 1565–80년경
비단, 연금사, 람파스 직물
121.9 × 67.3cm
매입, 조지프 퓰리처 유증, 1952 (52.20.21)

16세기 이스탄불 궁정 귀족들은 커다란 문양이 장식된 호화로운 비단의 사치스런 의류를 좋아했기 때문에 이러한 비단으로 오스만 제국의 술탄을 위한 대담하고 색상이 풍부한 카프탄을 자주 만들었습니다. 이 천에 표현된 잎의 수직 문양 패턴은 동시대 건물벽을 장식했던 도기 타일과 양식적으로 유사합니다. 터키어로 켐하라고 하는 이 직물은 람파스(돋을무늬 비단)를 연금사로 짜서 만듭니다. 오스만 제국의 켐하천은 일반적으로 사틴 바탕에 금사로 장식한 능직 디자인을 결합합니다. 이러한 문양 패턴이 빛을 받으면 반짝이므로 어른거리는 바탕천 위로 장식 문양들이 부유하는 것처럼 보입니다.

사바의 하비발라

이란, 1590년경-1610년경 활동

새의 무리: 파리드 알-딘 아타르의 만티크 알-타이르로부터의 폴리오

이란, 이스파한, 1600년경
종이에 잉크, 불투명 수채, 은박, 금박
33 × 20.8cm
플레처 기금, 1963 (63.210.11)

이 폴리오의 삽화는 12세기 이란의 시인 파리드 알-딘 아타르가 쓴 신비적 서사시 〈만티크 알-타이르(새의 언어)〉의 한 장면을 묘사한 것입니다. 이 새들은 시무르그(궁극적인 영적 통일을 나타내는 신화 속의 새)를 찾는 개별 영혼을 상징하며, 이 장면에서 새들은 오른쪽 중앙의 바위 위에 앉아 있는 후투티의 지휘 아래 순례를 시작하기 위해 목가적인 풍경의 장소에 모여 있습니다. 신중하고 조화로운 구도는 동일한 삽화집에 수록된 15세기 말 티무르 왕조시대 세밀화의 구도와 일치하지만 그 외 이야기와 무관한 사냥꾼의 출현, 이란에서 16세기 이후에 사용되었던 사냥꾼의 무기와 16세기 말부터 17세기 초까지 활동했던 화가 하비발라의 서명 등 세 가지 요소를 통해 이 작품이 티무르 왕조시대의 세밀화보다 더 후기에 제작되었음을 알 수 있습니다.

술탄 슐레이만 대제의 투그라

터키, 이스탄불, 1555-60년경
종이에 잉크, 불투명 수채, 금박
52.1 × 64.5cm
로저스 기금
1938 (38.149.1)

오스만 제국 궁정에서 고급 예술로 격상된 투그라(공식 서명)는 술탄 슐레이만 대제(재위 1520-1566년)의 서명으로 사용되었습니다. 이 양식화된 서명을 모든 칙령에 찍어야 했으며 술탄의 이름과 직위, 부친의 이름 및 "영원한 승자"라는 문구를 정교하게 조합한 서체로 구성되어 있습니다. 대담하고 동적인 선은 서명을 장식하기 위해 사용된 섬세한 소용돌이 문양의 삽화와 대조를 이룹니다.

이 서명은 두루마리형의 좁고 기다란 서류의 표제로 찍혀 있으며 금으로 쓴 표제의 첫 줄이 보존되어 있습니다.

꽃과 구름띠 문양이 있는 타일

터키, 이즈니크, 1578년경
스톤페이스트, 다색 채색 위에 투명 유약
24.9 × 25.1 × 1.7cm
윌리엄 B. 오스굿 필드 기증, 1902 (02.5.91)

1574년 이후 이스탄불의 토카피 궁정 복구 사업으로 인해 대량의 도기 타일이 생산되었습니다. 이스탄불의 궁정공방에서 디자인한 타일을 이즈니크의 유명한 요에서 소성하였습니다. 이 타일은 같은 종류의 다른 타일과 맞추어 배열하면 네 개의 종려잎 모양 화문 사이로 빨간색 리본 같은 구름띠가 지나가는 패턴을 형성합니다. 4세기 이상 오스만 제국의 궁전을 장식했던 타일은 지금도 동일한 자리에 많이 남아 있습니다.

마노하르

인도, 1582-1624년 활동

바람 구르와 푸른 정자의 공주: 아미르 쿠스라우 딜라비의 캄사로부터의 폴리오

인도, 1597-1598년
종이에 잉크, 불투명 수채, 금박
24.8 × 15.9cm
알렉산더 스미스 코크란 기증, 1913 (13.228.33)

페르시아 시인 니자미가 캄사(오행시)를 쓴 지 약 1세기 후 인도 시인 아미르 쿠스라우 딜라비는 이야기의 내용을 약간 변경한 답시를 썼습니다. 이 폴리오는 딜라비가 무갈 제국 황제 아크바르(재위 1550-1605년)를 위해 썼던 이 시의 삽화 버전 중 한 장입니다. 이 필사본의 화려함은 무함마드 후사인 자린 칼람이 쓴 정확한 서체, 가장자리의 금박 장식, 삽화, 그리고 사파비 왕조시대의 페르시아와 유럽 회화 양식의 영향을 받은 뛰어난 회화에서 잘 나타납니다. 마노하르가 그린 이 그림은 한 청년과 그가 상상 속의 정원에서 매일 밤 만나는 요정 여왕에 관한 이야기를 바람 구르왕에게 들려주고 있는 공주의 모습이 묘사되어 있습니다.

천막 안감

인도, 1635년경
비단, 금박, 절단한 벨벳, 채색, 2.69 × 5.62m
매입, 교환에 의한 헬렌 W. D. 밀레함 유증, 웬디 핀들레이 기증 및 여러 기증자의 기금
1981 (1981.321)

무굴 제국의 황제들이 국정이나 외유를 목적으로 여행할 때 호화로운 가설 야영지에서 사용했던 텐트는 아름다운 직물로 안감을 댔습니다. 텐트 실내 안감으로 장식됐던 이 천은 당시 텐트 야영지의 아름다운 분위기를 느끼게 해 줍니다. 꽃과 잎사귀의 금박 모티프는 좁은 가장자리를 채우고 있으며 중앙에는 양귀비, 작은 나무 또는 양식화된 잎사귀 문양이 교대로 묘사되어 있습니다. 벨벳의 도안 부분에 접착제를 바른 후 금박 잎사귀를 배치하고 문질러서 표면에 부착한 반짝이는 금박 잎사귀로 인해 배경의 벨벳은 강렬한 느낌을 줍니다. 이 안감이 제작된 시대인 샤 자한(1627-1658년)의 재위 중 "꽃 양식"은 건축에서부터 직물에 이르기까지 모든 분야에서 널리 사용되었습니다.

고아석과 금제 용기

인도, 고아, 17세기 말 - 18세기 초
케이스: 금, 투공 및 타출 기법, 주조한 다리와 피니얼
고아석: 유기 및 무기 소재 합성
높이: 6.7cm, 직경: 14.4cm
로저스 기금
2004 (2004.244a-d)

소위 고아석이라고 하는 것은 인도 서해안의 작은 주 고아에 살고 있던 예수회 수사들이 제조하였습니다. 이러한 고아석은 인조 위석(사슴, 양 및 영양의 내장에서 발견되는 담석과 털의 혼합물)인데, 이를 긁어서 차 또는 물에 타서 마시면 약효가 있다고 사람들은 믿었습니다. 수사들은 위석을 담는 데 사용하는 정교한 금제 또는 은제 용기를 제작하여 유럽으로 수출하였습니다. 여기 위석을 담은 계란형 금제 용기는 두 개의 반구형으로 구성되며 각 반구의 표면을 투공, 돋을새김 및 조탁 기법으로 장식하였습니다. 표면 장식 패턴에는 유니콘과 그리핀 등 다양한 동물 문양이 첨가되기도 합니다.

다마스커스실

시리아, 다마스커스, 이슬람력 1119년/서기 1707년
목재, 대리석, 스투코, 진주패, 도기 타일, 석재, 철, 청동
유약, 도료, 금박
6.71 × 5.1 × 8m
하곱 케보르키안 기금 기증
1970 (1970.170)

다마스커스실은 오스만 제국시대(1516-1918년) 상류층 저택에 있었던 방입니다. 이같은 공간은 이슬람 문화권의 관습에 따라 집주인과 그의 손님 접대 전용으로 사용되었습니다. 대기실의 다양한 색상의 대리석 바닥에는 분수가 설치되어 있습니다. 창 덧문과 벽장 문을 비롯한 화려하게 채색된 목재 벽판은 부조 디자인, 아라비아어로 쓴 시문 및 건축 비네트를 포함하고 있습니다. 감실에는 책과 기타 물품들을 진열했으며 스투코로 고정된 상부 스테인드글라스 창을 통해 엷은 색조를 띤 빛이 비치고 하부 격자창을 통해서는 신선한 공기가 유입됩니다.

아프리카, 오세아니아 및 미주 대륙 미술

우리 박물관은 아프리카, 오세아니아, 아메리카 대륙의 다양한 문화와 방대한 전통을 보여주는 미술품들을 대략 1만 2천여 점 소장하고 있으며, 이는 지난 4,000여 년 동안 이들 4개의 대륙 및 주변의 수많은 섬에서 수집된 것들입니다. 우리 박물관이 처음으로 작품을 소장하게 된 것은 1882년이었으며 21세기에 접어 들며 더 많은 작품을 소장하게 되었습니다. 대부분 기증을 받았거나 넬슨 A. 록펠러 컬렉션의 유산을 이어받은 것입니다. 현재 박물관에 전시되고 있는 대부분의 작품들은 조형 조각품들과 가면, 금은 장신구 및 각종 그릇과 직물, 그리고 나무와 돌에 장식된 기념비적인 이미지들입니다. 종종 이러한 이질적인 예술적 전통을 통합하는 커다란 주제는 종교적 의미의 수많은 작품들이었으며—신, 조상, 그 밖의 미신이 깃든 것에 대한 숭배—이러한 종교적 의미에 기반한 예술 작품들은 사회, 정치, 종교 분야의 엘리트 구성원들이 사용하게 되면서 권위를 상징하기도 하였습니다. 상, 영혼에 대한 이미지들 그리고 멕시코와 중앙아시아, 남아시아 지역에서 발견된 금과 세라믹, 콜럼버스 이전 시대에 제작된 돌로 만든 작품들 및 북아메리카 원주민이 만든 작품 등이 여기에 해당합니다.

어머니 여왕의 펜던트 가면

나이지리아, 베닌 왕국, 에도족, 16세기
상아, 철, 구리
23.8 × 12.7 × 8.3cm
마이클 C. 록펠러 기념 컬렉션, 넬슨 A. 록펠러 기증
1972 (1978.412.323)

아프리카 예술의 상징이라 할 수 있는 이 작품은 베닌 왕국의 의례행사에 착용하였던 것입니다. 이 작품의 주제는 "이디야", 이요바(어머니 여왕)입니다. 고문관부터 오바(왕) "에시지"까지 16세기 베닌의 강력한 리더들은 이요바를 아주 세련되게 묘사한 작품을 제작하며 그녀를 기념하였습니다. 옷깃과 머리 모양을 내비침 세공으로 우아하게 조각하여 이요바를 선명하게 표현하였고 아울러 그 안에 힘을 상징하는 작은 모티프를 조각하였습니다. 왕국에 막대한 부를 가져다 주었던 포르투갈 상인들과 미꾸라지 이미지(두 가지 별개 영역의 생명체)는 베닌 지도자를 상징하는 메타포로 사용되었습니다.

아래

앉아 있는 부부

말리, 도곤족, 18세기-19세기 초반
나무, 금속, 높이: 73cm
레스터 운더만 기증
1977 (1977.394.15)

이 작품은 인상적인 크기와 복잡한 형태로 미루어 보아 당시 도곤족의 가족 중 영향력이 있었던 인물의 장례식에 사용되었던 제례용기로 추정됩니다. 작품은 인간의 이원성과 남성과 여성의 상호보완적 동반자 관계를 설득력 있는 표현으로 생생하게 구성하고 있습니다. 길쭉하게 표현된 인간의 몸은 서로 나란히 놓인 가운데 수직의 평행선을 이루며 묘사되어 있습니다. 당시 작품을 제작한 작가는 남성과 여성을 완벽히 통합하고 조화롭게 결합하도록 세부를 줄여 절제된 우아함으로 작품을 표현하고 있습니다.

위

부부

마다가스카, 메네베 지역, 사카라바족, 17세기-18세기 후반
나무, 물감, 높이: 99.1cm
매입, 릴라 애치슨 월레스, 다니엘 말콤 박사와 마리안 말콤, 제임스 J. 로스 기증, 2001 (2001.408)

독립된 건축물의 상반부를 장식하는 용도로 만들어진 이 부부 조각은 아프리카와 인도양 지역의 미학 전통권 내에서 가장 대표적인 예술 작품으로 평가되고 있습니다. 남성과 여성의 본질적인 상호보완적 관계에 대한 사고가 설득력 있게 묘사되어 있는데 이것은 마다가스카르인에게 정서적으로 중요한 주제였습니다. 이 작품에서 느껴지는 조용한 힘과 아름답게 균형 잡힌 대칭미는 남동 아프리카 미술의 독특한 사례로 손꼽히며 이는 서양의 미술에도 큰 영향을 주었습니다. 이 작품은 20세기 초반 파리에서 알려졌으며 1922-1923년경 영국인 조각가 제이컵 엡스타인 경의 컬렉션으로 소장되었습니다.

빛나는 복음

폴리오 8r, 동방박사의 예배
에티오피아, 암하라 지역, 14세기 후반-15세기 초반
나무, 피지, 안료
41.9 × 28.6 × 10.2cm
로저스 기금, 1998 (1998.66)

이 빛나는 복음 폴리오는 에티오피아 타나 호수 지역의 수도원에서 제작된 것입니다. 이 작품은 16세기 이전 기독교 전초기에서 제작된 종교적인 작품으로는 드물게 남아 있는 예입니다. 이 작품의 글과 그림은 비잔틴과 콥트 교회의 원형을 사용하였는데 이것은 6세기경, 고전 에티오피아어뿐만 아니라 지역의 그림 속담으로 처음 번역되었습니다. 성직자 센터 내 가장 성스러운 곳에 보관되었던 이 호화로운 복음서는 왕실의 후원인이 선물로 증정한 것입니다. 복음서에는 동방박사 3인의 예배에 관한 그림이 그려져 있는데, 여기에는 선명하게 형상화된 이미지와 당시의 의복과 직물, 이야기가 펼쳐진 장소를 의미하는 패턴이 강조된 스타일이 혼재되어 있습니다.

성유물함 앙상블의 조형적인 요소

가봉, 팽족, 벳시 무리, 19세기-20세기 초반
나무, 금속, 팜 오일
46.5 × 24.8 × 16.8cm
마이클 C. 록펠러 기념 컬렉션, 넬슨 A. 록펠러 유증
1979 (1979.206.229)

이 작품은 19세기 전반, 적도 유역 아프리카 지역의 팽족 족장이 제작한 두상으로 매우 기념비적인 작품으로 알려져 있습니다. 부족의 조상을 형상화한 이 작품은 그들의 전통과 관련이 있는 것으로 귀중한 유물을 포함하고 있으며 당시 이동식 가족 제단의 최상단부에 위치하였습니다. 20세기 초반의 다른 조각들과 맥락적으로 차이를 보이는 이 작품은 당시 서양의 예술가들에게 영감의 원천이 되기도 하였습니다. 칠레의 시인 비센테우이도브로가 1918년 파리에 도착한 직후 소유한 것으로, 그가 피카소에게 헌정하는 시 "에쿠아토리얼"을 쓰기 위해 소장한 것으로 보여집니다.

불리 장인

"공고 야 친투" 추정
헴바, 콩고민주공화국, 1810-1870년경

여인상 기둥의 고급 의자

19세기
나무, 금속제 장식못; 높이: 61cm
매입, 벅아이 트러스트 및 찰스 B. 베네슨 기증, 로저스 기금 및 다양한 기증인 기금, 1979 (1979.290)

이 작품은 루바족 족장이 소유했던 작품 중 가장 뛰어난 것으로 통상 통치권을 확고히 하기 위한 의식이었던 수여식에서 필수적으로 사용된 것입니다. 여인상이 들고 있는 이 의자는 섬세하게 조각되었으며 루바족은 성공과 유산을 여성의 라인으로 표현하고 있습니다. 따라서 의자의 기둥으로 표현된 이 여성상의 이미지는 상징적으로 족장을 지지하는 여성 선조를 나타내는 것입니다. 의식에 쓰이던 이 의자는 이 지역이 유럽인에게 식민지화되기 전 가장 유명했던 아프리카 예술가 중 한 명이었던 불리라는 장인이 제작한 것입니다. 가늘고 긴 형태와 두드러진 광대뼈, 감정 표현의 강도 등을 통해 당시 조각가가 표현하고자 했던 작품에 대한 열정과 표현 양식을 엿볼 수 있습니다.

망가카의 강력한 인물상

콩고민주공화국, 칠로안고 강 지역, 콩고족
19세기 중후반
나무, 페인트, 금속, 레진, 세라믹
높이: 118cm
매입, 릴라 애치슨 월러스, 다니엘 말콤 박사와 마리안 말콤
로라 G. 로스와 제임스 J. 로스, 제프리 B. 소레프, 로버트 T.
월 가족, 시드니 G. 클리만 박사, 스티브 코삭 기증
2008 (2008.30)

중앙아프리카의 응키기 응콘디(엔키시 엔콘디) 주술상은 아프리카 예술에서 매우 흔한 장르에 속합니다. 집에 머무는 신비스러운 힘들을 상징하는 이 강력한 형상은 콩고의 조각가와 제례 전문가가 함께 작업한 작품입니다. 봉인된 서약과 사인된 조약을 문서로 만들고 악마의 박멸을 형상화하였습니다. 법학의 탁월한 힘인 망가카와 동일시한 이 작품은 19세기 후반, 콩고와 앙골라 해변을 따라 활동했던 아틀리에 수장의 노고에 기인하고 있습니다. 넓은 토르소에 박힌 다양한 금속을 통해 이 부족 사회에서 일어난 일에 대한 증인과 수호자의 역할을 했던 이 형상의 중요성을 입증하고 있습니다.

남성상

프랑스령 폴리네시아, 갬비어 제도, 망가레바, 18세기-19세기 초반
나무, 높이: 98.4cm
마이클 C. 록펠러 기념 컬렉션, 넬슨 A. 록펠러 유증 1979 (1979.206.1466)

타이티 최남단에 위치한 겜비어 제도의 망가레바족은 한때 주요 신과 조상, 그 밖의 다양한 초자연적 존재를 숭배하였습니다. 그중 일부는 폴리네시아에서 기원한 용어, 티키(인간의 이미지)로 나타납니다. 섬 주민들이 기독교로 개종했던 1835-1936년경 망가베라에 남아 있던 조각품들은 대부분이 파괴되었고 대략 12개의 작품만이 현재까지 남아 있습니다. 이 티키의 정체는 알려져 있지 않지만, 역사적으로 농업의 신 로고와 비슷하다고 할 수 있습니다. 로고는 비를 불러와 농작물을 관리하며 주로 무지개나 안개의 형상으로 표현됩니다.

가면

호주, 토레스 해협, 모비액 섬 추정, 19세기 중후반
귀갑, 나무, 화조의 깃털, 레진, 껍질, 페인트
높이: 54.6cm
마이클 C. 록펠러 기념 컬렉션, 매입, 넬슨 A. 록펠러 기증
1967 (1978.412.1510)

이 작품은 호주와 뉴기니 사이에 위치한 토레스 해협 제도 특유의 거북이 껍질 가면입니다. 거북이 껍질을 하나씩 가열하고 원하는 모양으로 구부린 후, 가장자리를 뚫어 섬유로 연결해 입체적인 형태로 만들었습니다. 모비액 섬 인근에서 발견된 것으로 추정되는 이 가면은 장례식과 종교의식(풍성한 수확과 풍부한 생선, 사냥감을 기원하는 의식)에 사용된 것으로 추정됩니다. 의식이 진행되는 동안 남자들은 북, 크라르 또는 카라라고 알려진 가면을 쓰고 풀로 제작해 바스락거리는 무도복을 입어 태고 문화 영웅들의 삶을 재현하였습니다. 그 문화영웅 중 하나를 묘사한 이 가면은 그의 상징물일 것으로 추정되는 군함새를 받치고 있는 형태입니다.

조상 부부

인도네시아, 누사텡가라, 플로레스 섬, 나지족
19세기 후반-20세기 초반
나무, 높이: 29.8cm
프레드 리치맨, 리타 리치맨 기증
2006 (2006.510)

인도네시아 지역 플로레스 섬에 거주하던 나지족 조상의 부부를 형상화한 뛰어난 조각품으로 부족의 설립자를 형상화했다고 추정됩니다. 조상의 영혼과 그 밖의 초자연적인 존재를 묘사한 인간의 이미지(아나디오)는 주로 신전과 관련되어 있습니다. 이 조각은 원래 신전에서 제례의식에 쓰이는 말 형상 위에 앉아 있었으나 이후에 다른 곳으로 옮겨져 신성시되는 물건으로 보존된 것으로 추정됩니다. 이 조각품은 주목적이 무엇이든—남성이 부드럽게 그의 배우자를 감싸고 있는—신성한 위엄을 강렬하게 나타내고 있습니다.

해골 모양의 걸이

파푸아뉴기니, 파푸안 걸프만 지역
오마티 강, Pai'ia'a 마을, 케레와족
19세기-20세기 초반
나무, 페인트, 높이: 141.9cm
마이클 C. 록펠러 기념 콜렉션, 넬슨 A. 록펠러 기증
1969 (1978.412.796)

주로 사람사냥을 연습하던 동남 뉴기니 지역의 케레와족에게 가장 중요하고 성스러운 것은 아지바(해골 모양의 걸이)였습니다. 이것은 납작한 투조 형태로 제작되었으며 밑부분에 사람의 해골을 걸어 전시하였습니다. 이 아지바는 조각가의 꿈에서 나타난 영혼을 형상화했다고 알려져 있습니다. 케레와 부족은 한때 거대한 공동주택에서 함께 생활했는데 족장과 부족장은 각기 사당을 가진 작은 방을 사용했고 그 안에 하나 이상의 아지바 및 성스러운 물건들을 놓아두었습니다. 부족 구성원들이 축적한 다른 해골들과 함께 관리되었던 이 아지바는 부족의 힘과 생명력을 상징합니다.

방패

솔로몬 섬, 뉴조지아 또는 과달카나 섬(방패)으로 추정
산타 이자벨 섬(상감), 19세기 초반-중반
섬유, 파리나리움 열매 풀, 앵무조개 껍데기, 색소
높이: 84.5cm
마이클 C. 록펠러 기념 컬렉션, 넬슨 A. 록펠러 기증
1972 (1978.412.730)

불가사의한 느낌과 반짝이는 이미지가 돋보이는 이 방패는 솔로몬 제도에서 발견되었으며 일반적인 방패 세공 방법인 파리나리움 열매를 붙이고 그 위에 색을 칠한 후 진주 층을 끼워 넣어 제작된 것으로 현재까지 약 25점만이 남아 있습니다. 당시에 만들어진 방패는 이 작품과 마찬가지로 가로선 위 중심 부분에 한결같이 전사 또는 정령이라 추정되는 인간 형상의 문양을 그려 넣었습니다. 아주 섬세한 기법으로 제작된 이 방패는 사회적 지위가 높은 인물 또는 전쟁에서 좋은 성과를 보인 전사가 종교의식에서 들었던 것으로 추정됩니다.

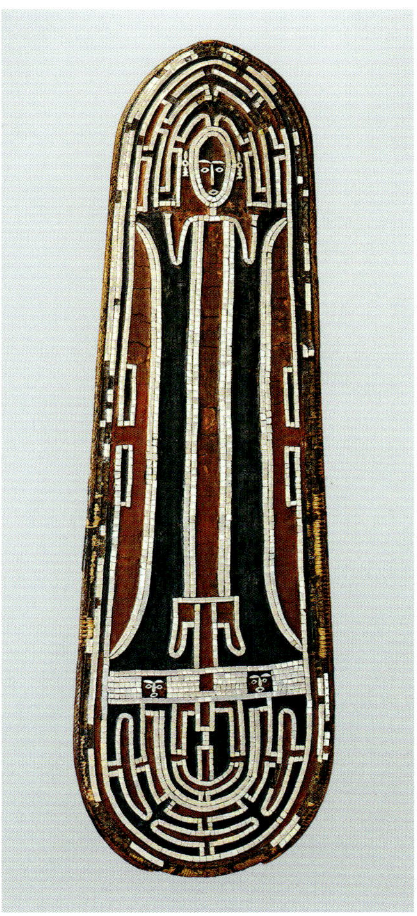

짙은 갈색의 기둥

뉴기니, 인도네시아, 파푸아(이리안 자야) 주
아스맛족, 1950년대 후반
나무, 페인트, 섬유, 높이: 5.5m
마이클 C. 록펠러 기념 컬렉션, 넬슨 A. 록펠러 유증, 1979
(1979.206.1611)

이같이 높이 솟은 짙은 갈색의 기둥은 뉴기니 남서부지역의 아스맛족이 근래에 죽은 이들을 기리고 그들의 영혼이 조상들이 있는 곳으로 가도록 기원하는 축제에 사용하기 위해 제작되었습니다. 각 기둥은 나무 한 그루를 뒤집어 뿌리가 날개모양을 형상화하도록 조각하였습니다. 손잡이의 거대한 인간 형상은 사망 후 축제에서 명예를 얻은 이들을 나타내고 있습니다. 기둥 밑부분은 때로 죽은 자들을 사후세계로 인도하는 카누를 묘사하기도 합니다.

위

왕이 앉아 있는 향로

과테말라, 마야, 4세기, 세라믹, 높이: 80cm
찰스 다이커, 발레리 다이커 기증, 1999 (1999.484.1a, b)

이 작품은 세라믹 재질의 대형 향로로, 남부 멕시코와 과테말라 인접 지역에 살던 고대 마야인들이 내화점토로 제작한 것 중 가장 복잡한 형태의 조각품입니다. 두 부분으로 제작된 이 향로는 위풍당당한 자세로 앉아 있는 마야 제왕의 모습을 그린 것으로 추정됩니다. 그는 웅장한 머리 장식을 쓰고 귀에 장신구를 달고 있으며 신에게 바치는 제물을 놓는 쟁반을 들고 있습니다. 영혼과 신들에게 바치는 제물을 옮길 것이라고 추정되는 연기는 신성한 마야의 종교의식에서 빠질 수 없는 요소였습니다.

아래

고양이 형상의 물병

페루, 와리, 6세기-9세기
세라믹, 높이: 20.3cm
매입, 아서 M. 불로와 유증, 로저스 기금
1996 (1996.290)

500년-1000년 사이에 페루 아야쿠초 지역 중앙에서 살던 와리족은 중남부 안데스 지역을 지배하였습니다. 와리 문화는 특히 태평양 연안 남부의 골짜기 지역에 강력한 영향을 주었는데 질 좋고 제대로 보존된 다양한 색상의 직물과 세라믹이 이 지역에서 생산되었다고 추정됩니다. 이 멋진 물병의 목 부분은 고양이의 머리 모양으로 디자인되었습니다. 이 작품은 수 세기 동안 나스카와 인근 골짜기에서 번창하였던 와리족의 세라믹 전통—풍부한 색감과 윤택이 나는 표면—요소를 혼합하고 있습니다.

신화 속에 나오는 뱀 무늬의 튜닉

페루, 나스카-와리, 9세기
카멜리드 모, 높이: 54.6cm
조지 D. 프랫 기증
1929 (29.146.23)

고대 페루지역 남성이 주로 입던 의복은 튜닉과 재단되지 않은 셔츠였습니다. 소매가 있거나 없고 어깨에 수직으로 암홀이 있으며 위쪽에 목이 나올 수 있도록 구멍이 뚫려 있는 스타일입니다. 이 튜닉은 여러가지 위빙 기술과 패턴뿐만 아니라 다양한 색상을 보여줍니다. 또한, 실용적인 측면에서는 민족성과 사회적 지위, 종교적인 믿음을 보여주고 있습니다. 이 작품은 날실(수직실)을 완전히 숨기기 위해 씨실(수평실)을 빈틈없게 밀어 내리는 태피스트리 위빙 기술로 제작되었습니다. 튜닉의 솔기 중앙에 지그재그로 되어 있는 점무늬의 몸에 서로 마주 보고 있는 신화 속 뱀 두 마리가 눈에 띄게 디자인되어 있습니다. 뱀의 큰 머리에는 색이 다른 눈, 노출된 치아, 수염 또는 구레나룻, 귀 또는 지느러미가 묘사되어 있습니다. 이 튜닉은 나스카와 와리 양식이 혼재하고 있는데 독특한 위빙 기술과 모양은 나스카의 특징을, 뱀의 눈과 이빨 문양은 전형적인 와리 양식을 특징적으로 보여주고 있습니다.

신상

도미니카공화국(추정), 타이노
10세기-11세기 초반
경질 수목, 껍데기, 높이: 68.5cm
마이클 C. 록펠러 기념 컬렉션, 넬슨 A. 록펠러 기증
1979 (1979.206.380)

15세기 후반 카리브해 지역의 섬을 스페인인들이 점령하기 수 세기 전, 대 안틸 제도에 거주하던 타이노족은 종교의식에 쓰이는 뛰어난 예술 작품을 제작하였습니다. 다양한 크기와 재료로—나무, 점토, 돌, 조개껍데기, 뼈—제작된 작품들은 보통 눈과 입을 강조하였으며 시선을 사로잡는 강력한 이미지를 보여줍니다. 쭈그리고 앉아 있는 수척한 남성을 그린 이 뛰어난 작품은 제미(영웅), 제미스라고 불리는 타이노 문화에서 가장 중요하게 숭배하는 대상입니다. 이 작품은 당시 코호바를 들이마시던 의식에 사용되었습니다.

펜던트상

콜롬비아, 타이로나, 10세기-16세기
금, 높이: 14cm
H. L. 바흐 재단 기증, 1969 (69.7.10)

북부 콜롬비아 시에라 네바다 데 산타마르타 산맥에 살던 타이로나족이 제작한 이 작품은 아메리카에서 발견된 금 주물 중 가장 크고 복잡한 디자인의 작품입니다. 입체적인 형상과 크기를 자랑하는 이 펜던트는 어깨가 넓은 남자의 모습을 묘사하고 있습니다. 귀족 또는 족장일 것이라 추정되는 이 남성은 정교한 나선형 무늬에 측면의 짜임 장식이 두드러지는 거대한 머리 장식을 쓰고 있습니다. 머리 장식 위에는 거대한 부리의 새 두 마리가 앉아 있습니다. 세밀하고 정확하게 조각된 작은 코와 귀의 장식품, 아랫입술의 장식물은 타이로나 무덤에서 발견된 실물 크기의 작품과 비교할 수 있습니다.

무릎을 꿇고 있는 여성상

멕시코, 아즈텍, 15세기-16세기 초반
돌, 높이: 54.6cm
박물관 매입, 1900 (00.5.16)

스페인이 지배하던 16세기, 아즈텍 족은 인상적인 사원, 왕족의 주거지, 다채로운 시장, 분주한 운하가 있던 그들의 수도, 테노치티틀란을 비롯해 중앙멕시코의 대부분을 지배하고 있었습니다. 전장뿐만 아니라 왕국을 건설하는 데 뛰어난 기술을 가지고 있던 아즈텍 인들은 고대 멕시코지역의 훌륭한 석조 조각품들을 제작하였습니다. 머리 스타일 및 머리 장식품 같은 대표적인 아즈텍 여신 상징이 부족한 데 비해 무릎을 꿇고 있는 이 여인상은 전통적인 아즈텍의 치마를 입고 있으며 허리에 이중으로 매는 전통양식의 벨트를 하고 있을 뿐만 아니라 귀걸이 및 머리띠를 하고 있는 것으로 보아 이 작품이 아즈텍을 대표하는 귀족 여인을 표현한 것이라 추정할 수 있습니다.

무기와 갑옷

무기와 갑옷은 수천 년간 모든 문화권에서 중요한 역할을 담당해 왔습니다. 최고의 작품은 보통 그 사회와 작품이 만들어진 시기의 기술적인 능력과 뛰어난 예술적 재능을 동시에 보여주며 예술의 역사와 물질 문화에 관한 특수성을 내포합니다. 박물관은 갑옷과 무기의 첫 번째 작품을 1890년에 받았습니다. 1904년경 일본과 유럽의 많은 작품을 소장하게 되었으며 컬렉션이 전 세계적으로 주목을 받게 되어 1912년 갑옷과 무기 부서를 따로 설립하게 되었습니다. 이 부서는 현재 미국에서는 유일하게 우리 박물관에만 남아 있습니다. 이 갑옷과 무기 분야에서만큼은 세계에서 가장 방대한 양과 뛰어난 소장품을 보유하고 있는 우리 박물관은 현재 수집과 보존, 연구, 출판 및 전시를 위해 다각도로 노력을 기울이고 있습니다. 갑옷과 검, 총 제작자들의 뛰어난 예술적 성취를 전시를 통해 선보이고 있으며 특히, 무기류의 기술적인 부분이나 흥미 위주의 주제에 초점을 맞추기보다는 뛰어난 디자인과 장식적인 측면에 보다 주목하고 있습니다. 현재 우리가 소장하고 있는 작품은 대략 1만 4천 점 정도이며 주로 유럽, 근동지역, 극동지역에서 유래한 작품입니다. 5세기부터 19세기 후반까지의 작품, 1,000여 점은 이곳에 상설 전시되고 있으며 유럽, 아메리카, 일본, 인도 및 이슬람 문화권의 폭넓은 작품을 지속적으로 선보이고 있습니다.

갑옷

일본, 14세기 초반
철, 가죽, 래커, 실크, 동, 금, 색소
높이 95.3cm
배시포드 딘 기증, 1914 (14.100.121a–e)

이 갑옷은 요로이라 불리며 10-14세기경 일본에서 기병이 착용하던 갑옷의 한 종류입니다. 현재 아주 소량의 요로이만 남아 있으며 미국에 소장된 유일한 예입니다. 17kg 정도 무게이며 작은 쇠와 광택제로 코팅한 가죽 판을 실크 레이스로 연결하여 제작하였습니다. 가슴은 불교의 신 중 하나인 부동명왕의 그림을 스텐실한 가죽으로 덮여 있습니다. 부동명왕은 그 맹렬함과 부동성이 사무라이가 추구하는 윤리와 잘 맞습니다. 이 요로이는 교토 근처의 사당에 수 세기간 보존되었으며 일본의 장군이자 아시카가 막부의 창시자였던 아시카가 다카우지가 기증했다고 전해집니다.

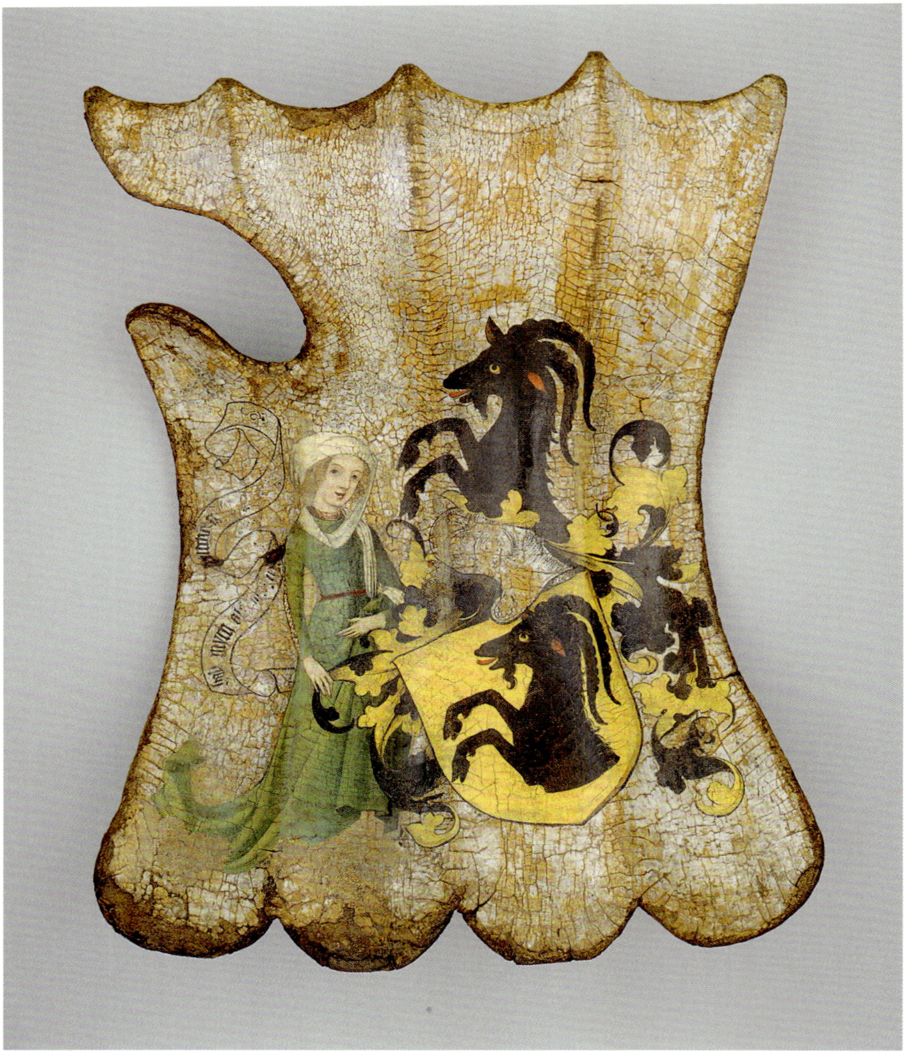

기병의 방패

독일, 1450년경
나무, 가죽, 리넨, 제소, 색소, 은박
55.9 × 40.6cm
플로렌스 블루멘탈 부인 기증, 1925 (25.26.1)

우아한 형태의 기사 방패는 타지스라고 불리며 고딕 후기 독일 지역에서 대회 또는 기갑 수색부대가 사용하였습니다. 이 작품에는 정교하게 표현된 문장이 그려져 있는데 프랑코니아의 고츠맨 가의 것이라 추정됩니다. 측면의 여성은 그들의 모토인 HAB MYCH ALS ICH BIN(나를 있는 그대로 받아들여라)이라고 새겨진 작은 기를 들고 있습니다. 은박 바탕에 아름다운 색상으로 그린 이 장식품은 수세기 동안 다른 작품들의 아래에 숨겨져 있어 제대로 보존되었습니다. 가죽으로 안감을 댄 방패의 뒷면에는 성 크리스토퍼의 작은 형상이 그려져 있어 방패를 든 자를 종교적으로 보호합니다.

터번 헬멧

아나톨리아 또는 이란, 15세기 후반
강철, 은, 높이: 34.6cm
로저스 기금
1950 (50.87)

시각적으로 가장 인상적이며 희귀한 이 헬멧은 이슬람교도가 착용했던 것으로 터번 헬멧이라고 불리며 현대적인 의미로는 둥글고 납작하며 터번을 감싸고 있는 소용돌이 형태를 말합니다. 이 터번의 형태는 14세기 초반에 기원한 것으로 보이는데 이 작품은 15세기 후반에서 16세기 전반에 제작된 것으로 보입니다. 터번 헬멧은 아제르바이잔과 이란의 시어반 왕조, 오트만 제국, 아크 코윤루(투르크계의 백양조)가 사용하였습니다. 헬멧의 표면은 아랍어로 새긴 글과 함께 은으로 상감하고 조각한 여러 가지 장식 문양으로 빽빽이 덮여 있습니다.

사자 머리 모양의 헬멧

이탈리아, 1460–80년경
철, 동, 금, 유리, 색소, 직물
높이: 29.8cm
해리스 브리스베인 딕 기금, 1923 (23.141)

지금까지 내려오는 르네상스 시대 갑옷의 알란티카(앤티크 스타일) 중 가장 오래된 헬멧인 이 작품은 네메아의 수사자 머리를 표현하고 있습니다. 르네상스 예술에서 주로 불굴의 힘, 용기, 인내의 상징으로 그려지는 신화 속 영웅 헤라클레스가 이 네메아의 수사자 가죽으로 만든 머리 장식물 및 망토를 착용하였습니다. 헬멧은 4kg 정도 무게이며 살렛이라고 불리는 평범한 강철로 만든 헬멧 위에 반짝이는 구리 표면에 양각으로 정교하게 새긴 사자 머리가 고정되어 있습니다. 이 아름다운 조각품은 초기 르네상스의 뛰어난 금세공 기술을 보여주는 작품들 중 손에 꼽히는 걸작입니다.

갑옷 장식물

영국, 그리니치, 1527년
철, 금, 가죽, 동합금, 높이: 1.85m
매입, 윌리엄 H. 리그스 기증 및 로저스 기금
1919 (19.131.1,.2)

30kg 정도 나가는 이 갑옷은 1514년, 헨리 8세가 자신과 자신의 법정을 위해 설립했던 그리니치의 궁정 공방에서 제작한 가장 오래된 작품입니다. 현존하는 가장 오래된 그리니치 장식품이기도 하며, 전쟁이나 시합에 사용하기에 적합한 부품들을 교환하고 강화하는 과정으로 만들어졌습니다. 전체적으로 에칭 기법과 도금 작업이 매우 정교하고 뛰어나며 그리니치의 갑옷 중 가장 다채로운 장식성을 보여주고 있습니다. 1526년부터 1528년까지 영국의 궁정에서 일했던 독일 예술가 한스 홀바인이 장식물의 디자인을 맡았습니다.

필리포 네그롤리

이탈리아, 1510–1579년경

고대 스타일의 가벼운 투구

1543년
철, 금, 높이: 24.1cm
J. 피어폰트 모건 기증
1917 (17.190.1720)

르네상스 시대 금속 가공 작품 중 최고의 걸작으로 손꼽히는 이 투구는 밀라노의 필리포 네그롤리의 서명이 들어가 있습니다. 그가 양각 세공 기법으로 제작한 이 작품은 16세기 당시 "기적적인" 그리고 "불멸의 가치"라는 찬사가 기록으로 전해지고 있습니다. 헬멧의 볼 부분은 한 장의 철로 만들었으며 깊게 양각으로 새긴 알란티카 스타일로 제작되었고—고전예술에서 영감을 받은 모티프—동처럼 보이도록 녹슬게 하였습니다. 헬멧의 가장자리는 푸토들을 둥글게 둘러싼 아칸서스 스크롤 무늬로 덮여 있는데 푸토(putto)들은 네로황제의 황금 궁전에서 볼 수 있는 로마 시대 벽화인 프레스코에서 기원한 모티프로 추정됩니다. 프레스코는 15세기 후반에 재발견되어 르네상스 디자인에 큰 영향을 주었습니다.

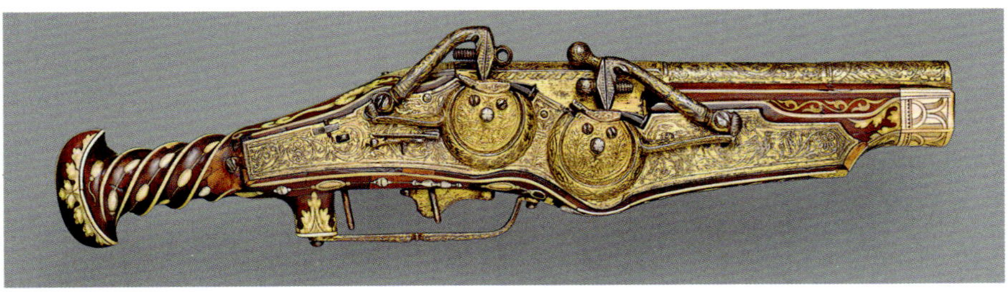

페터 펙

독일, 1503–1596년

암브로시우스 게믈리히

독일, 1520–50년경 활동

카를 5세의 바퀴식 방아쇠가 달린 2연발 권총

1540–45년경
철, 금, 나무, 뿔, 길이 49.2cm, 구경 12mm
윌리엄 H. 리그스 기증, 1913 (14.25.1425)

이 작품은 뮌헨의 시계 제조공이자 총기 제작자인 페터 펙이 만든 바퀴식 방아쇠 권총으로 정교한 디자인과 기계를 다루는 재주가 합쳐진 작품입니다. 에칭과 도금 작업을 한 총열, 그 외 금속 부분 및 신성 로마제국 황제 카를 5세의 상징은 예술가 암브로시우스 게믈리히가 장식한 것입니다. 15세기 후반 또는 16세기 초반에 이탈리아와 독일에서 발명된 이 같은 바퀴식 방아쇠 메커니즘은 최초의 자동점화장치 시스템으로서 미리 총을 준비하고 장전해서 바로 쏠 수 있도록 고안되었습니다. 카를 5세는 이같이 정교하게 장식된 소형화기를 최초로 의뢰했던 고위 고객이었습니다.

프랑스 왕 앙리 2세의 갑옷(세부)

프랑스, 1550년경
쇠, 금, 은, 가죽, 직물
높이: 1.9m
해리스 브리스베인 딕 기금
1939 (39.121a–n)

현존하는 것 중 가장 정교하고 완벽한 프랑스의 장식용 갑옷입니다. 갑옷의 표면은 나뭇잎 소용돌이 패턴이 빽빽하게 양각으로 표현되어 있는데 이 패턴은 이탈리아 르네상스 후기와 매너리즘 장신구에서 유래한 고전 형상과 전설적인 동물 형상에서 유래된 것입니다. 앙리 2세가 좋아하던 상징인 초승달이 장식으로 들어가 있기도 합니다. 현재 이 갑옷의 최초 디자인인 드로잉도 20점이 남아 있습니다. 그중 가장 오래된 것은 장 쿠쟁의 작품이며 나머지는 모두 16세기 중반 파리의 유명한 예술가였던 에티엔 드로네 또는 바티스트 펠르랭의 것이라 추정됩니다.

이스라엘 스쿠치

독일, 1590-1610년 활동

후안 마르티네스

스페인, 16-17세기 활동

작센주의 선제후 크리스티안 2세의 검(세부)

1606, 철, 동, 금, 보석, 유리, 작은 진주알, 에나멜
길이 121.9cm, 플레처 기금, 1970 (1970.77)

복잡하게 조각되고 주조된 이 검의 금동자루는 드레스덴의 검 제작자 이스라엘 스쿠치가 제작한 작품 중 유일하게 기록된 것입니다. 반짝이는 에나멜 도료와 화려한 보석이 부착되어 있는 끈 모양의 손잡이 장식은 최고의 금세공자들의 작업에 필적할 만하고 당시 작센의 궁정에서 유행하던 양식입니다. 검의 자루는 톨레도의 날과 잘 맞았는데 톨레도는 검 날의 질이 좋기로 유명했던 도시로 유럽 전체로 수출하던 것입니다. 이 검의 날은 왕실의 검 제작자였던 후안 마르티네스가 제작하였습니다.

컴벌랜드 백작 3세, 조지 클리퍼드의 갑옷 장식품

영국, 그리니치, 1585년경
철, 금, 가죽, 직물, 높이: 1.8m
로저스 기금, 1932 (32.130.6a–y)

이 컴벌랜드 갑옷은 최상의 상태로 보존되었으며 그리니치 지역 왕실 공방의 가장 장엄한 갑옷으로 공방의 장식과 기술의 최정점을 보여주고 있습니다. 전장과 시합에 사용하도록 고안된 이 갑옷은 거장 제이콥 해들러의 지휘 아래 제작되었습니다. 이 갑옷은 부품을 강화하거나 조금씩 바꾼 남성용 갑옷과(27kg 정도) 투구 및 안장으로 구성된 말의 갑옷으로 구성되어 있습니다. 조지 클리퍼드는 엘리자베스 1세 여왕이 총애하였으며 1590년 여왕의 전사로 임명되었습니다. 그가 착용하던 갑옷에는 튜더가의 장미와 백합문장, 여왕의 암호(두 개의 E가 연이어 장식)가 장식되어 있습니다.

피에르 르 부르주아

프랑스, 1627년 사망

프랑스 루이 13세의 화승총(세부)

1620년경
철, 동, 은, 금, 나무, 자개, 길이 139.7cm, 구경 15mm
로저스 및 해리스 브리스베인 딕 기금
1972 (1972.223)

이 총은 초기 총의 역사에서 가장 오래된 화승총 중 하나로 이후 2백여 년간, 소형화기 기술에서 가장 돋보인 격발장치를 장착한 화승총입니다. 화승총을 발명했다고 일컬어지는 리지외의 피에르와 마랭 르 부르주아가 루이 13세를 위해 만들었습니다. 왕관 모노그램이 있는 이 총은 섬세한 와이어와 자개 세공, 아름답게 조각된 개머리판, 도금된 황동 부품 등으로 호화롭게 장식되었습니다. 루이 13세는 열렬한 권총 수집가였으며 아마추어 권총제작자이기도 하였습니다. 이 총은 제조번호인 134가 새겨져 있어 왕실의 컬렉션 또는 수집가의 전시실 작품 중 하나라고 추정됩니다.

반대편

사무엘 콜트

미국, 1814 – 1862년

콜드의 세 번째 모델인 용기병의 리볼버

생산 일련번호 12406, 1853년경
철, 금, 나무(월넛), 길이 35.6cm, 구경 11mm
조지 리페어, 버토네 리페어 기증
1995 (1995.336)

콜트 리볼버는 군인과 개척자들이 그 가치를 매우 높게 평가하던 권총입니다. 호화로운 콜트 소형화기는 화려한 장식을 통해 일반적인 공장 모델에서 대표작으로 변모하였습니다. 코네티컷 주 하트포드 지역 콜트 공장의 조각가들은 대부분 독일에서 이민 와 1850년대와 1860년대 미국 소형화기 장식의 표준을 만들었습니다. 우리 박물관이 소장한 이 리볼버는 호화로운 금으로 상감 장식하고 현존하는 가장 질 좋은 콜트 안에 무늬를 새겨 넣은 몇 안 되는 뛰어난 작품입니다. 이 피스톨의 다른 한 짝은 1854년경 러시아의 황제 니콜라스 1세에게 선보였는데 이는 현재 상트페테르부르크의 에르미타주 박물관에 보관되어 있습니다.

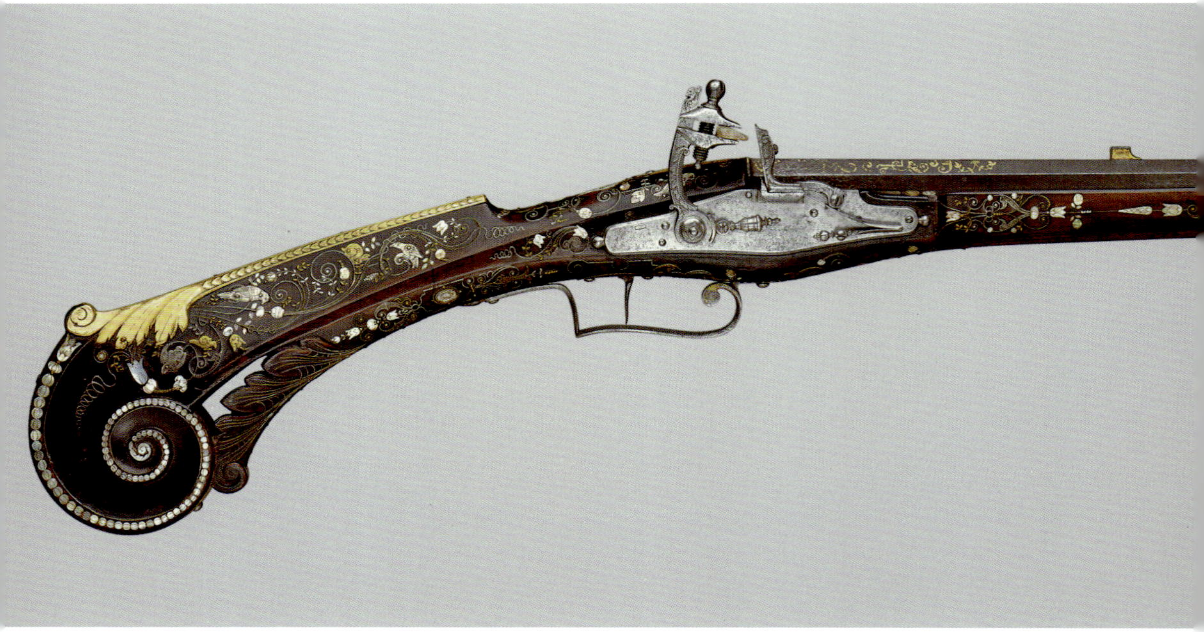

의회가 존 E. 울 소장에게 증정한 검(세부)

미국, 볼티모어로 추정, 1854년
철, 금, 동, 다이아몬드, 루비, 길이 99.6cm
매입, 아서 오스 설즈버거 및 로버트 A. 고일렛 부부 기증
2009 (2009.8a–c)

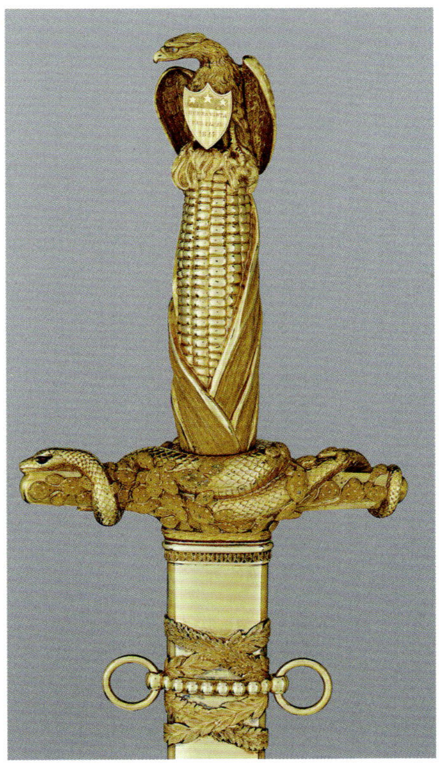

완전히 새것 같은 상태로 보존되었으며 이제까지 미국에서 제작된 검 중 가장 훌륭하고 독창적인 검으로 손꼽히는 이 작품은 1846-48년간 있었던 멕시코 전쟁의 부에나 비스타 전투에서 울 장군이 보여준 용맹함을 기리기 위해 1854년 1월 23일, 미국 의회가 수여한 검입니다. 유럽 또는 고대를 모델로 삼았던 기존의 미국 검과는 달리 울의 검은 그 콘셉트와 도상학적인 면에서 미국 특유의 느낌을 확연히 보여주고 있습니다. 미국 독립혁명에서 뛰어난 성과를 보여준 군인에게 수여한 검입니다.

악기

메트로폴리탄 박물관에서 귀뿐만 아니라 눈을 사로잡는 작품을 전시하는 유일한 부서인, 악기 부서는 기원전 300년부터 현재까지 전 세계 여섯 대륙과 태평양 제도에서 제작된 악기 약 5,000여 점을 소장하고 있습니다. 1889년부터 시작된 이 컬렉션은 모든 시대와 문화를 아울러 악기가 발전해온 과정을 그리며 포괄적으로 살피고 있다는 점에서 아주 뛰어난 수준을 자랑합니다. 기술과 사회적인 중요도 그리고 시각적 아름다움과 음색 등에 초점을 맞추어 엄선한 이 악기들은 예술작품, 민속지학적 기록, 음악과 퍼포먼스 역사의 기록으로 해석할 수 있습니다. 기본적인 악기의 종류에는 공기의 진동을 통하여 소리를 만들어내는 기명악기(관악기), 현의 진동을 통해서 소리를 만드는 현명악기(현악기), 막을 당겨 생성되는 진동을 통한 막명악기(타악기), 자연적으로 소리를 내는 재료로 만들어 소리를 위해 따로 힘을 줄 필요가 없는 이디오폰과 마지막으로 전자적 또는 증폭기를 통하여 소리를 생성하는 전자악기가 있습니다. 오랜 역사를 자랑하는 우리 박물관 악기 컬렉션에는 명나라의 류트, 르네상스와 바로크의 악기, 스트라디바리우스 바이올린, 바르톨로메오 크리스토포리가 제작한 최초의 피아노(1720년), 킹 조지 3세의 은 케틀드럼, 아프리카의 하프와 드럼, 스페인의 거장 안드레스 세고비아가 소장한 기타 등 특정시대를 대표하는 악기들이 대거 포함되어 있습니다.

오각형의 스피넷

이탈리아, 베니스, 1540년
나무, 다양한 재료, 길이 145.4cm
매입, 조지프 퓰리처 유증, 1953 (53.6a, b)

우르비노의 공작부인 엘레나 델라 로베르를 위해 만들어진 이 스피넷은 모자이크 상감, 페인팅, 조각, 인스타르시아 등으로 화려하게 장식되어 있습니다. 신화의 형상이 키보드 브래킷에 장식되어 있고 독일 장인의 작품이라 추정되는 돌고래가 키보드 측면에 새겨져 있습니다. 대칭으로 된 무늬가 키보드 전체에 장식되어 있으며 울림구멍은 섬세한 고딕 스타일로 디자인되어 있습니다. 키보드 위에는 "나는 금과 음색으로 가득하며 만약 아름다움이 부족하다면 나를 혼자 두어라."로 번역되는 좌우명이 새겨져 있습니다. 연주 가능한 키보드 중 가장 오래된 이 스피넷은 까마귀 깃펜을 사용해 브라스 스트링을 당겨 류트와 비슷한 음색을 만들어냅니다.

안드레아 아마티

이탈리아, 1505년경 – 1578년경

바이올린

1560년경
단풍나무, 가문비나무, 그 외 다른 재료
길이 57.4cm
매입, 로버트 알론조 리먼 유증
1999 (1999.26)

가장 오래된 현악기 제작자인 안드레아 아마티는 바이올린의 우아한 형태를 정립하고 아울러 자신의 두 아들과 손자 니콜로 아마티와 안토니오 스트라디바리를 포함한 그의 추종자들이 제작한 바이올린의 기본 특징을 확립하는 데 크게 공헌하였습니다. 현존하는 가장 오래된 이 바이올린은 발루아 왕조의 백합 문장과 라틴어로 쓰인 좌우명 "이 종교는 언제나 유일한 요새일 것이다."라는 글과 함께 스페인 펠리페 2세의 것으로 추정되는 문장으로 장식되었습니다. 카트린 드 메디치와 프랑스의 앙리 2세가 발루아 엘리자베스와 펠리페 2세의 결혼을 기념해 선물한 것 중 하나인 이 바이올린은 프랑스와 스페인 사이의 평화 조약을 기리는 뜻으로 제작되었습니다.

공방

고토 유조

일본, 1440–1512년

금속세공

고토 테이조

일본, 1603–1673년

코토

17세기 초반

다양한 목재, 상아와 귀갑 상감,
금과 은 상감, 금속 세공
13 × 24.2 × 189.5cm
매입, 아마티 기증
2007 (2007.194a–f)

이 특별한 코토(현악기의 일종)는 일본의 장식미술과 음악 예술의 역작입니다. 코토 의 강력한 전통은 그 이전에도 존재했지만, 현대 일본 코토 음악의 토대는 17세기에 만들어졌습니다. 이 코토의 놀라운 장식 문양은 9대째 금속 세공 장인 예술가로 유명한 고토가문의 가장 숙련된 기술자였던 테이조의 솜씨이며 테이조는 이같은 중요한 음악적 발전을 기록으로 남겼습니다. 이 작품은 또한 주인의 지위(강력한 카라수마루 부족)와 일본의 상징으로써 코토의 역할을 잘 반영하고 있습니다. 19세기 초반에 제작된 것으로 추정되는 화려한 옻칠 케이스는 금빛 학(카라수마루 가의 상징)과 거위로 장식되었습니다.

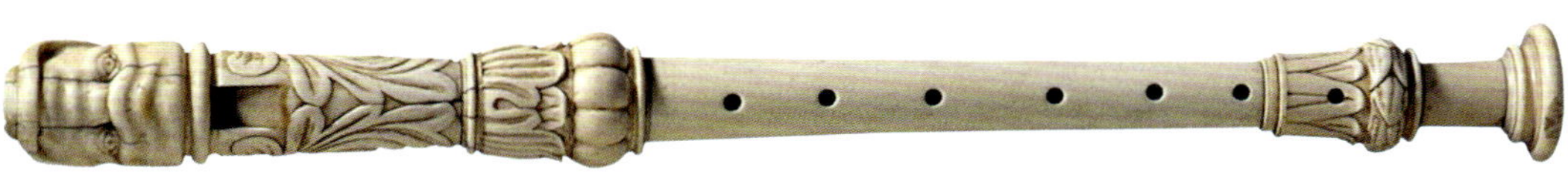

I. B. 간

독일, 1698-1711년 활동

알토 리코더

1700년경
상아, 길이 48.6cm
크로즈비 브라운 악기 컬렉션
1889 (89.4.909)

요한 베네딕트 간은 1698년 뉘른베르크에서 칼로 목재를 깎는 길드의 장인으로 손꼽히는 인물이었습니다. 1711년 사망할 때까지 악기 제작 공방을 지속적으로 열었습니다. 리코더 16점과 상아 또는 화양목으로 만든 오보에가 현재까지 남아 있습니다. 이 작품과 같은 리코더 일부는 아칸서스 잎과 뉘른베르크가 연관되는 모티프인 가면 장식이 조각되어 있으며 이 장식은 다른 유명한 목관악기 제작자인 요한 빌헬름 오버렌더의 작품에서도 볼 수 있습니다. 이 리코더의 크기는 1700년 이후 가장 선호되었습니다. 다루기는 어려웠지만 이 같은 코끼리 상아는 오랫동안 고급 악기의 재료로 사용되었습니다.

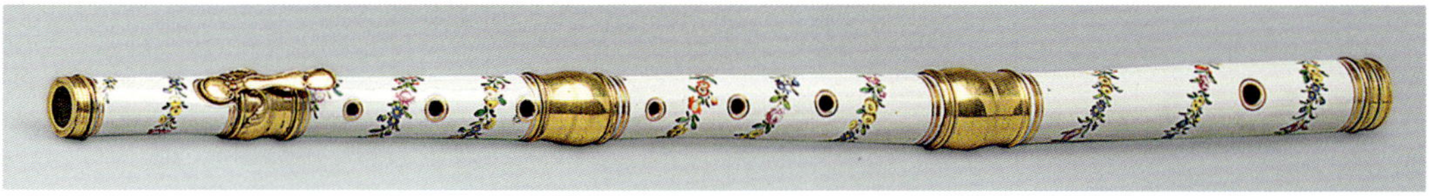

플루트

독일, 1760–90년
자기, 금속, 길이 62.6cm
플로렌스 엘즈워스 윌슨을 추모하며 손턴 윌슨 기증
1943 (43.34a–g)

1708년, 요한 프리드리히 뵈트거는 중국에서 이미 알려진 경질 자기 제작 과정을 재발견해 새로운 명품 산업을 만들었습니다. 자기로 만든 악기는 말리고 굽는 과정에서 수축량이 많아 상당한 문제가 있었는데 악기의 최종 크기가 정확하도록 큰 거푸집을 제작해야 하였습니다. 나무로 된 플루트는 구멍을 뚫어 선율과 음색을 조정하기가 쉬웠지만 자기는 나중에 다루는 데 문제가 있었습니다. 이 플루트는 자기 부분을 굽고 난 후, 금 세공인이 조인트, 소켓, 캡, 키를 만들어 금속작업을 마무리하였습니다. 자기 플루트와 카리용은 희귀했지만, 오카리나는 좀 더 흔하게 볼 수 있었습니다. 이 같은 플루트는 당시 상류층 사이에서 잘 알려졌습니다.

미켈레 토디니

이탈리아, 1616–1689년경 세례를 받음

하프시코드와 인물상

1670년경
나무, 그 외 다양한 재료
하프시코드 케이스: 299.7 × 96.5 × 37.5cm
크로즈비 브라운 악기 컬렉션, 1889 (89.4.2929a–e)

이탈리아에서 제작되었으며 독특하게도 넓은 5옥타브 범위의 하프시코드가 동봉된 도금 케이스로 로마 바로크 장식 예술의 최고작 중 하나로 평가되고 있습니다. 이 악기는 로마에 위치한 토디니의 갤러리아 아모니카(악기 박물관)의 악기 중 하나로 제작되었으며 토디니의 1676년 책자에 설명되어 있습니다. 백파이프를 연주하는 폴리페모스의 측면 모습과 깜짝 놀란 갈라테이아의 모습은 무대장치의 배경 앞 하프시코드와 함께 전시되었을 것입니다. 폴리페모스는 오르간 파이프가 숨겨져 있는 "산" 위에 앉아 있는데 마치 그가 들고 있는 백파이프에서 소리가 나는 것처럼 보입니다. 토디니의 독창성은 똑같은 음악 풍조에서 발전해나가 1700년 피아노를 발명하기에 이르렀습니다.

바르톨로메오 크리스토포리

이탈리아, 1655–1731년

피아노

1720년
사이프러스, 화양목, 황동, 그 밖의 다양한 재료, 길이 228.6cm
크로즈비 브라운의 악기 컬렉션,1889 (890.4.1219)

현존하는 가장 오래된 피아노로 바르톨로메오 크리스토포리의 공방에서 제작되어 지금까지 전해지는 세 대의 피아노 중 한 대입니다. 바르톨로메오 크리스토포리는 1700년경 피렌체의 메디치 궁궐에서 피아노를 발명하였습니다. 박물관이 소장하고 있는 피아노는 1720년경 제작된 것으로 연주 가능한 상태로 남아 있습니다. 이 피아노의 복잡한 메커니즘은 현대 피아노의 원형이 되었지만, 키보드의 크기가 작고 음색의 대조를 제공하는 페달이 없습니다. 그 대신 따뜻하고 풍성한 베이스, 좀 더 센 중간 옥타브, 짧게 지속하는 세 가지의 독특한 최고음역으로 구성되어 있습니다. 주로 반주에 사용했던 크리스토포리의 피아노는 그라비쳄발로 콜 피아노 에 포르테(강약을 가진 하프시코드)라고 불렸는데 소리의 강약을 독창적으로 유연하게 다루는 점을 나타내고 있습니다.

프란츠 페터 분젠

독일, 장인 1754-1795년

케틀드럼

1779년
은, 쇠, 송아지가죽, 직물
높이: 41cm, 직경: 53cm, 무게: 24kg
매입, 로버트 알론조 리먼 유증, 구매 기금, 프레더릭 M. 리먼 유증, 2010 (2010.138.1-.4)

이 훌륭한 한 쌍의 은빛 케틀드럼은 영국과 아일랜드의 국왕이며 하노버의 선제후였던 조지 3세의 근위대를 위해 하노버에서 제작되었으며 조지 3세의 문장이 새겨져 있습니다. 17-18세기에 걸쳐 의식용으로 쓰이던 이 드럼은 행렬의식의 선두에서 연주되던 트럼펫과 함께 말 위에서 연주되었습니다. 소량의 드럼세트가 지금까지 남아 있지만 값비싼 재료 때문에 대부분은 녹여서 다른 곳에 사용되었습니다. 이 작품은 하노버 왕가의 영국인 군주를 위해 제작되었던 4개의 드럼 세트 중 가장 오래된 것으로 드럼의 아랫부분을 감싸던 진홍색의 플래카드 역시 현재까지 남아 있습니다.

스산도

인도네시아, 티모르, 19세기 후반
종려 잎, 대나무, 철사, 높이: 57cm
크로즈비 브라운 악기 컬렉션
1889 (89.4.1489)

오세아니아 지역에서는 로타나무의 길게 갈라진 잎으로 만든 관 모양의 대나무 치터인 스산도라는 현악기가 매우 유명합니다. 티모르 섬에서 발견된 이 스산도는 로티족의 일원이 만든 것으로 보이며 이들은 로티섬 근방에서 살고 있었던 것으로 추정됩니다. 사람들은 스산도 음악에 초자연적인 힘이 있다고 믿었습니다. 악기 연주자들은 오른손을 이용하여 베이스 줄을 튕겼고 왼손으로 최고음역을 연주하였습니다. 이동 가능한 브리지와 줄감기 나무못으로 음의 높낮이를 조절하였습니다. 스산도는 주로 피할수 없는 운명에 지배되는 세상과 찰나일 뿐인 인생을 그리는 노래와 함께 연주되곤 하였습니다.

케틀드럼과 카리아티드(여상기둥)

가나, 아산테 전통지역, 아칸족, 20세기 초기
나무, 색소
넓이: 53.4cm
레이먼드 E. 브릿 경 기증
1977 (1977.454.17)

마스터 또는 리드 드럼이었던 이 케틀 모양의 드럼은 가나의 남부 지역 아칸 부족들이 좋아하던 전통 음악 밴드의 핵심 악기였습니다. 이 같은 드럼은 가족을 모티프로 한 것으로 마스터 드럼은 어머니, 즉 전통의 모계 친족의 중요성을 강조한 것으로 보입니다. 두 명의 여성이 드럼을 잡고 있는 모습은 이 악기가 여성성을 견지하고 있음을 알 수 있는 부분입니다. 아이를 양육하는 어머니는 여성의 다산성과 아칸의 문화에서 모계 라인의 중요성을 암시하고 있습니다. 책을 쓰고 있는 여성은 교육에 몰두하고 있는 아칸을 나타냅니다. 이 모티프는 마스터 드럼의 가족적, 사회적, 정치적 도상 연구의 전형적인 예가 되고 있습니다.

유럽

중세 미술

메트로폴리탄 박물관은 1873년 최초로 중세 미술 작품을 취득했지만 본관에 전시된 소장품의 핵심은 자산가이자 수집가였던 J. 피어폰트 모건이 소장했던 약 2,000여 점의 작품을 1917년에 그의 아들이 기증한 것입니다. 현재 중세 미술 소장품은 전 세계에서 가장 포괄적인 소장품 중 하나로서 4세기 신로마(콘스탄티노플) 성립기의 지중해 및 유럽 미술부터 16세기 초엽의 초기 르네상스 미술까지 포함합니다. 특히, 고대 후기와 비잔틴 제국시대 초기 작품이 풍부합니다. 앵글로-색슨족, 프랑크족, 서고트족 등 다양한 민족의 장신구를 포함하는 초기 중세 미술의 다채로운 소장품은 동시대 서유럽 미술의 업적을 조명합니다. 콘스탄티노플(현재 이스탄불)에 세워진 하기아 소피아 대성당의 성구집 등 성상과 교회 비품의 전시를 통해 800년에서 1500년까지 동방정교회 미술의 풍부한 소장품을 확연히 보여줍니다. 동시대 서유럽에서는 로마 가톨릭 교회가 가장 중요한 예술 후원자가 되었으며 메트로폴리탄 박물관의 여러 갤러리에서 당시 수도원과 교회의 뛰어난 작품들을 전시하고 있습니다. 파리 교외의 생드니 왕립 수도원, 파리의 노트르담 대성당, 그리고 아미앵 대성당 등 주요 건축물의 스테인드글라스를 통해 교회 건축의 전성기를 실감할 수 있습니다. 그 외 고딕 시대의 작품들은 중세 후기 궁정 귀족 사회를 상기시키는 화려한 식기류 및 교체 전시되는 태피스트리가 포함되어 있습니다.

두루마리를 들고 있는 여성의 흉상

비잔틴제국, 콘스탄티노플 추정, 4세기 말 - 5세기 초
대리석, 53 × 27.5 × 22.2cm
클로이스터스 컬렉션, 1966 (66.25)

이 흉상은 섬세하게 조각되었으며 생각이 깊은 표정과 예리한 시선을 지닌 성숙한 여성을 표현합니다. 그녀의 오른손에 들려 있는 두루마리는 고전 감상을 시사하며, 이는 신분이 높은 여성임을 나타냅니다. 귀족 여성 신분을 나타내는 외투, 튜닉, 쓰개를 착용하고 있습니다. 이러한 쓰개는 4세기에 유행하였습니다. 이 흉상은 공공 기부를 기록하는 기념비의 일부이거나 집안을 장식했을 것으로 추정됩니다.

겐나디오스 초상이 있는 메달

로마제국, 알렉산드리아 추정, 250–300년경
금박 유리, 4.1×6cm
플레처 기금, 1926 (26.258)

주요 항구 도시인 알렉산드리아의 어느 학식 있는 젊은이의 초상을 감청색 유리에 금으로 정교하고 생생하게 묘사하였습니다. 이 큰 메달은 펜던트로 착용할 수 있도록 제작되었으며 그리스어로 "음악 예술에서 가장 뛰어난 겐나디오스"라고 적힌 명문에 비추어볼 때 음악 경연 대회 입상을 축하하는 것으로 보입니다.

안티오크 "성배"

비잔틴제국, 500–550년경
은, 은 도금, 19.6 × 18 × 15.2cm
클로이스터스 컬렉션, 1950 (50.4)

1900년대 초 이 작품이 발견되었을 당시 장식이 없는 내부 은잔은 그리스도가 최후의 만찬에서 사용했던 성배로 간주되었습니다. 추후 연구를 통해 이 작품은 입식 램프임이 밝혀졌습니다. 외피는 포도 당초문으로 정교하게 장식되었으며 옥좌에 앉은 젊은 그리스도상이 두 군데에 묘사되어 있습니다. 그리스도는 한 곳에서는 두루마리, 즉 "복음서"를 들고 있고 다른 곳에서는 날개를 펼친 독수리 위, 양의 옆에 앉아 있는데, 이 동물들은 인류의 구세주로서의 그리스도의 역할을 상징합니다.

크티시스를 인격화한 마루 모자이크 부분

비잔틴제국, 500–550년경, 근대에 복원
대리석, 유리, 151.1 × 199.7 × 2.5cm
해리스 브리스베인 딕 기금 및 플레처 기금, 1998 (1998.69)
매입, 릴라 애치슨 월러스 기증, 다지 기금 및 로저스 기금
1999 (1999.99)

후기 로마와 비잔틴 미술에서는 추상적인 개념을 인격화하여 표현할 때가 많았습니다. 이 모자이크에서 보석으로 치장한 여인은 길이(로마식 피트) 측정 도구를 들고 있으며, 관대한 기부 또는 기금 설립을 의미하는 복원된 그리스어 명문 "크티시스(Ktisis)"를 인격화하고 있습니다. 풍요의 뿔을 들고 있는 남자 머리 옆의 그리스어 명문 행은 제작 당시에는 행운이라고 썼던 문자가 절반만 보존된 것으로 추정합니다. 이 부분은 대리석과 유리 테세라(모자이크용 채색 조각)로 제작되었으며 6세기 비잔틴 문화권 전역에서 제작된 우수한 모자이크의 전형을 보여줍니다.

활 모양 브로치

로마제국 후기, 400–450년경
은에 금박, 석류석
16.7 × 6.2 × 3.5cm
플레처 기금, 1947 (47.100.19)

이 브로치는 300년대-400년대 다뉴브 강변을 따라 거주하던 동 게르만족 여성이 착용했던 고급 장신구입니다. 신분이 높은 여성을 매장할 때 의복에 부착했던 여러 가지 금 장신구(예, 팔찌, 반지, 펜던트가 달린 컬러 등)의 일부였을 것입니다.

발톱이 붙은 유리잔

프랑크 왕국, 독일 남부 벨렌베르크-뵈링겐 출토, 5–6세기
유리, 18.7 × 10.8cm
헨리 G. 마퀀드 기증, 1881 (81.10.189)

프랑크 왕국에서 제작된 대부분의 유리 용기는 단순한 형태와 최소한의 색채를 사용하며 일반적으로 장식도 유리 제작 시 적용한 홈에 불과합니다. 그런데 많은 혁신적인 디자인 중 돌출한 발톱 형상이 있는 잔이 가장 정교하였습니다. 현존하는 소수의 작품은 일반적으로 부장품이 많이 매장된 귀족의 묘에서 출토되었습니다.

다윗과 골리앗의 싸움을 묘사한 접시

비잔틴제국, 콘스탄티노플, 629–630년경
은, 직경: 49.4cm, 길이: 6.6cm
J. 피어폰트 모건 기증, 1917 (17.190.396)

접시 상단에는 다윗이 골리앗에게 도전하는 장면이 있습니다. 그들이 싸울 때 다윗은 방어하는 것처럼 보이지만 그의 병사들은 전진하고 골리앗의 병사들은 후퇴하므로 다윗의 승리를 예상할 수 있습니다. 접시의 하단은 승리한 다윗이 거인을 참수하는 장면을 보여 줍니다(사무엘상 17:41-51). 이 작품은 소위 키프로스의 보물이라고 부르는 출토품에 포함된 아홉 점의 접시 중 하나이며 다윗의 생애를 고전 양식으로 표현합니다. 동로마 황제 헤라클리우스의 통치 기간(610-641년)에 콘스탄티노플에서 제작된 아홉 점의 접시 중 여섯 점은 메트로폴리탄 박물관에, 세 점은 키프로스 박물관에 소장되어 있습니다. 이 주제는 헤라클리우스 황제가 628-629년 페르시아제국에 결정적인 패배를 안겨 주고 예루살렘을 재탈환한 후 황제 자신을 새로운 다윗으로 간주하려는 것과 관련이 있을 수 있습니다.

성 십자가 유물함 (플레스키 모건 성유물 용기)

비잔틴제국, 콘스탄티노플 추정, 800년경
칠보 세공, 은 도금, 금, 니엘로 상감
2.7 × 10.3 × 7.1cm
J. 피어폰트 모건 기증
1917 (17.190.715a, b)

성 십자가의 파편을 보관하기 위해 제작된 이 상자의 뚜껑에는 그리스도의 십자가 책형 장면이 묘사되어 있습니다. 그리스도가 입고 있는 자색의 콜로비움(소매 없는 튜닉)은 초기 기독교 전통을 따르고 있습니다. 그리스도의 직립 자세와 뜬 눈은 죽음을 이긴 승리를 표현하며 그의 양옆에서 성모 마리아와 복음사가 성 요한이 비통해 하고 있습니다. 책형 장면 주위와 함의 측면에는 27명의 성인 흉상이 있습니다. 뚜껑 뒷면에는 구세주로서의 그리스도의 역할을 나타내는 네 장면인 수태고지, 그리스도의 탄생, 십자가 책형, 아나스타시스(그리스도의 지옥 강하)가 묘사되어 있습니다. 상자의 밑면은 십자가 책형 이야기를 수록한 복음서로 추정되는 책의 표지와 흡사하게 조각되어 있습니다.

그리스도에게 마그데부르크 대성당을 헌당하는 황제 오토 1세를 묘사한 장식판

오토 왕조, 밀라노 왕조, 962–68년경
상아, 13 × 11.3 × .8cm
조지 블루멘탈 기증, 1941 (41.100.157)

작센(독일)의 마그데부르크 성당은 968년에 헌당되었습니다. 신성 로마 황제 오토 1세(재위 962-73년)는 작품 내 다른 성인들에 비해 작게 묘사되었으며 그리스도의 축복을 받기 위해 성당 모형을 봉헌하고 있습니다. 오토 황제 뒤로 오토 왕조와 마그데부르크시의 수호 성인인 성 마우리티우스가 보입니다. 그리스도의 생애를 묘사한 이 패널을 포함한 17매의 장식판은 이탈리아에서 조각된 것으로 생각하며, 대성당의 설교단, 성가대석의 문 또는 제단 등 성당을 위해 제작된 장식의 일부였습니다. 1008년과 1049년의 화재 이후, 17매였던 일습은 해체되었고 각 장식판은 여러 성유물함과 책 표지 장식으로 사용되었습니다.

십자가 책형과 복음사가의 상징물을 표현하는 칠보 세공

프랑스, 콩크, 1100년경
금동에 금칠보 세공
전도자의 상징물: 10.1 × 6.1 × 0.3cm
십자가 책형: 직경: 10.3cm, 두께: 0.3cm
J. 피어폰트 모건 기증, 1917(17.190.426 - .429)
매입, 미셸 다비드-웨일 기증 및 2006 자선 기금
2007(2007.189)

대수도원장 베공 3세(재직 1087-1107년)는 콩크의 수도원을 위해 귀중한 작품의 제작을 의뢰하였습니다. 이 작품의 독특한 기법, 양식 및 색조는 필시 책 표지로부터 유래했으며 책 표지로 사용되었을 것이 거의 확실합니다. 각 부분은 2매의 동판을 중첩하여 제작했는데 하부 판은 가는 금속 띠(철사)로 인물의 얼굴과 의복을 묘사하고 상부 판은 인물과 십자가 윤곽을 나타내기 위해 절단되었습니다.

자하리스 비잔틴 성구집

콘스탄티노플, 1100년경
양피지에 템페라, 금채, 잉크, 폴리오 43r:
36 × 54cm
매입, 메리와 마이클 자하리스 기증 및 릴라 애치슨 월러스 기증, 2007 (2007.286)

이 필사본에 세밀하게 묘사된 네 복음사가의 초상화는 11세기 말-12세기 초 비잔틴 미술 전성기의 작품이며 그 정교한 가장자리는 칠보 세공을 연상하게 합니다. 이 작품에 묘사된 백발의 전도자 마태는 그의 이름이 그리스어로 쓰여진 시의 벽 앞에 앉아 있습니다. 이 필사본은 비잔틴 제국 교회의 총본산인 하기아 소피아 대성당을 위해 제작되었으며 비잔틴 문화에서 책을 예술로 인식하고 있음을 보여 주는 예입니다. 콜로폰(판권면)에 의하면 18세기 초엽에는 이 작품이 예루살렘의 대주교이자 소위 그리스 계몽주의의 초기 중심 인물이었던 크리산토스 노타라스의 소유하에 콘스탄티노플에 있었다고 합니다.

엠마오로 가는 길과 막달라 마리아 앞에 나타난 예수를 묘사한 장식판

스페인, 레온 추정, 1115–20년경
상아, 27 × 13.4 × 1.9cm
J. 피어폰트 모건 기증, 1917 (17.190.47)

이 장식판은 예수가 부활 후 제자들 앞에 나타났다는 복음서의 두 가지 이야기를 전합니다. 위의 장면에서 예수는 예루살렘에서 엠마오로 여행하는 두 제자와 합류하는데, 예수를 알아보지 못하는 두 제자는 십자가 책형에 대해 애통해 하지만 예수는 그 중요성에 대해 설명해 줍니다. 아래의 장면에서는 예수가 막달라 마리아 앞에 나타나지만 마리아는 그를 정원사로 착각합니다. 소용돌이치는 옷주름, 길게 늘인 신체, 힘이 넘치고 극적인 몸짓이 표현된 이 장식판은 필시 성유물함이었을 대작의 일부이며 산티아고 데 콤포스텔라 대성당으로 향하는 순례길이 지나가고 왕궁이 있는 레온에서 제작된 작품과 양식적 관련이 있습니다.

옥좌에 앉은 성모자상

프랑스, 오베르뉴, 1150–1200년경
호두나무, 채색, 젯소, 마, 79.5 × 31.7 × 29.2cm
J. 피어폰트 모건 기증, 1916 (16.32.194)

성모 마리아의 무릎에 확고하게 앉아 있는 아기 예수를 묘사한 이 구도는 단순한 모자상 이상으로 성스런 지혜의 체현으로서의 아기 예수의 역할을 강조합니다. 이러한 메시지를 강조하기 위해 예수가 책을 들고 있는 작품도 있습니다. 이 조각상은 성모 마리아의 옷에 표현된 리듬 있는 패턴, 얼굴을 두른 섬세한 베일, 방석에 해당하는 부분에 남아 있는 녹색 채색 흔적을 통해 엄숙미를 보여줍니다. 이러한 조각상은 예배 대상물이었으며 교회 행렬 행사의 일환으로서 운반되었습니다. 또한 이 조각상이 성유물함 역할을 했을 것으로 추정되는 이유는 성모상의 어깨 뒤쪽과 가슴에 두 개의 공동이 있기 때문입니다.

왕의 주상(柱像)

프랑스, 생드니 왕립수도원, 1150–60년경
석회암, 115.6 × 22.9 × 24.1cm
매입, 조지프 퓰리처 유증, 1920 (20.157)

신원을 알 수 없는 이 왕의 주상은 현재는 소실된 생드니 왕립수도원의 클로이스터에서 완전하게 보존된 유일한 조각상입니다. 광배는 이 왕이 성인이었음을 나타냅니다. 프랑스 역대 왕들의 묘가 있는 생드니 수도원은 활동적인 수도원장 쉬제르의 지휘하에 중세 프랑스 양식 또는 후에 고딕이라고 불리는 건축 양식으로 재건되었습니다(1122-51). 이러한 새로운 고딕 양식의 특징 중 하나가 조각 입상과 원주를 통합하는 것이었습니다.

다윗왕 두상

프랑스, 파리 노트르담 대성당, 서편 파사드의 남문(성 안나의 문)
1145년경
석회암, 29.7 × 21.1 × 21.3cm
해리스 브리스베인 딕 기금, 1938 (38.180)

노트르담 대성당에 있는 여러 왕의 대형 조각상은 당시 프랑스의 고대 통치자를 나타내는 것으로 간주되었기 때문에 프랑스 혁명 중 파괴 명령이 내려졌습니다. 이 두상은 결이 고운 석회암에 조각되었으며 표정이 풍부한 얼굴에는 제작 당시 납으로 된 눈이 박혀 있었습니다. 두상이 설치되었던 서편 파사드는 성 안나의 생애, 성모 마리아의 어머니, 성서의 다윗왕의 후손으로 간주되는 예수의 가계도와 유소년기를 묘사하고 있습니다.

요한 묵시록의 주석

스페인, 카스티야이레온, 베네딕트회 수도원 산 페드로 데 카르데냐, 1180년경
양피지에 템페라, 금, 잉크, 44.5 × 30cm
매입, 클로이스터스 컬렉션, 로저스 및 해리스 브리스베인 딕 기금, 조지프 퓰리처 유증, 1991 (1991.232.10)

중세 스페인 특유의 복자 삽화 필사본은 이 지역 수도원 문화의 예술성과 지성을 보여 주는 예입니다. 이 필사본에는 8세기 아스투리아스 지역의 복자 리에바나의 해석을 통해 요한 묵시록에 기록된 세계의 종말이 선명하게 묘사되어 있습니다. 이 장의 삽화에는 현실에서는 볼 수 없는 무서운 사건을 다섯 번째 천사가 나팔을 불어 알려 주는 내용이 그려져 있습니다. 지상의 구덩이에서 솟아 오르는 연기는 태양을 검게 물들이고 무시무시한 줄무늬 메뚜기 떼는 전갈의 꼬리로 사람들을 찌르고 죽음을 피한 사람들은 자비를 빌고 있는 장면입니다. 이 작품은 1870년대에 해체된 필사본의 한 장입니다.

성 토머스 베켓의 성유골함

영국, 1173–80년경
은 도금에 니엘로 상감과 유리
5.5 × 7 × 4.7cm
J. 피어폰트 모건 기증, 1917 (17.190.520)

이 작품은 1170년 헨리 2세의 기사에 의해 암살 당한 캔터베리의 대주교 토머스 베켓과 관련된 가장 오래되고 가장 우수한 성유골함 중 하나입니다. 은 바탕에 흑 금상감을 극적으로 사용하여 베켓이 죽는 장면에 시각적인 현장감을 주고 있습니다. 뒷면에 일부 남은 명문은 이전에 베켓의 피의 성유물이 이 함에 들어 있었음을 나타내는 것으로 보이며 상부의 적색 유리 보석은 그 가능성을 강조합니다.

생티리에의 성유물을 보관하는 흉상

프랑스, 리모주 인근 생티리에 페르쉬 성당,
1220–40년경
은, 은 도금, 수정, 보석, 유리
38.1 × 23.4 × 26.1cm
J. 피어폰트 모건 기증, 1917 (17.190.352a, b)

생티리에는 6세기 리모주 남부에 현재 그의 이름으로 명명된 수도원을 창설하였으며 이 성유물 용기에는 그의 두개골이 보관되어 있었습니다. 중세 리모주 지역에서는 현지 성인들 머리 형상의 성유물 용기가 특별히 숭배되었으며 이는 지금도 계속되고 있습니다. 이러한 두상은 축일에는 거리를 통과하는 행렬에서 운반되기도 했지만 주로 교회의 제단에 모셔 두고 신자들이 경배하였습니다. 성유물 용기의 귀금속 소재는 성자의 신성한 용모를 강조하고 성자의 두개골은 영원한 권위를 전하였습니다.

사라고사의 성 빈센트의 전설과 성유물의 역사를 표현한 장면

프랑스, 파리, 생제르맹데프레 수도원의 성모 마리아 예배당(소실), 1245–47년경
주철 유리, 유리 도료, 납
373.4 × 110.5cm
조지 D. 프랫 기증, 1924 (24.167a–k)

생제르맹데프레 수도원에는 성 빈센트(304년 사망)에 대한 특별한 신앙이 있었습니다. 이 수도원은 성 빈센트가 입었던 겉옷을 성유물로 안치하기 위해 설립되었으며 이 유물은 메로빙거 왕조의 힐데베르트 1세(558년 사망)가 스페인에서 가져 왔습니다. 작품의 왼쪽에 말을 탄 인물이 힐데베르트 왕이고 그 오른쪽에는 백마를 탄 그의 동생 로타르가 보입니다. 대작의 일부인 이 스테인드글라스의 다른 부분은 성 빈센트가 로마 총독 다치아노에게 저항하는 장면이 묘사되어 있습니다. 동시대에 제작된 루이 9세의 왕실 예배당 생트샤펠 성당의 유명한 스테인드글라스처럼 이 작품은 13세기 중엽까지 파리가 유리 회화의 참신한 표현 양식을 선도하는 중심지였다는 사실을 입증합니다.

예수 배반과 예수의 체포를 묘사한 부조

프랑스, 피카르디, 아미앵 대성당, 1264–88년경
석회암, 채색 흔적, 99.7 × 109.2 × 22.9cm
아이작 D. 플레처 부부 컬렉션, 아이작 D. 플레처 유증
1917 (17.120.5)

중세 교회에서 성가대 내벽은 신도석과 성가대석을 분리하였습니다. 13세기까지 이러한 내벽은 방대한 이야기 그림으로 장식되었으며, 특히 예수의 현세 최후 사건인 수난의 장면이 많이 묘사되었습니다. 이 작품은 네 가지 주요 사건을 압축하여 극적으로 보여 주고 있습니다. 대제사장의 시종인 말고의 귀를 자른 후 칼을 칼집에 넣는 베드로, 그 귀를 기적적으로 다시 붙여 주는 예수, 입맞춤으로 그리스도를 배신하는 유다, 예수를 체포하는 로마 병사를 묘사하는 네 가지 장면입니다. 이러한 내벽은 신도들이 예배에 참여하는 것을 방해했기 때문에 대부분의 유럽 교회에서 성가대 내벽은 점차 소멸되었으며 아미앵 성당의 내벽은 1755년에 제거되었습니다. 이 부조는 현존하는 것 중 가장 크고 보존 상태가 가장 좋은 이야기 조각상의 하나입니다.

승마 기사 형상의 아쿠아마닐라

독일, 니더작센, 힐데스하임 추정, 1250년경
동합금, 37.5 × 32 × 14.2cm
어윈 운터마이어 기증, 1964 (64.101.1492)

라틴어로 "물"과 "손"을 의미하는 아쿠아마닐라(aquamanila)는 식탁에서 물주전자로 사용되거나 성당의 미사를 준비하는 데 사용되었습니다. 이 작품은 중세 서양 문화에 만연했으며 일용품 생산에도 영향을 끼쳤던 궁정 기사도의 이상을 나타냅니다. 이 기사는 13세기의 삼사반기에는 사용되지 않는 유형의 갑옷을 착용하고 있습니다. 불행하게도 소유자의 문장이 표시된 방패와 창은 소실되었습니다. 말 몸체의 중첩된 원형은 이 말이 중세 시대에 귀하게 여기던 얼룩 있는 회색 군마임을 암시합니다.

기사 모험담이 묘사된 함

프랑스, 파리, 1310–30년경
상아, 10.9 × 25.3 × 15.9cm
함: J. 피어폰트 모건 기증, 1917 (17.190.173a,b)
앞면: 클로이스터스 컬렉션, 1988 (1988.16)

이 함의 뚜껑에 묘사된 아서 왕과 그 외 궁정 이야기의 장면은 무예시합과 투석기로 장미를 발사하는 기사를 통해 은유인 사랑의 성을 공격하는 것을 묘사합니다. 전면에는 피라무스와 티스베(오른쪽)의 비극에서 발췌한 가슴 아픈 두 장면과 아리스토텔레스가 알렉산더 대왕을 가르치고 필리스가 아리스토텔레스의 등을 타고 있는 장면(왼쪽)이 있습니다. 함의 양 측면에는 트리스탄과 이졸데, 유니콘을 죽인 사냥꾼, 숙녀를 구한 기사, 성의 열쇠를 받는 갤러해드가 묘사되어 있습니다. 후면에는 랜슬롯과 가웨인 그리고 자신들을 구해준 기사를 환영하는 여인들을 묘사한 장면이 있습니다.

전

콘스탄츠의 거장 하인리히

독일, 활동기 1310–1320년경

성모 방문

독일, 스위스의 도미니크회 카타리넨탈 수도원
1310–1320년경
호두나무에 채색, 금박, 반구형 수정
59.1 × 30.2 × 18.4cm
J. 피어폰트 모건 기증
1917 (17.190.724)

성모 마리아는 자신이 예수의 어머니가 될 것임을 알게 된 직후 세례 요한을 임신한 사촌 엘리자베스를 방문하였습니다. 이 성모 마리아와 엘리자베스 상은 원래의 채색과 금박이 거의 완전하게 남아 있으며 수정으로 덮은 공동을 통해 제작 당시에는 아기 예수와 요한을 볼 수 있었을 것입니다. 이 작품에서 성모 마리아는 엘리자베스의 어깨에 손을 다정하게 얹고 엘리자베스는 자신의 팔을 가슴에 대고 "내 주의 모친이 내게 나아오니 이 어찌된 일인고?"(누가복음 1:43)라고 말합니다. 이와 유사한 성모 방문 장면을 표현한 다른 동시대 작품들이 독일어권에서 제작되었습니다.

십자가에서 내림을 묘사한 부조

프랑스, 파리 추정, 1320–40년경
고래뼈에 접착한 상아, 채색 흔적, 도금
23.2 × 18.3 × 2.1cm
J. 피어폰트 모건 기증, 1917 (17.190.199)

십자가에서 내림을 묘사한 이 상아 부조는 그리스도 수난의 장면들이 표현된 현존하는 다섯 개의 장식판 중 하나이며 나머지 네 개의 장식판은 현재 안트베르펜, 런던, 오슬로, 파리의 박물관에 나뉘어 소장되어 있습니다. 이들 장식판은 제단 뒤의 선반(리테이블)에 부착하는 연속된 프리즈로서 제작되었지만 다섯 장식판 모두가 동일한 리테이블에 속했던 것 같지는 않습니다. 동시기에 제작된 석재와 목재 작품과 같이 이 장식판도 건물 지주에 부착되었다가 후에 넓고 평평한 고래뼈에 다시 접착되었을 것으로 추정합니다.

십자가에서 내림 장식판의 섬세한 조각술, 세련되고 명쾌한 동작과 유려한 의복 표현을 통해 14세기 전반 파리에서 제작된 상아 부조임을 알 수 있습니다.

맞은편 작품

수태고지 장면이 있는 태피스트리

남 네덜란드, 1410–30년경
날실 및 씨실 양모, 연금사, 3.5 × 2.9m
헤리엇 반스 프랫 기증, 남편 해럴드 어빙 프랫(1877. 2. 2–1939. 5. 2)을 기리며
1949 (45.76)

장식이 정교한 방에 앉아 있는 성모 마리아는 대천사 가브리엘의 갑작스런 출현에 놀라며 독서대의 책에서 눈을 돌려 가브리엘을 봅니다.

가브리엘은 은총이 가득하신 마리아님(AVE GRATIA PLENA)이라고 적힌 두루마리를 들고 있습니다. 천상에서 천부께서 성모 마리아를 향해 십자가를 든 아기 예수를 보내고 성령의 비둘기가 이를 선도합니다. 그들은 성모 마리아의 귀를 향해 내려가고 성모는 수태를 믿게 됩니다. 둘러싸인 정원은 성모의 처녀성을 강조하며 아름다운 도기 항아리에 꽂혀 있는 한 송이 하얀 백합은 성모의 순결을 상징합니다.

클라우스 데 베르베

프랑스, 활동기 1396–1439년

성모자상

프랑스, 프란시스코회 성 클라라 수도원, 폴리니, 부르고뉴
1415–17년경
석회암, 원래 채색 및 금박
135.5 × 104.5 × 68.6cm
로저스 기금, 1933 (33.23)

폴리니에서 성 클라라회 수도원을 창설했던 부르고뉴의 공작 용맹공 장(1419년 사망)과 부인인 바이에른의 마르그리트(1424년 사망) 중 한 사람이 성 클라라회 수도원을 위해 이 걸작품의 제작을 의뢰했을 것으로 추정합니다. 성모에게 안긴 곱슬 머리의 예수는 성모를 올려다보고 있으며 성모의 무릎에는 책이 놓여 있습니다. 또한 이 다정한 장면은 좌대에 라틴어로 쓰여 있는 "나는 태초부터, 세상이 있기 이전에 창조되었다"라는 지혜를 찬미하는 집회서의 한 구절(24:14)을 통해 세련된 신학적 주제를 나타냅니다. 가톨릭 교회는 13세기까지 이 구절을 마리아에 대한 언급으로 생각하였습니다.

알렉산드리아의 성 카트린

프랑스, 15세기 초
금, 론드 보스 에나멜, 보석, 9.8 × 5.4 × 2.8cm
J. 피어폰트 모건 기증, 1917 (17.190.905)

성 카트린은 전설에 의하면 바퀴 위에서 고문을 당했는데 이 작품에서 그 바퀴를 들고 있으며 처녀 순교자로서 널리 숭배되었습니다. 그녀는 아름답고 교양을 갖춘 귀족 신분이었으며 프랑스 궁정에서 특별한 신앙의 대상이었습니다. 이 작품은 끌레르몽페랑의 수도원에 있었다고 언급되지만 세련된 금 에나멜 세공술, 성 카트린의 머리 모양과 귀한 보석이 박힌 장식은 파리에서 제작된 금세공 작품의 특징입니다. 이 성 카트린 상은 다른 성인 군상과 함께 성당에 모셔져 있었을 것입니다.

아기 예수의 침대

남 네덜란드, 브라반트, 1400–1500년경
목재, 채색, 납, 은도금, 채색 양피지, 비단 자수와 알갱이 진주, 금사, 투명 에나멜
35.4 × 28.9 × 18.4cm
루스 블룸카 기증, 레오폴드 블룸카를 기리며
1974 (1974.121a–d)

아기 예수의 축소형 침대는 15세기와 16세기에 숭배 대상물로 인기를 누렸으며, 특히 수도회 입회 선서를 하는 여성에게 선물로 선사될 때가 많았습니다. 이 훌륭한 아기 예수 침대는 12세기 평신도 여성들을 위해 벨기에 루뱅에 설립된 베긴회 대수도원이 소유했었습니다. 양쪽 끝에는 그리스도의 탄생과 동방박사의 예배 장면이 조각되어 있으며 침대보에는 성서에 기록된 그리스도의 가계도가 자수로 수놓여 있습니다.

클로이스터스

중세 유럽 미술과 건축의 전용 전시관인 메트로폴리탄 분관은 맨해튼 북부 포트 트라이언 공원 내 허드슨 강이 내려다보이는 곳에 4에이커의 면적을 점하고 있습니다. 클로이스터스라는 명칭은 현재 프랑스 소재의 중세 클로이스터(안뜰을 둘러싸고 있는 회랑)의 건축 조각을 소장하게 된 데서 유래합니다. 주로 생미셸드쿠샤, 생기엠르데제르, 트리쉬르베즈 수도원에서 각기 소유하던 건축 조각과 이전에 본네퐁탕코망 수도원에 있었던 건축 조각이 해당되며, 분관 컬렉션의 중심을 이룹니다. 이 분관은 뉴욕 시 리버사이드 교회의 건축가인 찰스 콜렌스가 중세 양식을 단순화하여 설계하였습니다. 클로이스터스는 미국 자선가이며 수집가인 존 D. 록펠러 Jr.의 기여에 힘입어 1938년에 개관하였습니다. 록펠러는 신 미술관을 건축할 목적으로 부지를 공원으로 전환하는 데 필요한 자금을 융자하였습니다. 세 개의 회랑에 딸린 정원은 중세 논문과 시, 정원 기록, 약초서에 수록된 원예 정보에 따라 조성되었습니다. 전체적인 효과는 특정 중세 건축물의 복원이 아니고 주로 12세기부터 15세기에 이르는 미술 작품, 물품, 건축 관련 요소, 우수한 스테인드글라스 작품 등 2,000점 이상의 중세 서양을 대표하는 작품들이 연출하는 조화롭고 흥미 넘치는 분위기입니다. 상아 조각, 금세공품, 칠보 작품, 삽화 필사본 등 주옥 같은 소품은 트레저리에서 감상할 수 있습니다. 중세의 개인 예배용품은 네덜란드의 거장 로베르 캉팽이 제작한 유명한 〈수태고지 세 폭 제단화(일명 메로드 재단화)〉와 함께 전시되고 있습니다. 특히 인기 있는 작품은 유니콘 사냥을 묘사한 7매의 태피스트리입니다.

클로이스터

카탈로니아, 베네딕트회 수도원 생미셸드쿠샤, 프랑스
페르피냥 인근, 1130–40년경
대리석, 27.4 × 23.8m
클로이스터스 컬렉션
1925 (25.120.398–.954)

클로이스터는 수도원 생활에서 중요합니다. 개방된 안뜰을 둘러싸고 있으며 지붕이 있는 회랑인 클로이스터는 명상, 음독, 세탁을 위한 장소였습니다. 또한 교회와 수도사가 사용하는 다른 건물을 연결해 줍니다. 현지에서 채석된 분홍색 대리석의 따뜻한 미로 인해 단순한 형태의 블록에서 사자, 야수, 인어, 당초문으로 정교하게 조각된 주두 등 클로이스터의 다양한 조각 작품들이 조화를 이룹니다. 일부 작품은 우화를 반영하거나 선악의 대결을 상징하는 내용을 표현하지만 쿠샤의 장인들은 자신들이 원하는 대로 형태가 주는 긴장감도 표현하였습니다. 생미셸드쿠샤 수도원의 많은 조각 작품은 9세기 후 일어난 프랑스 대혁명 중 분산되었습니다. 그레고리 수도원장 재직 중(1130-46) 건설되었던 클로이스터의 원래 규모는 현재 재건된 규모의 거의 두 배에 달했을 것으로 추정합니다.

옥좌에 앉은 성모자상

프랑스, 부르고뉴, 1130–40년
자작나무, 채색과 유리, 높이: 102.9cm
클로이스터스 컬렉션, 1947 (47.101.15)

이 조각상은 아기 예수의 머리와 옥좌의 많은 부분이 소실되었음에도 불구하고 조형의 힘이 압도적입니다. 이 작품은 제작 당시 다양한 색으로 채색되었습니다. 채색 흔적을 통해 성모는 주홍색 소매가 있는 짙은 황록색의 겉옷과 유리색 베일을 착용하고 있었음을 알 수 있으며 아기 예수는 적색 내의 위에 황색 겉옷을 입고 있었습니다. 책의 표지는 파란색이고 측면은 흑색과 백색이었습니다. 성모의 길게 표현된 얼굴과 의복의 묘사는 오툉의 성 라자르 대성당에 있는 조각 양식과 연관됩니다.

성령강림절을 묘사한 장식판

남 네덜란드, 뫼즈 강 유역, 1150–60년경
금동에 조금 칠보와 투명 에나멜
10.3 × 10.3cm
클로이스터스 컬렉션, 1965 (65.105)

이 소품 걸작은 12색 이상의 보석 같은 색조를 통해 생동감을 주며 신약성경 사도행전에 기록된 내용인 성령께서 예수의 제자들에게 전도를 위한 힘을 부여하는 순간을 묘사합니다. 부활절 50일 후 강풍과 같은 소리가 하늘에서 들려오고 불의 혀가 제자들 위에 임하니, 그들이 다른 언어로 말할 수 있었습니다. 이 작품에서 신은 제자들 가운데 앉아 있으며 천국의 열쇠를 쥐고 있는 그의 손이 성 베드로 위에 나타납니다. 이 장식판은 뫼즈 강 유역(현재 프랑스와 벨기에)에서 제단이나 설교단의 일부로 제작된 연작 중 한 장일 것입니다.

십자가

영국, 1150–60년경
바다코끼리 상아, 57.5 × 36.2cm
클로이스터스 컬렉션
1963 (63.12)

이 십자가의 양면에는 백 명에 가까운 인물의 초상과 동수의 명문이 정교하게 조각되어 있습니다. 복잡한 구성, 구체적인 명문, 일부 인물들의 복장을 통해 이 십자가는 수도원을 위해 제작되었음을 알 수 있습니다.

전면의 여러 사각판에 묘사된 장면은 최상부의 그리스도 승천으로 절정에 이릅니다. 후면에 묘사된 선지자들은 자신들의 발언을 적은 두루마리를 들고 있는데 십자가 책형을 예언하는 것으로 생각합니다. 다른 명문은 기독교와 유대교 사이의 신학적인 논쟁을 반영합니다. 이 십자가가 논쟁 또는 비난을 의도했는지는 차치하더라도 12세기에 나타나기 시작한 반 유대주의 풍조를 반영하고 있습니다.

공방

비두이누스

활동기 12세기 말

문

이탈리아, 토스카나, 산 레오나르도 알 프리지도 성당, 마사 인근
1175년경
카라라 대리석, 4 × 1.9m
클로이스터스 컬렉션, 1962 (62.189)

토스카나 지방의 작은 교회 산 레오나르도 알 프리지도의 주 출입구인 이 문의 장식은 죄수의 수호성인 성 레오나르도에게 봉헌되었습니다. 문 옆을 받치는 두 기둥은 고대의 석관이 사용되었으며, 왼쪽 기둥에는 수태고지와 성모의 엘리자베스 방문이 조각되고 오른쪽에는 상징으로서의 죄수를 안고 있는 성 레오나르도가 조각되어 있습니다. 기둥 위 인방의 예루살렘 입성 장면은 초기 기독교도 무덤의 부조 양식을 따르고 있는데, 이는 12세기 이탈리아인들이 초기 기독교 시대에 대해 복고적인 관심을 가졌음을 반영합니다.

십자가 책형상

스페인, 카스티야이레온, 1150–1200년경
예수상: 떡갈나무, 채색, 금박, 접착된 돌
십자가: 적송, 채색
2.6 × 2.1 × .4m
사무엘 D. 리 기금
1935 (35.36a, b)

이 작품에서 그리스도는 12세기의 전형적인 양식에 따라 눈을 뜨고 왕관을 쓰고 있는, 죽음을 이긴 모습으로 표현되었습니다. 수염과 늑골 그리고 옷 주름은 선명하게 조각되어 있으며 남아 있는 채색과 금박은 제작 당시의 것입니다. 십자가 뒷면 중앙에는 신의 어린 양(Agnus Dei) 도상을 그렸고 네 개의 십자가 끝 부분에는 4인의 복음사가 상징을 장식한 것으로 보아 이 십자가는 앞뒤 양면에서 감상할 수 있도록 제작되었습니다. 이 십자가상의 원 소재지에 관해 상반되는 설에 의하면 팔렌시아 근처 아스투디요의 산타 클라라 수도원에 있었다고도 하는데 신뢰할 수 없습니다.

클로이스터

프랑스, 베네딕트회 생기엠르데제르 수도원, 몽펠리에 인근
12세기 말 - 13세기 초
석회암, 9.2 × 7.3m
클로이스터스 컬렉션, 1925 (25.120.1 - .134)

아키텐의 공작과 툴루즈의 백작을 겸했으며 샤를르마뉴 궁정에 출사했던 기엠은 804년에 세속의 특권을 포기하고 몽펠리에 교외의 험한 산중에 베네딕트회 수도원을 설립하였습니다. 고전 시대의 유적이 풍부한 프랑스 지역에 위치한 이 수도원의 클로이스터는 고전 양식의 영향을 받은 건축 요소가 많습니다. 아칸서스 잎과 뇌문 문양의 조각이 좋은 예이며, 13세기 초에 제작된 조각의 전형적인 양식입니다. 이 수도원은 북서부 스페인의 산티아고 데 콤포스텔라로 향하는 순례길에 위치하며 종교전쟁과 프랑스 혁명 중 심각하게 손상되었습니다. 이 클로이스터를 재건하기 위해 기둥, 벽기둥, 기둥머리 등 140여 점의 건축 요소들이 사용되었습니다.

애프스

스페인, 카스티야이레온, 푸엔티듀에냐의 산 마르틴 성당
세고비아 인근, 1175 - 1200년경
석회암, 높이(아치형 천장 꼭대기까지): 9.1m
폭(내부 공간의 최대 폭): 6.7m
스페인 정부와 교환에 의한 임대 (L.58.86)

푸엔티듀에냐의 산 마르틴 성당은 거의 알려지지 않았으며 동쪽 끝 제단 뒤쪽의 반원형 후진(애프스)만이 양호한 상태로 보존되었습니다. 재건된 후진은 12세기의 전형적인 세고비아 성당을 재현하였습니다. 이 후진의 천장은 아치형 볼트와 반원 돔으로 구성되고 후진의 벽에는 세 개의 작은 창이 있습니다. 양옆으로 투르의 성 마르탱과 수태고지 장면이 조각된 기둥이 서 있습니다. 개선 아치 아래에는 동방박사의 예배와 사자 굴의 다니엘 도상이 조각된 기둥머리가 있습니다.

재판관을 비난하는 성 니콜라우스

프랑스, 피카르디, 수아송의 생제르베와 생프로테 성당, 1200–1210년경
주철 유리, 유리 도료, 54.6 × 41.3cm
클로이스터스 컬렉션, 글렌케언 재단 기증, 1980 (1980.263.3)

이 작품은 성 니콜라우스의 전설에 기초한 두 장의 유리 패널 중 한 장입니다. 장밋빛 옷을 입고 주교모를 쓴 니콜라우스는 현지 재판관에게 반역 혐의로 기소된 무고한 기사의 석방을 요청합니다. 근위병이 이를 지켜보고 있습니다.

이 패널은 1190년대 성가대석을 건설 중이던 수아송 대성당의 성 니콜라우스 예배당 회랑을 장식했을 것으로 추정합니다. 각각의 이야기 장면을 아케이드가 둘러싸고 있는 구도는 수아송과 밀접하게 연관된 작품 중 가장 오래된 작품에 속합니다. 고전적인 우아한 인물상과 유려한 의복 표현은 이 시기 북프랑스 양식의 특징입니다.

사자상

스페인, 카스티야이레온, 산 페드로 데 아를란사 수도원의 회의실, 브루고스 인근, 1200년 이후
캔버스에 프레스코, 3.3 × 3.4m
클로이스터스 컬렉션
1931 (31.38.1a, b)

이 작품에서 사자의 강력한 힘은 근육의 팽팽한 힘줄, 응시하는 시선, 그리고 곤두선 갈기에 의해 암시됩니다. 이 프레스코화는 원래 상 페드로 데 아를란사 수도원 회의실 2층의 출입구 양편에 있던 두 개 중 하나입니다. 13세기에 제작되었지만 18세기 건물 개축 시 숨겨졌고 1894년의 화재 후에 다시 발견되어 개인에게 팔렸는데 최종적으로 메트로폴리탄 박물관이 매입하였습니다. 또한 동일한 수도원 회의실에 있었던 용을 그린 프레스코 벽화도 클로이스터스에 전시되고 있습니다.

성모 마리아상

알자스, 스트라스부르(현대 프랑스), 1250년경
사암, 원래 채색과 금박, 높이: 148.6cm
클로이스터스 컬렉션, 1947 (47.101.11)

이 위엄 있는 성모 마리아상은 고딕 조각 중 걸작이며 스트라스부르 대성당의 대형 성가대 내벽에 있었습니다. 이 조각상이 배치된 중심 근처 중요한 자리는 천사들이 성모의 머리 위에 왕관을 씌우는 그림이 그려진 천개로 덮여 있습니다. 현재는 소실된 아기 예수상이 성모 마리아 옆 장미나무 위에 세워져 있었는데, 이는 "가시 없는 장미"로서의 성모 또는 그 붉은 색으로 인해 그리스도가 십자가 책형에서 흘린 피를 암시할 수도 있습니다. 이 성가대 내벽은 성당 예배 방식이 변하여 1680년에 제거되었습니다.

성배, 성반, 스트로

독일, 뮌스테르탈의 베네딕트회 성 투르트페르트 수도원, 프라이부르크임브라이스가우 인근, 1230–50년경
은, 은박, 니엘로 상감, 보석, 성배 높이: 20.3cm
성반 직경: 22.2cm, 스트로 길이: 21.6cm
클로이스터스 컬렉션, 1947 (47.101.26–.29)

섬세하게 곡선 처리된 와이어, 그리고 타출 세공 기법과 니엘로 상감으로 묘사한 도상으로 풍부하게 장식된 이 미사용 제기는 빵을 담는 성반과 포도주를 마실 때 사용하는 성배와 스트로로 구성되어 있습니다. 스트로는 주로 두 개 한 쌍이며 그리스도의 피로서 신성시되는 포도주를 흘리지 않기 위해 사용되었습니다. 성배와 성반에는 그리스도의 생애 장면과 이를 예언하는 구약성서의 사건들이 대응하여 묘사되어 있습니다. 성배 표면은 그리스도 12 제자의 초상으로 장식했으며 성반에는 이 제기 일습이 원래 사용되었던 프라이부르크 임브라이스가우 근처 수도원의 수호성인 성 투르트페르트의 중요성을 강조하기 위해 그의 초상을 중심 원 최상부의 그리스도 초상 맞은편에 배치하였습니다.

출입구

프랑스, 부르고뉴, 무티에생장 수도원
디종 인근, 1250년경
석회암, 채색 흔적, 4.7 × 3.8m
클로이스터스 컬렉션, 1932 (32.147)
클로이스터스 컬렉션, 1940 (40.51.1, .2)

무티에생장 수도원의 아주 유명한 설립자이며 프랑스 최초의 기독교도 왕인 클로비스 1세와 그의 아들 클로타르 1세가 설립 선언문을 들고 입구의 양쪽에 서 있습니다. 입구 양옆 벽감에는 성서에서 예수의 십자가 책형을 예언한 인물들의 조각상이 있으며 위쪽의 팀파눔에는 그리스도가 천국의 여왕으로서 성모 마리아에게 왕관을 씌워 주는 장면이 있습니다. 아마도 클로이스터의 북쪽 회랑에 접한 이 입구는 수도원 성당으로 연결되었을 것입니다. 이 성당은 16세기의 종교전쟁 중 심하게 손상되었으며 두 왕의 두상은 17세기에 복원되었을 가능성도 있습니다.

옥좌에 앉은 성모자상

영국, 런던 추정, 1300년경
상아, 27.3 × 13.5 × 9.6cm
클로이스터스 컬렉션, 1979 (1979.402)

이 조각은 영국 상아 조각의 최고 걸작으로서 앞서 언급한 12세기 클로이스터 십자가에 필적하는 중요한 작품입니다. 이 소형 인물 조각상은 기독교 조각 양식을 따르고 있지만 성모 마리아 숭배가 정점에 이른 당시 등장했던 친밀한 모습의 성모 마리아상의 한 예입니다. 파리가 이러한 상아 조각으로 유명했으며 영국에서 제작된 상아 조각은 많지 않을 것으로 생각합니다. 표면의 어두운 색을 내기 위해 12세기 논문「다양한 기법에 관하여」에 수록된 대로 호두 기름을 사용했거나 과도한 열에 노출되어 상아색이 변질되었을 수 있습니다. 아기 예수 조각상은 그 일부만이 성모의 왼쪽 무릎 옆에 남아 있습니다.

성모 대관식과 최후의 심판을 묘사한 두 폭 제단 부조

프랑스, 파리 추정, 1260–70년경
상아, 12.7 × 13cm
클로이스터스 컬렉션, 1970 (1970.324.7a, b)

탁월한 고부조 기법으로 표현된 이 목판 성상화는 보통 대성당의 조각으로 표현되는 연극적인 장면을 작은 인물 조각상의 움직임과 손짓이 자유롭게 나타나는 미니어처로 옮겨 놓았습니다. 성모 대관식에는 천국의 사다리를 향해 인도하는 천사와 그 뒤를 따르는 수도사와 왕, 교황이 보입니다. 오른쪽 부조에는 재판받고 있는 그리스도 앞에 성모와 세례 요한이 무릎 꿇고 앉아 있으며 아래쪽 장면에서 천사들은 나팔을 불어 죽은 자들을 깨우고 악마는 죄인들을 지옥 입구로 데려갑니다.

우르겔 백작 에르멘골 7세의 묘비 석상

스페인, 카탈루냐, 레리다 프레몬트레 수도회, 산타마리아 데 벨푸익 데 레스 아벨라네스 수도원, 1300–1350년경
석회암, 채색 흔적, 226.1 × 201.9 × 88.9cm
클로이스터스 컬렉션, 1928 (28.95a–i)

이 정교한 묘비 석상의 혼재하는 양식과 세부의 크기가 서로 맞지 않는 것을 보면 원래 여러 기의 다른 묘를 위해 제작된 요소를 조합해 놓았음을 알 수 있습니다. 백작(1184년 사망)은 눈을 감고 술이 달린 베개를 베고 있으며 칼집에 꽂은 검 위에 손을 교차하여 얹은 모습이고 그 뒤로 지금은 파손된 문상객 상이 동일한 석판에 조각되어 있습니다. 아래의 측면 아치 장식에는 장엄한 그리스도의 양옆으로 12제자가 보입니다. 백작상 위쪽에 분리되어 배치된 부조는 세 명의 사제가 장례식을 집전하는 장면을 묘사합니다. 맨 위쪽에 설치된 부조에서는 천사가 천국으로 영혼을 데려갑니다.

동방박사의 예배

오스트리아, 남 비엔나 이브라히스도프 성의 예배당
성가대석으로부터, 1390년경
주철 유리, 투명 유리에 은 스테인과 유리 도료
세부: 69.2 × 33cm, 69.4 × 32.8cm
각 첨두 아치: 357.2 × 30.8cm
클로이스터스 컬렉션
1986 (1986.285.1, .2)

이야기의 상세한 묘사, 풍부한 색채 그리고 시각적 조형은 이 유리 작품을 제작한 궁정 공방의 특유한 양식입니다. 보라색 옷을 입은 성모는 아기 예수와 함께 짚방석에 앉아 있으며 근처에서는 동물들이 먹이를 먹고 있습니다. 화려한 복장의 동방박사들이 황금 선물을 바치는데, 한 사람은 무릎을 꿇고 왕관을 벗어 자신을 낮추고 있습니다. 남 비엔나의 이브라히스도프 성은 몽고의 침략을 막기 위해 축조되었지만 그 후 평화로운 시대가 도래하자 루돌프 폰 티르나(1406년 사망)가 스테인드글라스로 장식된 예배당을 증축하였습니다. 이 성은 1683년에 터키군에 의해 약탈된 후 중세의 영광을 회복하지 못하였습니다. 비엔나에 있는 1매의 패널을 제외하고 그리스도 생애의 일곱 장면이 묘사된 클로이스터스의 창과 석조 천개만이 현존합니다.

줄리어스 시저와 신하

남 네덜란드, 1400–1410년
양모, 날실과 씨실, 4.2 × 2.4m
존 D. 록펠러 Jr. 기증
1947 (47.101.3)

이 벽걸이는 중세 태피스트리 중에서 가장 오래되고 우수한 작품에 속하며 히브리 전통의 3인, 이교도 3인, 기독교도 3인 등 9인의 영웅을 기념하는 연작의 일부였습니다. 이 작품에서 줄리어스 시저는 황제의 왕관을 쓰고 있으며 왕좌에는 로마제국의 문장인 쌍두 독수리가 그려진 기가 걸려 있습니다. 연주가와 궁정 신하들이 그를 둘러싸고 있으며 상단 왼쪽의 피부가 검은 남자는 시저의 아프리카 영토를 상징하는 것 같습니다. 지혜와 용기를 나타내는 9인의 영웅은 14세기 초 프랑스의 시 〈공작의 맹세〉에서 처음 명명되었습니다. 클로이스터스의 9인의 영웅 태피스트리는 유명한 미술 후원자인 베리 공 장 드 프랑스가 소유했던 것으로 생각합니다.

공방

로베르 캉팽

남 네덜란드, 투르네(현재 벨기에),
1375–1444년경

수태고지 세 폭 제단화(메로드 제단화)

1427–32년경
오크에 유채. 중앙 패널: 64.1 × 63.2cm
양쪽 패널: 64.5 × 27.3cm
클로이스터스 컬렉션, 1956 (56.70a–c)

이 제단화의 중앙 패널에서 대천사 가브리엘이 성모 마리아의 집에 나타나며 자그마한 아기 그리스도는 광선을 타고 창을 통해 들어옵니다. 그들이 들어왔을 때 탁자 위의 촛불이 꺼졌지만 독서 중인 성모는 그들을 인식하지 못하는 것 같습니다. 오른쪽 패널은 성 요셉이 자신의 목공소에서 바쁘게 작업하고 있는 장면을 묘사합니다. 왼쪽 패널에서는 기증자인 피터 엥겔브레히트(중앙 패널 창의 스테인드글라스에 장식된 문장에 의해 신분이 확인됨)와 그의 아내가 수태고지를 목격하고 있습니다. 유화의 초기 걸작인 이 세 폭 제단화는 요셉의 창 바깥으로 보이는 도시 풍경처럼 일반적인 주제를 매력적인 참신한 접근 방식과 정교한 세부 표현과 결합하여 표현하고 있습니다.

위의 작품

장 퓌셀

프랑스, 활동기 1319–1334년

프랑스 여왕 잔 데브뢰의 시도서

프랑스, 파리, 1324–28년경
양피지에 그리자유, 템페라, 잉크, 폴리오
154v: 9.2 × 6.2cm
클로이스터스 컬렉션, 1954 (54.1.2)

섬세한 회색 음영(그리자유)을 통해 그리스도와 성 루이의 생애를 묘사한 이 작은 책은 놀라울 정도로 조각적인 입체감을 보입니다. 이 장면에서 성 루이는 투옥 중 기적적으로 기도서를 받습니다. 700여 개의 부수적인 이미지는 중세 파리의 주교, 거지, 무용수, 연주자뿐 아니라 원숭이, 토끼, 개 그리고 상상의 동물을 묘사합니다. 예리한 관찰, 뛰어난 기법, 그리고 상상력을 통해 모든 이미지가 생생하게 묘사되고 있습니다. 이 기도서는 여왕이 매일 기도하는 데 개인적으로 사용하기 위해 제작되었습니다. 잔 데브뢰는 이 기도서를 1371년 샤를 5세에게 유증했으며 왕의 사후 그의 형제 베리 공 장 드 프랑스의 소장품이 되었습니다.

아래의 작품

헤르만, 폴, 그리고 장 드 랭부르

프랑스, 네덜란드, 프랑스에서 활동, 1399–1416년

베리 공 장 드 프랑스의 아름다운 시도서

프랑스, 파리, 1405–1408/1409년
양피지에 템페라, 금박, 잉크, 폴리오
168r: 23.8 × 17cm
클로이스터스 컬렉션, 1954 (54.1.1)

개인용 기도서인『아름다운 시도서』는 베리 공 장 드 프랑스가 랭부르 형제에게 제작을 의뢰한 몇 점의 화려한 필사본 중 최초의 작품입니다. 베리 공의 방대한 장서에서 현존하는 거의 완전하고 양식적으로 일관된 유일한 기도서로서 94매의 전면 삽화와 54단의 칼럼 삽화는 그의 개인적 관심을 반영하는 특이한 내용을 포함하고 있습니다. 이 삽화에는 바다에서 여행자를 도와주는 성 니콜라우스의 기적이 묘사되어 있습니다. 화려한 색채를 통해 이탈리아풍의 곡선이 풍부한 인물 표현과 북유럽 특유의 양식인 자연의 세밀한 묘사가 조화를 이루고 있습니다.

틸만 리멘슈나이더

독일, 1460–1531년

주교 좌상

독일, 운터프랑켄, 뷔르츠부르크, 1495–1500년경
보리수나무, 농회색 스테인
90.2 × 35.6 × 14.9cm
클로이스터스 컬렉션, 1970 (1970.137.1)

리멘슈나이더는 중세 후기 독일 남부에서 활동했던 가장 뛰어난 보리수나무 조각가 중 한 명이었습니다. 그는 제단용 대형 조각품을 채색하지 않고 이 조각상의 눈처럼 검은색으로 세부 몇 군데를 검게 물들인 후 투명 유약으로 표면을 마무리하기도 하였습니다. 이 작품의 모델이 된 주교에 대해서는 알려진 바 없지만 그의 앉은 자세는 성 어거스틴이나 성 암브로시우스임을 암시하므로 기독교 초기 4인의 "교부" 제단 조각의 일부였을 것으로 추정합니다. 연로한 얼굴의 섬세한 묘사는 이 시기 독일 미술의 특징인 심리적 깊이와 종교적 열정을 나타냅니다.

아래의 작품

원숭이 문양이 있는 잔

남 네덜란드, 부르고뉴 영토 추정,
1430-1440년경
은, 은 도금, 채색 에나멜
높이: 20cm, 직경: 11.7cm
클로이스터스 컬렉션, 1952 (52.50)

이 잔은 귀족 식탁용으로 제작된 중세 에나멜제 잔 중 현존하는 최고의 수작 중 하나이며 널리 알려진 인간의 어리석음에 대한 이야기를 전합니다. 잠을 자고 있던 상인이 원숭이 떼에게 강도를 당합니다. 잔의 하단부에 원숭이가 옷을 벗기자 일어나지 못하는 상인이 묘사되어 있습니다. 상인의 짐을 훔쳐 간 다른 원숭이들은 나뭇가지에서 신나게 놀고 있습니다. 이 외에도 진기한 그리자유 에나멜 기법을 사용한 작품이 몇 점 현존하는데, 모두 부르고뉴 지방 여러 공작의 저택과 연관됩니다.

위의 작품

야인 장식이 있는 주전자

독일, 뉘른베르크 추정, 15세기 말
은 도금, 에나멜, 채색, 높이: 63.5cm
클로이스터스 컬렉션, 1953 (53.20.2)

이 주전자 뚜껑에는 곤봉을 휘두르는 수염 난 남자상이 장식되어 있습니다. 이러한 "야인"과 같이 중세 후기 미술과 문학에 등장하는 전설적인 인물은 강한 남성적인 힘을 지녔고 숲에서 원시적인 본능에 따라 살고 있다고 당시 사람들은 생각하였습니다. 이 작품과 쌍을 이루는 또 하나의 주전자는 십자군 원정 중 설립된 군사 및 종교 협회인 독일 기사단의 1526년과 1585년 목록에 기재되었던 것으로 오래 전에 확인되었습니다. 이 두 주전자는 제작 공방 표시가 없지만 뉘른베르크의 금세공인 세바스티안 린데나스트의 작품과 양식적으로 유사하기 때문에 번창했던 도시 뉘른베르크에서 제작되었을 것으로 추정합니다.

유니콘 사냥

남 네덜란드, 1495 – 1505년
날실 양모, 날실, 비단, 은, 은박 씨실, 3.7 × 3.8m
존 D. 록펠러 Jr. 기증, 1937 (37.80.2)

이 태피스트리는 전설의 유니콘이 등장하는 클로이스터스 소장 7매의 태피스트리 중 하나로서 말과 비슷한 상상의 동물이 분수대 아래에 무릎을 꿇고 앉아 분수대에서 흘러 나오는 물에 긴 뿔을 적시고 있는 장면을 보여줍니다. 꿩 한 쌍과 장박새 한 쌍이 분수대 가장자리에 앉아 있습니다. 사슴과 토끼는 사자 등 야생동물과 함께 초목 사이에서 쉬고 있습니다. 12명의 사냥꾼과 사냥개가 동물들을 공격하기 위해 에워싸고 있습니다. 세이지와 오렌지 등 해독제로 간주되는 식물이 유니콘의 마법의 뿔에 의해 정화된 물이 흐르는 개울을 따라 무성하게 자라고 있습니다. 클로이스터스에 소장된 일곱 장의 태피스트리에는 각기 영문자 A와 E가 적혀 있는데 이 태피스트리를 처음 소유했던 부부의 이니셜인 것 같습니다.

소묘와 판화

메트로폴리탄 박물관이 소장하고 있는 15세기부터 현재에 이르는 서양 소묘, 판화, 삽화 필사본은 미국 최대의 컬렉션입니다. 소묘 컬렉션은 1880년 코넬리어스 밴더빌트가 메트로폴리탄 박물관에 유럽의 거장 작품 670점을 기증함으로써 시작되었으며 그 후 레오나르도 다빈치, 미켈란젤로, 렘브란트, 고야의 소묘 걸작품들이 추가되었습니다. 컬렉션은 지난 수십 년 동안 포괄적으로 확대되어 15세기부터 19세기에 활동했던 유럽 대가들의 작품을 소장하게 되었습니다. 소묘와 판화 컬렉션은 뒤러, 렘브란트, 반 다이크, 드가, 카사트의 판화를 포함하고 있으며, 현재 세계 최고의 백과사전적 판화 컬렉션 중 하나입니다. 또한 이 컬렉션은 장식, 건축 도면, 판화, 서적, 일시적인 기록물의 방대한 컬렉션, 각 시대별 중요한 인쇄판과 목판을 포함합니다. 총 120만 점 이상의 판화, 1만 6천 점의 소묘, 1만 2천 점의 삽화 필사본을 소장하고 있으며 연구자를 위한 스터디 룸이 구비되어 있습니다.

안드레아 만테냐

이탈리아, 1430/31–1506년경

바쿠스 축제와 포도주통

1475년경
판화, 29.8 × 43.8cm
매입, 로저스 기금, 찰스 엥겔하트 재단 기증, 그리고 엘리샤 위틀시 컬렉션, 엘리샤 위틀시 기금, 1986 (1986.1159)

르네상스의 거장 안드레아 만테냐는 뛰어난 구도의 판화를 제작하였습니다. 만테냐가 1470년대에 제작한 프리즈 조각풍의 〈바쿠스 축제와 포도주통〉은 짝을 이루는 작품인 〈바쿠스 축제와 실레노스〉와 함께 로마의 석관 구도에서 착안하였습니다. 사선, 지그재그 및 교차 해칭으로 묘사한 〈바쿠스 축제와 포도주통〉은 그때까지 이탈리아 판화에서 볼 수 없었던 중후한 음영 효과를 보여 줍니다. 다양하게 폭과 깊이의 변화를 표현하는 이러한 음영기법과 세련된 윤곽선은 당시의 펜화 기법을 만테냐가 능숙하게 반영했음을 알 수 있습니다.

레오나르도 다빈치

이탈리아, 1452 – 1519년

성모 마리아 두상

1508 – 12년
흑 초크, 목탄, 적 초크, 백 초크 흔적(?)
20.3 × 15.6cm
해리스 브리스베인 딕 기금
1951 (51.9)

시적이며 아름다운 이 소묘는 루브르 박물관 소장품인 레오나르도 다빈치의 회화 〈성 모자와 성 안나〉에 등장하는 성모의 두상을 위한 습작으로 추정합니다. 이 두 작품은 크기와 묘사에서 밀접한 유사점이 있습니다. 레오나르도 다빈치는 흑색과 적색 초크, 목탄 등 다양한 재료를 사용할 때 문질러서 부드러운 선을 그리며 그의 노트에 기록한 기법인 "연기 방식"(스푸마토)으로 미묘한 음영의 입체감을 표현하였습니다. 공기의 부드러운 표현, 형태의 미묘한 생동감, 빛과 그림자의 섬세한 농담 변화는 레오나르도 다빈치가 과학에 기초하여 광학적 현상을 깊이 이해하고 있었다는 것을 반영합니다.

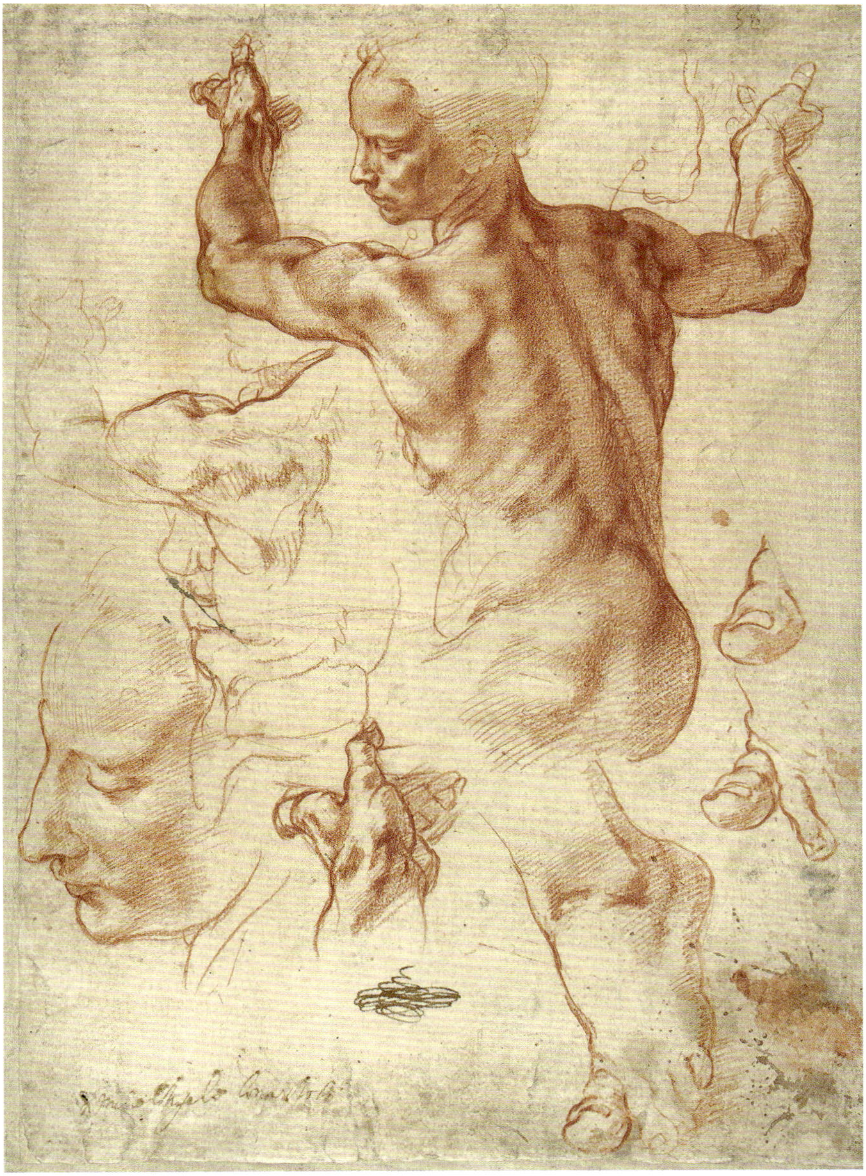

미켈란젤로 부오나로티

이탈리아, 1475–1564년

리비아 무녀를 위한 습작

1511년경
적 초크, 중심 인물상 왼쪽 어깨에 백 초크로 액센트
28.9 × 21.4cm
매입, 조지프 퓰리처 유증
1924 (24.197.2)

미켈란젤로의 완숙기 작품인 이 소묘는 남성 조수 또는 모델을 그린 것으로서 우아하게 몸을 돌린 근육질 인물의 머리, 상반신, 들어 올린 팔을 묘사하며 바티칸 궁전의 시스티나 성당 천장 프레스코화에 등장하는 이교도 여성 예언자인 리비아 무녀를 위한 습작입니다. 그 외 스케치는 세련된 얼굴 옆모습, 발 끝으로 도는 자세의 발가락, 프레스코화에서 무녀의 예언서를 들고 있는 손 등 세부 습작입니다. 그의 사후 유족이 소유했던 이 소묘는 미켈란젤로의 가장 중요하고 유명한 소묘 중 하나입니다.

알브레히트 뒤러

독일, 1471–1528년

멜랑콜리아 I

1514년
판화, 24.1 × 19.1cm
해리스 브리스베인 딕 기금, 1943 (43.106.1)

메트로폴리탄 박물관은 판화의 대가 알브레히트 뒤러의 판화를 500점 이상 소장하고 있습니다. 그의 가장 불가사의한 판화 중 한 점인 〈멜랑콜리아 I〉은 작가의 정신세계를 묘사하며 나아가 뒤러 자신의 정신적 자화상이라고 할 수 있습니다. 중세 철학에서 개인은 네 가지 기질에 의해 지배되며 그 중 우울한 기질은 가장 바람직하지 않으며 정신이상 가능성이 가장 높다고 간주되었습니다. 그러나 르네상스 시대에는 우울한 기질을 또한 창조적인 천재성과 결부시켰습니다. 이 판화에서 우울을 의인화한 날개 달린 인물은 윤척을 들고 있으며 그 외 그를 에워싸고 있는 도구들은 예술 창작의 기본인 7자유학과 중 한 과목인 기하학과 관련됩니다.

루카스 반라이덴

네덜란드, 1494–1533년경

그리스도의 탄생을 알리는 대천사 가브리엘

펜과 갈색 잉크, 흑 초크 흔적
21.1 × 16.5cm
레온 D.와 데브라 R. 블랙 기증 약속, 그리고 매입
릴라 애치슨 월러스 기증 및 2007년 자선 기금
2008 (2008.253)

네덜란드 최초의 거장으로 간주되는 루카스 반라이덴은 거의 전적으로 판화를 통해 국제적 명성을 얻었습니다. 이 소묘는 루카스의 진작으로 인정되는 채 30점이 안 되는 판화 중 한 점이며 메트로폴리탄 박물관의 루카스 소묘 소장품에 가장 최근에 추가되었습니다. 이 작품은 베를린 국립 판화 소묘 미술관에 소장되어 있는 크기와 기법이 유사한 소묘를 보완합니다. 베를린의 소묘는 대천사의 수태고지를 듣고 놀라 쳐다보는 성모를 묘사하고 있는데, 루카스의 소묘도 유사하게 인물의 기념비적인 특성과 풍부하고 미묘한 선의 조형, 빗금, 교차 빗금을 융합하였습니다.

우르스 그라프

스위스, 1485–1529/30년경

글라루스 주의 기를 들고 있는 용병

펜과 갈색 잉크
28.8 × 19cm
레온 D.와 데브라 R. 블랙 기증 약속, 그리고 매입, 해리스 브리스베인 딕 기금
2003 (2003.323)

스위스 연방 13개 주의 기수를 묘사한 연작 중 한 점인 이 소묘는 6세기에 이 지방을 기독교로 개종시킨 아일랜드의 수도사 성 프리돌리노의 초상이 그려진 글라루스 주의 기를 들고 있는 용병을 묘사하고 있습니다. 기의 중심을 차지한 성자는 살아있는 것처럼 보이지만 그의 온유한 표정은 기수의 힘찬 자세와 유행을 따른 화려한 의복과 대조됩니다. 자신도 용병 생활을 한 적이 있는 우르스 그라프가 많이 묘사한 특이한 제재는 그의 소묘의 활기 넘치는 서예 양식과 잘 어울립니다.

알브레히트 알트도르퍼

독일, 1480–1538년

두 그루의 가문비나무가 있는 풍경

동판화, 11.1 × 16.2cm
매입, 교환에 의한 할스톤 기증, 엘리샤 위틀시 컬렉션, 엘리샤 위틀시 기금, 그리고 파이퍼 기금 1993 (1993.1097)

알트도르퍼는 작은 동판의 제한된 공간에 거대한 산, 마을, 굽이쳐 흐르는 강, 전경을 압도하는 두 그루의 가문비나무가 있는 광활한 다뉴브 계곡을 표현하였습니다. 전통, 역사, 종교적 내용을 배제한 이 생생한 느낌의 판화는 서유럽에서 풍경을 배경이 아닌 주제로 다룬 최초의 판화였습니다. 알트도르퍼는 친밀하고 특이한 주제를 원했던 소수의 미술 애호가들을 위해 당시에는 희소했던 풍경을 묘사한 작품을 제작했던 것으로 보입니다. 이 동판화에 나타난 탁월한 즉흥적인 표현력과 자유로운 묘사력은 그의 수많은 풍경 소묘에서도 반복되는 요소입니다.

페테르 파울 루벤스

플랑드르, 1577–1640년

중국 전통 의상을 입은 예수회 수도사 니콜라스 트리고

1617년
연갈색 레이드 페이퍼에 흑, 적, 백 초크, 청색 파스텔, 펜과 갈색 잉크, 44.6 × 24.8cm
매입, 칼 셀덴 트러스트, 체어맨스 카운슬의 회원, 게일과 파커 길버트, 그리고 릴라 애치슨 월러스 기증, 1999 (1999.222)

이 훌륭한 의상 습작은 중국에 파견되었던 플랑드르 예수회 선교사 니콜라스 트리고의 감동적인 초상화이기도 합니다. 루벤스는 앤트워프의 예수회 대학과 친밀한 관계였으며 트리고가 선교 기금 모금 및 선교사를 모집하기 위해 앤트워프를 방문했을 때 이 초상화를 그렸습니다. 이 복장은 한국식 모자와 중국 학자의 예복을 결합한 것이며 중국 문화에 대한 동화와 일정한 거리를 인정하고 유지하려는 예수회의 바람을 나타냅니다. 루벤스는 예복의 재단, 질감, 무게를 아름답게 표현했을 뿐 아니라 라틴어로 색채를 기록하였습니다.

페리노 델 바가

이탈리아, 1501 – 1547년

유피테르와 유노: "푸르티 디 지오베" 태피스트리를 위한 습작

1532 – 35년경
회색 종이에 펜과 잉크, 갈색 담채, 백색 하이라이트
43.1 × 40cm, 매입, 소장품 구입 기금 및 아네트와 오스카 데 라 렌타 기증 2011 (2011.36)

라파엘로의 재능 있는 제자였던 페리노 델 바가는 16세기에 활동했던 가장 중요하고 영향력 있는 화가 중 한 명입니다. 이 정성들인 습작은 침대에 비스듬히 누워 있는 유피테르(주피터)와 유노(주노)를 보여 주며 유피테르의 밀회를 묘사한 〈푸르티 디 지오베〉라는 연작의 일부였지만 현재는 소실된 태피스트리를 위한 디자인이었습니다. 1520년대 말부터 1530년대까지 페리노가 보필했던 해군 영웅이며 제노바를 통치했던 안드레아 도리아가 이 작품의 제작을 의뢰하였습니다. 이 소묘의 대형 사이즈, 수준 높은 완성도, 잉크, 담채 그리고 백색 하이라이트의 풍부한 조합이 특히 뛰어나며 소묘에 능숙한 화가의 기량을 한껏 보여줍니다.

클로드 로랭(클로드 줄레)

프랑스, 1604/5? – 1682년

아하수에로 왕의 궁전에 다가서는 에스더 왕비

1658년
펜, 흑 초크 위에 갈색 잉크, 갈색 담채, 백색 하이라이트
30 × 44.4cm
매입, 아넨버그 재단 기증, 1997 (1997.156)

뛰어난 구도를 보이는 이 습작은 구약성서에 등장하는 페르시아 아하수에로 왕의 왕비 에스더의 이야기를 묘사합니다. 왕은 왕비가 유대인이라는 것을 모른 채 모든 유대인의 처형을 명하였습니다.에스터는 왕의 궁전에 가서 자비를 구하였습니다. 이 장면은 몽펠리에의 주교 프랑수아 부스케를 위한 선물로 제작되었을 것으로 추정합니다. 부스케는 이전에 로랭에게 지금은 뉴욕의 프릭 컬렉션에 소장된 〈산상수훈〉과 한 쌍을 이루는 작품을 의뢰하였습니다. 로랭의 작품에는 성서와 신화 주제를 묘사한 것이 많기는 하지만 그는 풍경화가였기 때문에 일반적으로 실내가 배경이 되는 자비를 구하는 에스더 주제를 환상적인 건물과 자연광이 충만한 가상의 풍경 속에 설정하였습니다.

렘브란트(렘브란트 반 라인)

네덜란드, 1606 – 1669년

십자가에 못 박힌 예수와 두 명의 도적: 세 개의 십자가

1653년
드라이포인트와 뷰린, 5단계 중 제1단계, 양피지에 인쇄
38.1 × 43.8cm
펠릭스 M. 바르부르크 가족 기증
1941 (41.1.31)

〈세 개의 십자가〉는 렘브란트의 가장 우수한 작품 중 하나이며 판화가로서 최고의 기량을 보여줍니다. 그는 동판 전체를 드라이포인트만으로 그렸기 때문에 금속 표면을 긁는 도구(드라이포인트 바늘)에 의해 생긴 거친 자리의 부드러운 부분을 활용할 수 있었습니다. 렘브란트는 독창적으로 동판에 잉크를 묻히고 다른 지지대에서 인쇄함으로써 매번 독특한 작품을 제작하였습니다. 이 작품에서 동판에 일부러 남겨둔 잉크는 오른쪽 십자가 아래의 인물들을 살짝 가리고 두터운 층은 화면 오른쪽 가장자리의 덤불을 희미하게 합니다. 양피지(동물 가죽) 위에 인쇄되어 구도에 따뜻한 빛이 들어갑니다. 양피지는 종이에 비해 흡수력이 낮기 때문에 표면에 잉크가 남게 되고, 이는 선을 부드럽게 하고 이미지를 풍성하게 합니다.

장 오노레 프라고나르

프랑스, 1732 – 1806년

숲 근처 모임

적 초크, 37.5 × 49.2cm
매입, 릴라 애치슨 월러스 기증, 1995 (1995.101)

회화적 특질과 적색 초크를 능숙하게 다루는 기량은 필시 이 작품이 옥외에서 습작으로 제작된 후 화실에서 완성된 독립 작품임을 암시합니다. 햇빛을 받고 잎이 무성한 다 자란 나무들이 숲으로 들어가는 그늘진 입구에 서 있습니다. 프라고나르는 특유의 크기를 과장하는 구도를 통해 절반은 그늘 속에 묻혀버린 우아한 인물 소그룹에 대한 절제된 묘사에 비해 생기 넘치는 숲의 활기와 번식력을 대조하여 표현하고 있습니다. 이 작품에서 네덜란드 풍경 화가, 특히 야콥 반 루이스달을 연상하게 하는 극적인 자연주의가 장 앙투안 바토의 회화 〈우아한 연회〉로부터 시작된 자연은 귀족의 유희 장소를 제공한다는 자연관과 결합되고 있습니다.

반대편 위의 작품

조지프 말러드 윌리엄 터너

영국, 1775 – 1851년

추크호

그래파이트 위에 수채, 29.8 × 46.6cm
마칸드 기금, 1959 (59.12)

이 수채화는 노바르의 휴 먼로(1797-1864)가 1843년에 제작을 의뢰하였으며 터너는 스위스 알프스에서 장기 여행 중 그렸던 스케치에 기초하여 완성하였고 후에 터너에 우호적이었던 비평가 존 러스킨(1819-1900)이 소유하였습니다. 전경에는 여인들이 요정처럼 목욕을 하고 있으며 원경의 추크 호반 마을 뒤 산 위로 태양이 떠오릅니다. 붓에서 수채물감의 물기를 조절하여 섬세하게 겹쳐 칠한 후 미묘한 긁어내기 기법에 의한 빛과 공기의 뛰어난 묘사는 터너의 수작에서 볼 수 있는 특징이며 이 기법을 통해 터너는 풍경화에 신화적인 분위기를 부여합니다.

카스파르 다비트 프리드리히

독일, 1774–1840년

양치기가 있는 뤼겐 섬의 동해안 풍경

1805–1806년
오프 화이트 오브 페이퍼에 세피아색 잉크, 백색 과슈, 그래파이트
61.6 × 99cm
매입, 체어맨스 카운슬 회원 기증 및 플레처 기금, 그리고 레온 D.와 데브라 R. 블랙의 기증 약속
2002 (2002.260)

카스파르 다비트 프리드리히는 1807년 회화를 시작하기 전 그 당시 제작된 풍경화 소묘 중 가장 매력적인 작품을 그렸습니다. 1805-1806년경 제작된 이 대형 소묘는 화가의 출생지에서 가까운 발트해 뤼겐 섬에서 그린 스케치에 기초하여 제작한 것입니다. 이 소박한 섬은 프리드리히의 걸작품에 영감을 주었으며 작품을 통해 그는 자연에 대한 세밀한 관찰과 당시 유행하던 낭만주의를 융합하였습니다. 광활한 자연을 응시하는 고독한 인물상은 그의 작품에 계속 등장하는 주제가 됩니다.

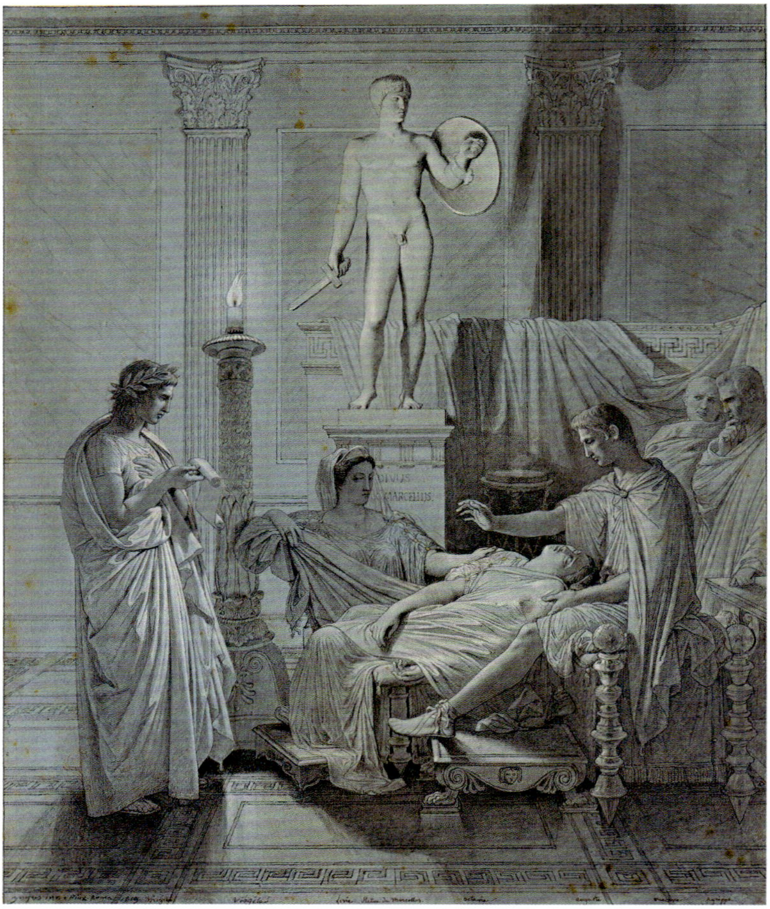

장 오귀스트 도미니크 앵그르

프랑스, 1780–1867년

아우구스투스, 리비아, 옥타비아에게 아이네이드를 읽어주는 베르길리우스

1809/19(?)년
청색 종이에 펜과 흑색 잉크, 그래파이트, 회색 담채, 백색 과슈 하이라이트, 콩테 크레용
38.1 × 32.3cm
매입, 로저스 기금 및 레온 D.와 데브라 R. 블랙의 기증 약속 2009 (2009.423)

앵그르는 당대의 가장 위대한 신고전주의 화가였습니다. 그는 고전 주제를 독자적으로 해석하여 고고학적 정확성과 신중하게 구성한 심리적 드라마와 결부시킵니다. 이 작품에서 시인 베르길리우스는 서사시 〈아이네이드〉를 로마 황제 아우구스투스, 황후 리비아, 황제의 여동생 옥타비아에게 읽어 줍니다. 베르길리우스가 "Tu Marcellus eris"(당신은 마르셀루스)라는 시구를 낭독할 때, 옥타비아는 실신하여 황제의 무릎으로 쓰러집니다. 마르셀루스는 그녀의 죽은 아들의 이름이며, 그의 나체 조각상은 이 밤의 장면을 압도하는 것처럼 벽에 유령 같은 그림자를 투사하고 있습니다. 이 소묘는 이탈리아에서 나폴레옹 1세를 섬겼던 미올리스 장군(1759-1828년)이 1811년 앵그르에게 제작을 의뢰한 회화와 연관이 있습니다.

고야(프란시스코 데 고야 이루시엔테스)

스페인, 1746–1828년

거인

1818년
애쿼틴트, 2단계 중 제1단계, 28.5 × 21cm
해리스 브리스베인 딕 기금, 1935 (35.42)

이 희귀한 판화는 지구의 끝에 앉아 있는 신비로운 거인을 묘사하며 고야의 작품 중 가장 이상하고 오래 기억되는 이미지의 하나입니다. 가느다란 은색 초승달만 걸려 있는 밤하늘을 어깨너머로 보고 있는 이 고독한 괴물은 연민의 감정과 불안감을 동시에 불러일으킵니다. 고야는 메조틴트 판화와 비슷한 기법으로 사전에 입자가 거친 색을 칠해 거칠게 만든 금속을 긁어서 하이라이트를 주었습니다. 그 결과, 고야가 말년에 마드리드 근교 자택 벽에 묘사한 소위 검은 회화(Balck Paintings)에 가까운 불길하고 어두운 이미지가 표현되었습니다.

제임스 맥닐 휘슬러

미국, 1834–1903년

출입구, 12점의 에칭 연작, 베니스로부터

에칭과 드라이포인트, 7단계 중 제6단계
29.2 × 20cm
해리스 브리스베인 딕 기금
1917 (17.3.90)

휘슬러는 1879년부터 1880년까지 베니스를 방문하던 중 런던 파인 아트 협회의 의뢰를 받아 12점의 연작 중 하나인 이 판화를 제작하였습니다. 그는 신중하게 선을 에칭한 후 드라이포인트로 강조했으며, 2색 인쇄를 하였습니다. 흑색 잉크는 리오 데 라 파바라는 운하에 접한 구소니 궁전의 호화롭게 장식된 출입구를 묘사하기 위해 사용되었습니다. 갈색 잉크는 선이 거의 없는 부분에 모노타이프 방식으로 표현되어 전경의 덧없는 물의 흐름과 계단 뒤 어스름한 공방 내 분위기 있는 빛의 반사를 묘사합니다.

빈센트 반 고흐

네덜란드, 1853–1890년

정신병원의 복도

1889년 9월
분홍색 레이드("앵그르") 페이퍼, 흑 초크에 유화와 에센스
65.1 × 49.1cm
애비 올드리치 록펠러 유증, 1948 (48.190.2)

프랑스 생레미에 있는 정신병원의 복도가 원근법에 따라 원경으로 급격하게 멀어지고 있으며 중경에는 작은 남성이 문으로 들어가는 것을 묘사하고 있는 이 작품은 반 고흐가 1889년 5월부터 사망하기 직전인 1890년 5월까지 1년간 머물렀던 병동을 그린 작품 중 가장 인상적인 작품입니다. 고흐는 이 대형 채색 소묘 작품을 그의 남동생 테오에게 보내 자신이 머물던 병동의 모습을 보여 주었습니다. 굵은 평행선으로 채색한 밝은 산성색은 반복적인 진동을 일으키며 급격하게 물러나는 원근법은 인물에게 조여드는 죔틀을 암시합니다.

조르주 쇠라

프랑스, 1859 – 1891년

아만 장의 초상화

1882 – 83년
미살렛 종이에 콩테 크레용, 62.2 × 47.5cm
스티븐 C. 클라크 유증, 1960 (61.101.16)

쇠라가 자신의 친구이며 화가인 에드몬드 프랑수아 아만 장(1860-1936)을 그린 습작은 19세기 초상화 소묘 중 걸작품입니다. 아만 장과 쇠라는 파리에서 함께 회화를 공부했으며 1879년에는 스튜디오를 공유하였습니다. 이 초상화는 1883년 파리 살롱전에 전시되었으며 당시 23세가 된 쇠라가 처음으로 일반에 공개했던 작품입니다. 질감이 거친 종이에 콩테 크레용을 사용하는 쇠라 특유의 기법은 작품에 광휘와 명암의 조화를 주고 고전적인 균형감을 유지하는 포즈의 옆모습은 시대를 초월하여 영원히 지속되는 미적 특질을 부여합니다.

앤디 워홀

미국, 1928 – 1987년

메릴린

1967년
스크린 인쇄, 15.2 × 15.2cm
애트나 실크스크린.프로덕트사(뉴욕) 인쇄, 팩토리 애디션(뉴욕) 출판
팩토리 애디션 기증, 1967 (67.855)

소형이지만 강렬한 인상을 주는 이 메릴린 먼로 프린트는 10매의 대형 스크린 프린트 포트폴리오인 워홀의 〈메릴린〉 출판을 발표하는 전단으로 우송되었습니다. 이 프린트에서 워홀은 1953년 영화 〈나이아가라 〉의 메릴린 광고 사진을 변형시켜 여배우의 얼굴을 형광색으로 인쇄하였습니다. 포트폴리오의 각 작품은 상업용 스크린 인쇄 기법을 통해 여러 다른 색채들이 중첩되며 워홀은 스크린 인쇄 기술을 더욱 변형하여 인쇄판을 어긋나게 배치하고 작품을 대량으로 인쇄하였습니다. 워홀은 상업적 방식을 수용하여 메릴린의 이미지를 접근할 수 없는 섹스 여신의 이미지로부터 적정한 가격으로 누구나 구입할 수 있는 소비 상품으로 변화시켰습니다.

유럽 회화

세계적인 명성의 메트로폴리탄 박물관 유럽 회화 소장품은 13세기부터 19세기까지, 조토에서 고갱에 이르는 미술 작품을 망라하고 있습니다. 얀 반 에이크와 카라바조, 드가와 같은 다양한 화가들의 수많은 걸작뿐 아니라, 프란스 할스와 렘브란트, 베르메르의 걸출한 작품을 비롯해 서반구에서 가장 방대한 17세기 네덜란드 미술 소장품을 보유하고 있습니다. 또한 박물관이 소장한 엘 그레코와 고야의 작품들은 스페인을 제외하면 가장 훌륭한 것들이며, 신고전주의에서 후기인상주의까지 프랑스 회화 소장품 역시 파리에 버금가는 것으로 평가됩니다. 이러한 소장품의 역사는 박물관이 설립된 1870년으로 거슬러 올라갑니다. 당시 박물관은 세 명의 개인 기증자에게서 174점의 회화를 확보했습니다. 이후 공공심이 있는 소장가들의 수많은 기부와 유증으로 박물관 소장품은 더욱 풍부해졌습니다. 최근 몇 년 동안 박물관 자체 구입과 기증으로 주목할 만한 17세기 이탈리아 회화 소장품을 구축했고 풍부한 외광파 회화 작품으로 인상파 소장품을 더욱 보강했습니다. 이 새로운 작품들의 보강은 과거 유산에 대한 우리의 생각이 끊임없이 발전함을 반영합니다.

두초 디부오닌세냐

이탈리아, 활동기 1278–1318년

성모자상

1300년경
목판에 템페라 및 금: 총 27.9 × 21cm
색칠된 표면 23.8 × 16.5cm
매입, 로저스 기금, 월터와 레오노르 아넨버그 및 아넨버그 재단 기증, 릴라 애치슨 월러스 기증, 애넷 드 라 렌타 기증 해리스 브리스베인 딕, 플레처, 루이 V. 벨, 및 다지 기금 조지프 퓰리처 유증, 복수의 회장위원회 일원 기증, 일레인 L. 로젠버그 및 스티븐슨 가문 개단 기증, 2003년도 자선 기금 여러 기증자로부터의 기증 및 기금, 2004 (2004.442)

시에나의 대가 두초의 이 정교한 작품은 성모자상을 현실적으로 묘사한 그림이며 서양미술의 변모 순간을 나타내고 있습니다. 두초는 미술이 신성한 존재의 상징적 그림이어야 한다는 비잔틴식 사고에서 벗어나 새로운 인간미를 묘사한 그림을 통해 어머니와 아이 간의 심리적 관계를 탐구합니다. 이 그림 도안의 초기 예 중에서도 이 흉벽은 감상자의 현실적 세상과 그림의 가상적 세계를 연결해 줍니다. 원래 액자에는 작품 앞에 켜둔 종교의식용 촛불로 인해 탄 자국이 남아 있습니다.

조토 디본도네

이탈리아인, 1266/76–1337년

예수 공현

1320년 추정
목판에 템페라, 배경에 금, 45.1 × 43.8cm
존 스튜어트 케네디 기금, 1911 (11.126.1)

이탈리아에서 시각 예술계의 영향력 있는 인물이었던 조토는 사후에도 그 명성이 거의 도전받지 않고 남게 되었습니다. 그의 예술은 지금까지 회화와 연관되지 않은 지적 차별의 특성을 보여줍니다. 아기 예수와 동방박사들을 표현한 이 패널화는 그리스도의 생애 장면 시리즈 중 하나로, 다른 여섯 개가 알려졌으며, 세심하게 묘사된 공간 내에서 자유롭게 이동하는 인물들의 모습으로 유명합니다. 말구유에서 아이를 꺼내려고 손을 뻗는 왕의 모습과 성모의 우려하는 표정 또한 이에 못지않게 유명합니다.

피에트로 로렌체티

이탈리아, 활동기 1320–44년

예수 책형

1340년대
목판에 템페라 및 금박; 총 41.9 × 31.8cm
색칠된 표면 35.9 × 25.7cm
매입, 릴라 애치슨 월리스 기증 및 귄 앤드루스 기금, 2002 (2002.436)

독특하고 인상적인 강렬함과 묘사를 담은 이 패널화는 알려진 다른 한 판과 함께 이동식 제단화에 속합니다. 시에나의 두초 밑에서 훈련을 받은 피에트로 로렌체티는 동생 암부로조처럼 이탈리아 예술의 진정한 혁신자 중 한 명입니다. 드라마틱한 화법에 강조를 둔 이 패널화는 화가의 상상의 범위를 충분히 증명해줍니다. 신앙적 보조용 그림이지만 기절하는 성모에서부터 도둑 중 한 명의 다리를 부러뜨리려 하는 힘이 넘치는 인물에 이르기까지 모든 세밀한 표현은 피에트로가 성서 주제를 인간미로 물들게 할 수 있는 능력이 있음을 증명합니다.

얀 반 에이크

및 공방 조수
네덜란드, 1390–1441년

예수 책형 및 최후의 심판

1430년경
목재에서 옮긴 캔버스 유채, 각기 56.5 × 19.7cm
플레처 기금, 1933 (33.92ab)

최후의 심판과 인류를 구원하기 위한 그리스도의 희생을 병렬한 이 그림은 15세기 유럽에서 가장 유명한 화가였던 브뤼주 화가 얀 반 에이크의 후기 작품입니다. 〈예수 책형〉은 멀리서 바라 본 것처럼 표현합니다. 반대로, 〈최후의 심판〉은 성미술처럼 세 가지 층으로 정리하였는데, 인물들의 상대적 중요성을 나타내기 위한 계층 구조로 되어 있습니다. 원래의 액자틀에 새겨진 문구는 정해진 형식으로서 놀라울 만큼 정확히 그림을 표현하는데, 이를 통해 단어와 그림 간의 역할을 명확히 하고 있습니다. 〈최후의 심판〉의 상반에서 일부는 조수에 의해 채색되었습니다.

페트루스 크리스투스

네덜란드, 활동기 1444–75/76년

카르토지오회 수도사의 초상화

1446년
목판에 유채: 총 29.2 × 21.6cm
색칠된 표면 29.2 × 18.7cm
쥘 배쉬 컬렉션, 1949 (49.7.19)

페트루스 크리스투스는 1441년 얀 반 에이크의 사망 이후 수년간 주요한 브뤼주 화가였습니다. 아마 틀림없이 그의 업적의 최고 작품 중 하나이며 초기 작품인 이 초상화에서 크리스투스는 통상적인 초상화의 평면적 중립 배경을 벗어나 그의 모델이 암시된 방 구석에 있는 것으로 묘사했습니다. 밑틀에 새김이 있는, 파리가 잠깐 앉아 있는 듯한 눈속임 그림인 트롱프뢰유 액자는 극사실화 효과를 향상시켜줍니다.

프라 필리포 리피

이탈리아, 1406–1469년경

창가에 있는 남자와 여자 초상

1440년경
목재 템페라화, 64.1 × 41.9cm
마퀀드 컬렉션, 헨리 G. 마퀀드 기증
1889 (89.15.19)

이 작품은 그 당시 훌륭한 피렌체 초상화 중 하나로서 초기 잔존 이탈리아 이중 초상화이기도 하며 가택을 배경으로 한 초상화의 초기 일례입니다. 이 두 인물의 약혼 또는 결혼을 기념하기 위한 것이었을 수 있습니다. 릴트[a](충성)라는 단어는 여인의 왼손목 적색 의상 소매에 수놓은 것처럼 묘사되었습니다. 여인은 호화로운 의상에 신부의 보석으로 치장하였습니다. 배경에 묘사된 건물과 정원을 비롯해 정성 들여 그린 의상과 보석은 가문의 소유품을 나타낸 것일 수 있습니다.

안드레아 만테냐

이탈리아, 1430/31–1506년

목동들의 경배

1450년 직후
목재에서 옮겨온 캔버스상 템페라
총 40 × 55.6cm, 색칠된 표면 37.8 × 53.3cm
매입, 익명인 기증
1932 (32.130.2)

이탈리아 회화의 천재 중 한 명인 만테냐가 20대 초반에 이 작품을 만들었는데 서술적 내용에 대한 그의 놀라운 재능의 온전한 발달을 보여줍니다. 바위 투성이 전경에 있는 틈에서 화초 새싹이 올라오고 강 표면이 부두에 부딪혀서 물결칩니다. 그림의 주제가 전통적이긴 하지만 만테냐가 이러한 내용들을 도입한 방식은 그의 예술적 업적에 탁월성을 부여합니다. 등장 인물들의 표현은 당대의 궁정 인문주의자로서의 그의 사상에 대한 반응으로 보여집니다. 조경의 세심한 묘사는 만테냐의 네덜란드 회화에 대한 흠모를 반영하는 것으로 생각됩니다.

한스 멤링

네덜란드인, 활동기 1465–94년

톰마소 디폴코 포르티나리(1428년–1501년)와 마리아 포르티나리(마리아 막달레나 바론첼리, 1456년 출생)

1470년 추정, 목판에 유채; 톰마소, 총 44.1 × 33.7cm, 색칠된 표면 42.2 × 31.8cm; 마리아, 총 44.1 × 34cm, 색칠된 표면 42.2 × 32.1cm
벤저민 올트먼 유증, 1913 (14.40.626–27)

한스 멤링은 1465년부터 그가 사망한 1494년까지 브뤼주에서 선도적인 화가였습니다. 이러한 초상화들은 1465년부터 1478년까지 메디치 은행지점을 관리했던 브뤼주에 있는 대형 이탈리아 상인 사회의 일원인 톰마소와 마리아 포르티나리를 묘사하고 있습니다. 북부 르네상스 미술의 걸작 가운데 하나인 이 초상화들은 아마 마리아가 약 14세였고 톰마소가 42세였을 1470년에 이 커플의 결혼 때 의뢰된 것일 수 있습니다. 이 그림들은 원래 성모와 아기예수의 기념상 옆에서 이동식 3연작을 형성했습니다.

로히르 반 데르 바이덴

네덜란드, 1399–1464년경

프란체스코 데스테 (1430경 출생, 1475년 이후 사망)

1460년경
목판에 유채, 총 31.8 × 22.2cm
색칠된 표면, 각 측면 29.8 × 20.3cm
프리드샘 컬렉션, 마이클 프리드샘 유증, 1931(32.100.43)

로히르 반 데르 바이덴은 초상화가로서 많은 인기를 끌었습니다. 이 초상화의 주제는 페라라 통치자의 사생아 프란체스코 데스테로 그는 교육 및 군사 훈련을 위해 네덜란드로 보내졌습니다. 그의 초상화는 1460년경에 브뤼셀에서 로히르에 의해 그려졌습니다. 그가 쥐고 있는 망치와 반지는 창시합상이거나 권위의 상징일 수 있습니다.

조반니 벨리니

이탈리아(베네치아 태생), 활동기 1459–1516년

성모자상

1480년대 후반
목판에 유채, 88.9 × 71.1cm
로저스 기금, 1908 (08.183.1)

아버지 자코포와 형 젠틸레 등으로 잘 알려진 미술가 집안에서 태어난 조반니 벨리니는 일생 동안 베니치아 미술가들 사이에서 명성을 떨쳤습니다. 그의 소규모 신앙적 패널화는 종교적 경건과 자연주의 및 초기 르네상스의 미학을 조합하는 그의 능력이 증명해줍니다. 이례적으로, 인물들 뒤에 있는 천은 옆으로 당겨져 있어 조르조네와 티치아노의 작품을 예상케 하는 빛과 대기의 먼 배경을 나타내고 있습니다. 배경은 감상자로 하여금 불모의 전경에서 번성하는 배경으로 이동하게 하며 죽음에서 부활을 암시합니다.

보티첼리(알레산드로 디 마리아노 필리페피)

이탈리아, 1444/45-1510년

성 제롬의 마지막 성찬

1490년대 초반
목판에 템페라 및 금, 34.3 × 25.4cm
벤저민 올트만 유증, 1913 (14.40.642)

필리포 리피를 교육시킨 보티첼리는 아마 초기 르네상스의 가장 잘 알려진 화가일 것입니다. 이 작품은 베들레헴 근처에서 성 제롬이 형제의 부축을 받으며 사망하는 장면을 묘사하고 있습니다. 이 그림은 극단적인 설교자 사보나롤라의 지지자였던 피렌체 양모 상인 프란체스코 델 풀리에세를 위해 그려졌는데 깊은 신앙적 내용이 그를 이 주제에 관심 갖게 했을 것입니다. 특별히 고급스런 액자는 줄리아노 다 마이아노의 공방에서 조각되었으며 채색된 초승달 보루는 보티첼리와 때때로 함께 작업했던 바르톨로메오 디 조반니의 솜씨입니다.

피에로 디 코시모(피에로 디 로렌조 디 피에로 단토니오)

이탈리아, 1462–1522년

사냥 장면

1485–1500년경
메이소나이트로 옮겨진 템페라 및 유채
70.5 × 169.5cm
로버트 고든 기증, 1875 (75.7.2)

인간과 사티로스들이 사자, 곰 및 기타 동물들을 사냥하는 장면을 보여주는 이 놀라운 그림은 가장 독특한 르네상스 작품들 중 하나입니다. 로마 작가 루크레티우스와 비트루비우스의 작품에 영감을 받은 시리즈에 속하는 것으로 여겨지고 있으며 원시 인간의 삶에 대한 상상을 유발하는 작품 중 하나입니다. 루크레티우스는 원시 인간들이 어떻게 야생 동물처럼 살았는지를 나타냈습니다. 이 그림에는 휘둘러지는 거친 곤봉과 먼 발치에서 산불로부터 도망치는 동물들이 묘사되어 있습니다.

필리피노 리피

이탈리아, 1457–1504년경

성모자상

1485년경
목판에 템페라, 유채 및 금, 81.3 × 59.7cm
쥘 바쉬 컬렉션
1949 (49.7.10)

가장 재능 있고 성공한 피렌체 화가들 중 한 명으로 꼽히는 필리피노 리피는 처음에 그의 아버지 프라 필리포 리피의 교육을 받았으며 나중에 보티첼리 공방에 들어가게 되었습니다. 그의 스타일은 이 두 거장들의 영감을 받은 것입니다. 이 그림은 왼쪽에 있는 외랑을 통한 경치와 그림자를 드리우는 촛대의 정물화를 볼 때 플랑드르 회화의 영향을 나타내고 있습니다. 그림의 밝은 색상(특히 값비싼 군청색으로 칠한 성모 마리아의 망토)은 아마도 후원자 필리포 스트로치의 요청이었을 것입니다.

한스 발둥 그리엔(한스 발둥)

독일, 1484/85–1545년

밧모 섬에 있는 성 요한

1511년경
목판에 유채; 총 89.5 × 76.8cm
색칠된 표면 87.3 × 75.6cm
매입, 로저스 및 플레처 기금. 빈센트 애스터 재단, 딜런 기금, 찰스 엥겔하드 재단, 로렌스 A. 플라이쉬만, 헨리 J. 하인즈 2세 부인, 월러드 T. C. 존슨 재단, 릴라이언스 그룹 홀딩스사, 바론 H. H. 티센 - 보르네미서, 그리고 찰스 라이츠먼 부부 기증. 조지프 퓰리처 유증. 특별 기금. 교환을 통한 기타 기증 및 유증, 1983 (1983.451)

화가, 판화 제작자 그리고 뛰어난 독창성을 지닌 스테인드글라스 디자이너인 발둥은 변호사 및 의사 가문에서 태어났습니다. 그는 18세가 되었을때 뉘른베르크에 있는 뒤러 공방에 들어갔습니다. 원래 3연작의 한 부분인 이 패널화는 밧모 섬 위에서 묵시록을 쓰고 있는 성 요한을 나타내며 독수리는 그의 상징입니다. 제단화는 스트라스부르 근처 그루넨 워쓰에 있는 예루살렘의 성 요한 수도회가 의뢰하였으며 발둥이 뒤러 공방을 떠난 후 5년 정도인 1510–11년경의 기록에 언급되어 있습니다.

비토레 카르파초

이탈리아, 1455–1523/26년경

수난에 대한 명상

1480–1510년경
목판에 유채 및 템페라, 70.5 × 86.7cm
존 스튜어트 케네디 기금
1911 (11.118)

카르파초는 베니스에서 유명한 서사적 회화 이외에도 정교한 상징을 사용한 수 많은 신앙적 그림들을 그렸습니다. 이 작품은 가장 인상적인 것 중 하나입니다. 오른편에 욥이 앉아 있는 돌에 히브리어로 "내 구세주가 살아계심을 난 아노라"라는 구절이 새겨져 있습니다. 왼편에 은둔자로 묘사된 성 제롬은 이 성경구절이 그림 속의 부서진 왕좌 밑에 가시관이 있고 왕좌 위에 죽은 몸을 하고 있는 그리스도의 부활을 가리킨다고 해석했습니다. 왼쪽은 황야이고 오른쪽은 전원인 풍경은 또한 삶과 죽음의 대조적 테마를 암시합니다.

헤라르트 다비드

네덜란드, 1455–1523년경

이집트로 도피 중 휴식

1512–15년경
목판에 유채, 50.8 × 43.2cm, 쥘 바쉬 컬렉션, 1949 (49.7.21)

네덜란드 회화에서 가장 인기 있는 테마 중 하나를 대표하는 이 작품은 감상자가 상대방의 입장이 되어 참여하지 않으면 안 되는 연속적인 이야기를 제안합니다. 배경에는 왼쪽 골짜기에 자리 잡은 현대 마을로 가는 길로 들어서기 위해 숲에서 나오는 거룩한 가족의 삽화가 있습니다. 다비드의 이탈리아 르네상스 화법에 대한 새로운 인식은 성모 마리아와 아기 예수의 피라미드 구도와 몸체의 볼륨을 전달하기 위한 명암법 사용에서 명백하게 드러납니다.

요아힘 파티니르

네덜란드, 활동기 1515–24년

성 제롬의 회개

1518년경
목판에 유채, 중앙 패널, 액자를 포함해 총 117.5 × 81.3cm
각 날개, 액자를 포함해 총 120.7 × 35.6cm, 플레처 기금
1936 (36.14a–c)

유럽 풍경화 역사의 이정표인 이 3연작은 남부 독일에 있는 교회를 위해 만들어졌을 것입니다. 파티니르는 배경에 비해 인물들을 보통보다 더 크게 그렸습니다. 왼쪽에서 오른쪽으로, 요단 강에서 그리스도에게 세례를 주고 있는 사도 성 요한, 성 제롬, 은둔자 성 안토니오와 그를 공격했던 괴물들이 거대하고 화려한 전경의 앞쪽에 배치되어 있어 감상자로 하여금 순례하듯이 시각적 여정을 가도록 유도합니다.

알브레히트 뒤러

독일, 1471–1528년

성 안나와 함께 있는 성모자

1519년 추정
목판에 유채, 60 × 49.8cm, 벤저민 올트먼 유증
1913 (14.40.633)

뒤러가 베니스에 묵을 때 동경하는 베네치아 화가 조반니 벨리니의 예술이 잠자고 있는 그리스도를 흠모하는 성모에 대한 영감을 주었을 것입니다. 바라보고 있는 인물은 독일에서 특히 총애를 받는 성모 마리아의 어머니 성 안나입니다. 성 안나의 모델은 뒤러의 아내 아그네스입니다. 이 그림은 개인적 신앙을 위한 것이었습니다.

로레조 로토

이탈리아, 1480–1556년경

비너스와 큐피드

1520년대 중반
캔버스에 유채, 92.4 × 111.4cm
매입, 마리에타 트리를 기리는 찰스 라이츠먼 부인 기증
1986 (1986.138)

베네치아 르네상스의 가장 이례적인 천재가 만든 이 그림의 테마는 고전 혼인시의 영감을 받았으며 거의 분명히 혼인을 기념하기 위해 그려졌습니다. 사실상, 비너스는 신부의 초상화일 수 있습니다. 비너스 머리 위의 조개와 무릎 위에 있는 장미 꽃잎은 여신의 전통적인 상징입니다. 덩굴은 부부의 정절을 상징하며 도금양 화환과 거기에 달려 있는 화로는 신혼 부부 방의 장식들입니다. 비너스는 16세기 신부의 귀걸이와 관을 쓰고 있습니다.
도금양 화환을 통해 오줌을 누는 큐피드의 행동은 다산의 전조이며 이 아주 사적인 그림에 쾌활한 재치의 분위기를 더해 줍니다.

브론치노(아그놀로 디 코시모 디 마리아노)

이탈리아, 1503–1572년

젊은 남자의 초상

1530년대, 목판에 유채, 95.6 × 74.9cm
H. O. 하브마이어 컬렉션, H. O. 하브마이어 부인 유증, 1929
(29.100.16)

피렌체에서 그려진 이 그림은 브론치노의 가장 매력적인 작품 중 하나입니다. 모델이 누구인지는 알려지지 않았지만 화가의 모델로 활동한 역사가 베네데토 바르키와 시인 로라 배티페리를 포함한 브론치노의 절친한 문학 친구들 중 한 명이었을 것입니다. 브론치노 자신도 진지한 시구절과 상스러운 시구절을 지었습니다. 이 그림 속에 있는 몇 가지 공상적이고 위트 있는 효과(예를 들면, 탁자와 의자에 새겨진 괴상한 머리와 젊은이의 반바지 주름에 의해 형성된 가면 같은 얼굴)는 인물 묘사와 자기 표현에 대한 아이러니한 논평으로서 문학 서클에서 높이 인정받았을 것입니다.

안드레아 델 사르토
(안드레아 다뇰로)

이탈리아인, 1486–1530년

어린 성 세례 요한과 성 가족(聖家族)

1530년경, 목판에 유채, 135.9 × 100.6cm
마리아 드윗 제섭 기금, 1922 (22.75)

사르토의 스타일이 명확히 정의된 공간 내 자연스럽게 균형 있는 인물들의 조화를 포함한 르네상스의 예술적 이념을 바탕으로 한 것이었지만 그의 표현력이 풍부한 색상의 사용과 더불어 다양하고 복잡한 포즈는 마니에리즘 화가 1세들에게 감동을 주었습니다. 이 웅장하고 많이 모방되는 작품은 피렌체의 성 세례 요한에 대한 충성이 그리스도로 이전됨을 의미하는 것으로 해석됩니다. 사르토는 "결함 없는 화가"로 알려졌는데 이런 평판은 등장 인물들, 몸짓의 고귀함과 복잡함, 호화로운 색상의 사용에 있어서 그의 명인다운 표현으로 완전히 명백합니다.

루카스 크라나흐(父)

독일, 1472–1553년

파리스의 심판

1528년경 추정, 목판에 유채, 101.9 × 71.1cm
로저스 기금, 1928 (28.221)

미술가 집안에서 태어난 루카스 크라나흐는 비텐베르크에 있는 작센의 선제후를 위해 일하는 저명한 궁정 화가가 되었습니다. 루카스 크라나흐가 세 명의 여신(미네르바, 비너스 및 주노) 중 누가 가장 아름다운지를 심사숙고하는 파리스를 묘사한 그림입니다. 위에서 큐비드가 화살을 비너스에게 겨냥하고 있는 도중, 머큐리는 탐나는 상으로 황금사과(여기에 유리 구(球)로 표현됨)를 들고 근처에 서 있습니다. 이 신화는 원숙한 크라나흐와 그의 궁정 고객들에게 인기 있는 주제였습니다. 이 작품과 아주 흡사한 바젤미술관에 전시되어 있는 작품은 대략 1528년경에 그려졌습니다.

티치아노(티치아노 베첼리오)

이탈리아, 1485년/90–1576년

비너스와 아도니스

1560년대, 캔버스에 유채, 106.7 × 133.4cm
질 바쉬 컬렉션, 1949 (49.7.16)

베네치아 르네상스에서 가장 위대한 화가인 티치아노는 오비드의 〈메타모르포세스〉에서의 이 장면을 두 가지 버전으로 만들었는데, 하나는 스페인 필리페 2세를 위한 것이었고 다른 하나는 로마의 파르네세 가문을 위한 것으로 파르네세 버전은 현재 분실된 상태입니다. 비너스 여신이 그녀의 인간 연인 아도니스에게 사냥을 떠나지 말라고 붙잡지만 그 노력은 수포로 돌아갔습니다. 장난스러운 관능의 분위기는 아도니스가 멧돼지를 사냥하다가 죽게 될 운명인 비극적 아이러니를 감춥니다. 이 화가의 후기 업적 중 가장 유력한 작품들은 고대신화의 관능 및 잔인함과 대립됩니다.

한스 홀바인 2세

독일, 1497/98–1543년

베디흐 가문 일원의 초상화. 헤르만 베디흐 추정(사망 1560년)

1532년, 목판에 유채, 42.2 × 32.4cm
맨 밑에 추가된 스트립 1.3cm
에드워드 S. 하크네스 유증, 1940 (50.135.4)

쾰른의 베디흐 가문의 문장을 표시한 반지를 낀 모델은 런던 스틸야드 무역회사 일원인 헤르만 폰 베디흐 3세로 추정됩니다. 소형 신앙서적에 끼워 둔 종이에는 테렌스가 지은 로마 희극 〈안드로스의 여인〉에서 인용한 "진실은 증오를 낳는다"라는 문구가 적혀 있습니다. 이러한 글은 책자 내용에 대한 참고 역할을 했을 수 있으며 모델의 개인적 좌우명이었을 것으로 추정됩니다.

피터르 브뤼헐(父)

네덜란드, 1525–1569년경

추수하는 사람들

1565년, 목판에 유채; 맨 위, 맨 아래, 그리고 오른쪽에 추가된 스트립을 포함해 총, 119 × 162cm
원래 색칠된 표면 116.5 × 159.5cm
로저스 기금, 1919 (19.164)

이 그림은 8월과 9월에 추수하는 모습을 묘사하고 있습니다. 먼 발치에 있는 인물들은 즐거운 시간을 보내고 있고 배들이 항구에서 떠나고 있는 동안 일꾼들이 나무 그늘 아래에서 점심시간의 휴식을 취하고 있습니다. 브뤼헐은 자연을 다루는 데서 놀라운 민감성을 발휘하여 서양미술사에 중요한 분기점을 만들었는데 바로 신인문주의가 유행하면서 풍경화를 그리기 위한 종교적 구실이 억제된 것입니다. 브뤼헐의 지방 풍경 묘사는 이상화된 것이 아니라 자연과 인간 활동의 관찰을 바탕으로 한 것입니다. 작품 속 나머지 부분에 걸친 파노라마의 광대함은 브뤼헐이 그해 계절을 나타내는 일꾼들을 강조하는 것이 아니라 풍경 자체의 분위기와 변화를 나타냄을 알 수 있습니다. 그해의 시기를 나타내는 여섯 개로 구성된 한 시리즈의 일부분인 이 작품은 안트베르펜 상인 니클라스 용겔링크가 의뢰하였습니다.

파올로 베로네세(파올로 칼리아리)

이탈리아, 1528–1588년

사랑으로 맺어진 마르스와 비너스

1570년대, 캔버스에 유채, 205.7 × 161cm
존 스튜어트 케네디 기금, 1910 (10.189)

큐피드가 마르스(전쟁의 신)와 비너스를 사랑의 매듭으로 묶는 이 그림은 비너스의 유방에서 흐르는 우유와 마르스의 말을 밧줄로 매는 것에서 전달되듯이 사랑의 양육 및 문명화 효과를 경축합니다. 17세기 초에 이 그림은 프라하의 신성 로마 황제 루돌프 2세의 컬렉션에 속한 이 화가가 그린 다른 신화 및 우화 배경화들 근처에 걸려 있었습니다. 이 작품은 베로네세의 가장 유명한 그림 중 하나로서 그의 명성이 극치에 달했을 때 만들어졌습니다. 이 베네치아 화가는 빛과 색상의 최대 거장 중 한 명이었으며 그의 업적은 안니발레 카라치와 벨라스케스에서 티에폴로에 이르기까지 후대 예술가들에게 지속적인 영향을 미쳤습니다.

안니발레 카라치

이탈리아, 1560–1609년

성모의 대관

1595년 이후, 캔버스에 유채, 117.8 × 141.3cm
매입, 교환에 의한 애들레리드 밀튼 드 그루트 양 (1876–1967년) 유증, 그리고 사라 포터 부인을 기념하는 마누엘 포터 박사 및 부인 외 아들 기증, 1971 (1971.155)

안니발레 카라치는 카라바조와 더불어 17세기 이탈리아에서 가장 영향력있는 화가 중 한 명이었습니다. 이 중추적인 작품은 1595년에 안니발레가 로마에 도착한 지 얼마 안 되었을 때 피에트로 알도브란디니 추기경을 위해 그려졌으며 1800년까지 알도브란디니의 컬렉션에 남아 있었습니다. 안니발레는 그림 속에 이탈리아 미술의 두 가지 흐름(빛과 색상의 효과에 대한 북이탈리아의 민감성과 하이 르네상스와 연관된 조심스런 공간 정리 및 이상화된 인물 유형)을 한데 모았습니다. 안니발레는 이 작품을 통해 17세기의 고전주의를 재정의하기 시작했습니다.

엘 그레코(도메니코스 테오토코풀로스)

그리스, 이탈리아와 스페인에서 활동 1540/41–1614년

추기경의 초상, 돈 페르난도 니뇨 데 게바라 추기경 추정 (1541년–1609년)

1600년경, 캔버스에 유채, 170.8 × 108cm
H. O. 하브마이어 컬렉션, H. O. 하브마이어 부인 유증, 1929 (29.100.5)

유럽 인물묘사 역사에서 획기적인 이 유명한 그림은 엘 그레코뿐만 아니라 스페인과 종교재판에서 빠질 수 없게 되었습니다. 모델 니뇨 데 게바라는 1596년에 추기경이 되어 종교재판소장으로 유명해졌습니다. 게바라는 1600년 2월과 3월에 톨레도에 있었고 1601년과 1604년에 또 다시 톨레도를 방문하였습니다. 그의 초상은 그가 방문했을 때 거기에 거주했던 엘 그레코가 그렸음이 분명합니다.

엘 그레코(도메니코스 테오토코풀로스)

그리스, 이탈리아와 스페인에서 활동, 1540/41–1614년

톨레도 풍경

1597–99년경, 캔버스에 유채, 121.3 × 108.6cm
H. O. 하브마이어 컬렉션, H. O. 하브마이어 부인 유증, 1929
(29.100.6)

엘 그레코의 가장 위대한 풍경화인 이 그림은 상징적 도시 풍경의 예술 전통에 속합니다. 이 그림의 접근방법은 엘 그레코의 훌륭한 초상화에서와 마찬가지로 직설적이기보다는 설명적입니다. 도시의 실제 모습을 기록하기보다는 도시의 핵심을 포착하려는 것입니다. 북쪽에서 도시의 동쪽 부위를 나타내는 이 부분적인 톨레도 경치는 이 화가가 상상하여 우뚝 솟은 알카사르 궁의 왼쪽으로 이동시켜버린 대성당을 제외한 것일 수 있습니다. 로마의 알칸타라 다리로 이어지는 가파른 언덕을 따라 건물들이 줄줄이 내리 나열되어 있고 타구스 강의 다른 한 편에는 산세르반도 성이 위치해 있습니다. 이 그림은 엘 그레코 사망시 그의 스튜디오에 있었으며 나중에 이 화가의 그림을 적어도 일곱 개 가지고 있던 주요 수집가인 콘데 데 아르코스에 의해 매입되었습니다.

카라바조(미켈란젤로 메리시)

이탈리아, 1571–1610년

성 베드로의 부인

1610년, 캔버스에 유채, 94 × 125.4cm
헤르만과 릴라 쉬크만 기증, 그리고
매입, 릴라 애치슨 월러스 기증
1997 (1997.167)

그림적으로 간결할 뿐만 아니라 이야기가 경이한 이 그림은 카라바조의 격렬했던 생애의 마지막 몇 달 동안 그려졌으며 그의 혁명적 스타일의 극단적인 단계를 기록합니다. 그는 이 작품에서 색상의 미묘함과 아름다움을 피해 전적으로 인간 연출에 집중합니다. 베드로를 그리스도의 추종자로 비난한 여인이 있었던 대제사장의 안뜰에 있는 베드로가 보입니다. 병사의 지적하는 손가락과 여인의 지적하는 두 손가락은 세 번의 비난과 베드로가 세 번 부인했음을 암시합니다. 카라바조의 후기 작품들은 어두운 배경에 뚜렷이 대조되는 환하게 비춰지는 장소가 가져오는 드라마틱한 효과에 의존하고 있습니다.

프란스 할스

네덜란드, 1582/83–1666년

참회절 슈로브타이드 축제에서 떠들썩한 사람들

1616–17년경, 캔버스에 유채, 131.4 × 99.7cm
벤저민 올트먼 유증, 1913 (14.40.605)

이 중요한 할스의 초기 그림은 착색, 화법 및 붐비는 구성 면에서 플랑드르 화가 야곱 요르단스의 현대 작품을 상기시킵니다. 주제는 어리석은 행위로 유명한 전 사순절 축제인 바스트나본드(참회절 슈로브타이드 축제 또는 마디그라 축제)입니다. 이 코믹한 무대에서 두 사람이 절인 청어와 존 소시지를 두르고 젊은 목이 굵고 머리 위에 월계관을 쓴 "아가씨(사실은 여장을 한 남성)"에게 부적절하게 다가갑니다.

구에르치노(조반니 프란체스코 바르비에리)
이탈리아, 1591–1666년

블레셋인에게 붙잡힌 삼손

1619, 캔버스에 유채, 191.1 × 236.9cm
찰스 라이츠먼 부부 기증, 1984 (1984.459.2)

거대한, 살아있는 듯한 인물들을 포함한 이 구에르치노의 그림은 삼손과 데릴라의 구약 이야기 속의 절정의 순간을 묘사하고 있습니다. 삼손이 기만적인 연인 데릴라의 도움을 받은 블레셋 사람들에게 묶이고 눈이 멀게 되는 장면입니다. 이 강렬하고도 대단히 창의적인 구성의 중심은 힘차게 생긴 삼손의 등인데 구에르치노는 캔버스에 인물들을 채워 넣음으로써 놀랍고 격렬한 장면을 불러일으켰습니다. 극적인 조명은 구에르치노의 초기 자연 묘사 명암법 스타일의 대표적인 예입니다. 이 그림은 구에르치노가 그의 전성기에 페라라에 대한 교황의 사절이자 유명한 수집가였던 지아코모 세라 추기경으로부터 의뢰받은 여러 작품 중 하나였습니다.

헨드릭 테르 브뤼겐

네덜란드, 1588–1629년

성모와 성 요한이 함께 있는 예수 책형

1624–25년경, 캔버스에 유채, 154.9 × 102.2cm
여러 기증자로부터 기금, 1956 (56.228)

1624–25년경의 이 캔버스는 제단화로 그려졌는데 가톨릭교가 받아들여지긴 했으나 격려받지는 못했던 위트레흐트에 있는 가톨릭 교회의 것으로 추정됩니다. 그리스도의 각진 형상, 비좁은 공간, 별이 무성한 하늘과 같은 이 그림의 두드러진 고풍스런 특성은 많은 감상자들에게 중세 후기 목판, 뒤러의 인쇄물 그리고 프랑스 콜마르에 있는 마티아스 그뤼네발트의 이젠하임 제단화를 상기시켰습니다. 손상되었거나 파괴된 초기 제단화를 대체하기 위해 이 박물관 그림이 그려진 것으로 보입니다. 바래기 쉬운 물감(화감청)으로 그려진 것으로 보아 하늘이 이전에는 더 푸른 색조를 띠고 있었을 것입니다.

안토니 반 다이크

플랑드르, 1599–1641년

루카스 반 우펠(1637년 사망)

1622년경, 캔버스에 유채, 124.5 × 100.6cm
벤저민 올트먼 유증, 1913 (14.40.619)

반 우펠은 베니스에 거주했던 부유한 플랑드르 상인이자 선주였는데 화가의 초창기 이탈리아 시기(1621–27년)에 반 다이크를 만나게 되었습니다. 모델은 학식 있는 신사로 대표되었는데 분할 캘리퍼, 녹음기, 비올라 다 감바의 활, 골동품 머리, 그림 및 천구는 그의 다양한 관심을 제시합니다. 이 유화는 1730년대에 최초로 헤세 카셀의 영주 컬렉션에 기록되었습니다.

발랑탱 드 불로뉴

프랑스, 1591–1632년

류트 연주자

1626년경, 캔버스에 유채, 128.3 × 99.1cm
매입, 월터와 레오노르 아넨버그 인수 기증 기금. 여러 기증자로부터의 기금. 인수 기증. 제임스와 다이앤 버크 및 마크 피셔 부부 기증. 루이 V. 벨, 해리스 브리스베인 딕, 플레처 그리고 로저스 기금 및 조지프 퓰리처 유증, 2008 (2008.459)

발랑탱은 카라바조의 유명한 프랑스 추종자였으며 17세기 로마에서 뛰어난 예술가 중 한 명이었습니다. 그는 로마에서 모든 활동을 했습니다. 그가 가장 자주 다루는 주제는 솔직함과 선명함으로 그린 왁자지껄한 장면들(노래하고 마시며 점보기)로서 이와 같은 병행은 벨라스케스의 초기 작품밖에 없습니다. 행운의 병사가 사랑의 연가를 부르는 이 그림은 발랑탱의 작품 중에서도 독특합니다. 어쩌면 그가 1624년에 로마에서 "벤트뷰겔스(깃털의 새들)"라고 알려진 외국 예술가 학회에 가입했을 때 붙은 별명 아마도르(스페인어로 "남자 애인")를 상징하는지도 모릅니다. 발랑탱은 그의 명성이 절정에 달했을 때 몇몇의 작품만을 남기고 비교적 어린 나이에 사망했습니다.

조르주 드 라투르

프랑스, 1593–1653년

점쟁이

1630년대 경, 캔버스에 유채, 101.9 × 123.5cm
로저스 기금, 1960 (60.30)

집시 할멈이 점을 봐줄 때 이 순진한 청년은 그녀의 한통속들에게 도둑맞게 됩니다. 이 주제는 17세기 유럽에 걸쳐 카라바지오풍 화가들 사이에서 인기가 있었습니다. 라투르의 그림은 탕자의 비유에 대한 암시로서 극적인 표현으로 간주되었을 수 있습니다. 비문에는 로렌에 있는 라투르가 살았던 마을 이름 "뤼네빌"이 새겨져 있습니다.

페테르 파울 루벤스

플랑드르, 1577–1640년

루벤스와 그의 아내 헬레나 푸르망(1614년–1673년)과 아들

1630년대 중후반, 목판에 유채, 203.8 × 158.1cm
존 포프 헤네시 총독에게 경의를 표하는 찰스 라이츠먼 부부 기증, 1981 (1981.238)

앤트워프에 있는 루벤스의 타운하우스 뒤 정원과 유사한 "사랑의 정원"을 배경으로 한 이 화가의 웅장한 자화상입니다. 그와 그의 아들은 그의 두 번째 아내 헬레나 푸르망을 아내와 어머니로서 축하하고 있습니다. 1630년에 결혼한 이 부부는 다섯 자녀를 두었는데 여기 보여진 아들은 분명히 1633년 7월 12일에 태어난 프란스일 것입니다. 이 부유한 화가에게 남자 후계자(그의 모든 재산을 물려받을 이)를 낳아준 헬레나를 축하하는 그림이므로 누이 클라라 조애나의 모습이 없는 것으로 추정됩니다. 앵무새는 성모 마리아의 상징이므로 이상적인 어머니상을 상징합니다.

니콜라 푸생

프랑스, 이탈리아에서 활동, 1594–1665년

사비니 여인들의 납치

1633–34년 추정
캔버스에 유채, 154.6 × 209.9cm
해리스 브리스베인 딕 기금
1946 (46.160)

전설에 의하면 초기 로마인들이 젊은 여자들을 강제로 아내로 삼기 위해 이웃 사비니 여인들을 로마에 초청했다고 합니다. 여기서 로물루스는 전사들에게 여자들을 체포하라는 미리 정해진 신호로서 자신의 망토를 올립니다. 푸생의 고대 연구는 오른쪽에 있는 남자가 입고 있는 황색 갑옷을 통해 증명되는데 이 갑옷은 가죽으로 만들어졌으며 토르소를 복제한 것으로 로마의 로리카를 모방한 것입니다. 오랫동안 프랑스 고전 회화를 정의하는 명작으로 여겨졌던 이 작품은 로마의 프랑스 대사 크레키 후작의 소유물이었습니다. 크레키는 그 도시에서 성인 시절을 보냈던 푸생을 만날 기회가 있었을 것입니다.

바르톨로메 에스테반 무리요

스페인, 1617–1682년

성모자

1670–72년경
캔버스에 유채, 165.7 × 109.2cm
로저스 기금, 1943 (43.13)

무리요의 가장 아름다운 작품 중 하나인 이 그림은 이 화가의 뛰어난 작품을 많이 소유하고 있던 산티아고 후작의 컬렉션의 일부가 되었습니다. 1728년에 이 그림은 "아기에게 수유하는 성모 마리아"로 목록에 올랐습니다. 아이는 보는 사람이 있어 잠깐 젖 먹는 걸 멈춥니다. 무리요의 성모자상의 인기는 케케묵은 테마에 친밀함과 사랑스러움의 특징을 담는 능력에서 나옵니다. 이 그림은 무리요가 스페인에서 가장 인기 있는 미술가였을 무렵인 1670년대 초반에 그려졌습니다.

후세페 데 리베라

스페인, 이탈리아에서 활동, 1591–1652년

성 안나와 알렉산드리아의 카트린과 함께한 성 가족

1648년, 캔버스에 유채, 209.6 × 154.3cm
사무엘 D. 리 기금, 1934 (34.73)

태생으로는 스페인 사람이기에 별명이 "로스파뇰레토"인 리베라는 성인 시기 대부분을 스페인 총독의 통치를 받은 나폴리에 거주하며 보냈습니다. 로마에서 보낸 초창기 때 그는 포즈를 취한 모델을 직접 그리는 카라바조의 관습을 도입했습니다. 리베라의 미술에서는 일상 생활의 인물들이 성인, 선지자 및 고전 철학가의 강렬한 이미지로 옮겨졌습니다. 그의 그림에 대한 영향의 핵심은 그의 라파엘에 대한 연구에서 유래된 형식적인 구성의 사용입니다. 리베라의 최대 작품 중 하나인 이 후기 작품은 그의 성취를 요약합니다. 특히 주목할 만한 것은 아름다운 정물 통로, 뛰어난 옷감 표현 그리고 주제들의 부드러운 표현입니다.

벨라스케스(디에고 로드리게즈 데 실바 이 벨라스케스)

스페인, 1599–1660년

후안 데 파레하(1610년경 출생, 1670년 사망)

1650년, 캔버스에 유채, 81.3 × 69.9cm
매입, 플레처 및 로저스 기금, 그리고 교환에 의한 애들레이드 밀튼 드 그루트 양(1876–1967년) 유증, 후원회원들의 기증으로 보충됨, 1971 (1971.86)

이 뛰어난 초상화는 벨라스케스의 무어인 노예이자 작업장 조수를 묘사하고 있습니다. 로마에서 그려진 이 그림은 1650년 3월에 판테온에 공개적으로 전시되었습니다. 벨라스케스는 명백히 자신의 예술성으로 그의 이탈리아 동료들을 감동시키려고 하였습니다. 이 화가의 전기 작가 안토니오 팔로미노의 이야기에 의하면 그림은 "공통적인 칭찬을 받게 되었으며 다른 국가의 모든 화가들의 작품들은 그냥 그림처럼 보이지만 이 작품만은 진짜이다"라는 평을 받았습니다. 벨라스케스는 모델의 신체적 풍모뿐만 아니라 그의 자신감 넘치는 성격을 전달했습니다. 이 노예는 나중에 벨라스케스의 오른팔 화가가 되었으며 1654년에 벨라스케스에게서 자유로운 몸이 되었습니다.

니콜라 푸생

프랑스, 이탈리아에서 활동, 1594–1665년

태양을 찾는 장님 오리온

1658년, 캔버스에 유채, 119.1 × 182.9cm
플레처 기금, 1924 (24.45.1)

거대한 사냥꾼을 묘사하기 위해 푸생은 그리스 작가 루키아노스(드 도모 27–29)에 대해 이렇게 기록했습니다. "눈이 먼 오리온이 케달리온을 업고 가는데 그의 등 위에 탄 케달리온이 햇빛이 있는 곳으로 안내하고 있다. 떠오르는 태양은 (그의) 눈멀음을 치유한다." 이 화가는 또한 신화에 기상 해석을 부여한 16세기 논평을 연구했습니다. 이에 따라 그는 구름 속에 지구의 증기를 모아 비로 만드는 달의 힘을 상징하는 디아나를 넣었습니다. 이 놀라운 그림은 고전 신화와 자연의 굉장한 힘에 푸생이 매료되었음을 잘 표현하고 있습니다.

렘브란트(렘브란트 반 라인)

네덜란드, 1606–1669년

자화상

1660년, 캔버스에 유채, 80.3 × 67.3cm
벤저민 올트먼 유증, 1913 (14.40.618)

렘브란트가 10년간 그린 12개 이상의 자화상은 구성, 표현 및 기술 면에서 상당히 다양합니다. 후기 작품에서는 물감의 광범위한 적용을 통해 화가 자신의 나이 들어가는 이목구비의 기록이 솔직하게 전달됩니다. 유명한 대가의 자화상은 렘브란트 시기에 수집가들에게서 특히 각광을 받았습니다.

렘브란트(렘브란트 반 라인)

네덜란드, 1606–1669년

호메로스의 흉상을 응시하는 아리스토텔레스

1653년, 캔버스에 유채, 143.5 × 136.5cm
매입, 박물관 후원회원들이 기증한 특별 기증 및 기부
1961 (61.198)

아리스토텔레스의 이 상상의 초상화에서는 그리스 철학가가 생각에 잠긴 채 초기 시대의 서사 시인 호메로스의 흉상에 손을 얹고 있습니다. 아리스토텔레스가 개인지도한 알렉산드로스 대왕을 묘사한 큰 메달이 금사슬에 걸려 있습니다. 일반적으로 아리스토텔레스가 세속적인 성공의 가치에 대비되는 영적인 가치에 대해 심사숙고하는 것으로 추정됩니다. 아리스토텔레스의 눈썹과 눈 위에 있는 그늘은 명상을 제시하며 그가 만지는 물체는 물질 세계와 영적 세계를 동시에 대표합니다. 이 그림은 시칠리아 수집가 안토니오 루포를 위해 그려졌으며 이 화가의 훌륭한 작품 중 하나입니다.

미카엘 스베르츠

플랑드르, 1618–1664년

벌거벗은 사람 옷 입히기

1661년경, 캔버스에 유채, 81.9 × 114.3cm
찰스 라이츠먼 부부 기증, 1984 (1984.459.1)

브뤼셀 태생의 스베르츠는 1646년과 1653–54년경 로마에서 일하였습니다. 브뤼셀에 몇 년간 갔다온 후로 그는 암스테르담에 가서 1661년에 행적이 기록되었습니다. 그는 아마 이 심도 깊은 개인적 그림을 자기 부인의 종교적 행동과 자선에 관심이 있었던 네덜란드에서 그렸을 것입니다. 그는 1662년에 프랑스 선교자들과 함께 페르시아를 여행한 다음, 혼자서 인도 고아로 가서 거기서 1664년에 사망했습니다. 스베르츠의 개인적인 엄격함은 결코 색상, 명암 및 표현상의 놀라운 세련됨에 손상을 주지 않았습니다.

요하네스 베르메르

네덜란드, 1632–1675년

젊은 여인의 초상

1665–67년경, 캔버스에 유채, 44.5 2 40cm
테오도르 루소 Jr.를 기념하여 찰스 라이츠먼 부부 기증, 1979 (1979.396.1)

17세기에는 이런 그림을 트로니("얼굴"이라는 의미)라고 기술했으며 이에 해당되는 특이한 복장, 흥미를 자아내는 인상, 성격의 제시 및 미술적 기술의 과시를 인정하고 감상하였습니다. 실제 모델을 고용한 것이 분명하겠지만 이 화가의 목표는 초상화가 아니라 특징과 표정의 연구였습니다. 이런 유형의 네덜란드 그림들은 유럽 다른 곳에서와 마찬가지로 종종 고급 옷감, 부드러운 피부 또는 진주 귀걸이에 비춰지는 빛과 같은 미술적 효과를 나타냈습니다. 이 작품은 아마 "고상한 의상에 비상한 기교의 얼굴"(트로니)이라고 1696년 암스테르담 경매에서 설명되었던 베르메르의 세 가지 그림 중 하나였을 것입니다.

요하네스 베르메르

네덜란드, 1632–1675년

물주전자를 들고 있는 젊은 여인

1662년경, 캔버스에 유채, 45.7 × 40.6cm
마퀀드 컬렉션, 헨리 G. 마퀀드 기증
1889 (89.15.21)

이 잘 보존된 1660년대 초반의 그림에는 베르메르의 성숙한 스타일의 특성이 나타납니다. 이 화가는 시각 효과에 대한 두드러진 관심을 보였음에도 불구하고 주요 색상의 조용한 균형과 미세한 측정을 통한 단순한 모형 그리고 작품 실행 도중의 수정을 달성해냈습니다. 작품의 구성은 청순함의 전형적인 상징인 대야와 물주전자에 의해 강조된 가정의 평온이란 테마에 적합합니다. 이 유화는 베르메르의 열세 개 그림 중 첫 번째로 1887년과 1919년 사이에 미국으로 들어온 그림입니다.

야콥 반 루이스달

네덜란드, 1628/29–1682년

밀밭

1670년경, 캔버스에 유채
100 × 130.2cm, 벤저민 올트먼 유증
1913 (14.40.623)

1670년경의 이 대형 유화는 루이스달의 가장 야심찬 곡물밭 풍경인데 그는 이 주제를 자주 다루었습니다. 기념비적인 디자인과 중앙 공간으로의 후퇴는 아마 맨틀피스 위의 특정 배경을 위한 것일 수 있습니다. 17세기에서 이렇게 큰 그림은 보통 높은 곳에 달았습니다.

클로드 로랭(클로드 젤레)

프랑스, 이탈리아에서 활동
1604/5–1682년

트로이 여인들이 자신들의 선박에 불을 붙이다

1643년경, 캔버스에 유채
105.1 × 152.1cm
플레처 기금, 1955 (55.119)

트로이 여인들이 트로이가 무너진 이후 수년간 떠도는 생활을 끝내기 위해 자신들의 배에 불을 지릅니다. 먼 발치에 있는 구름과 비는 불길을 끄기 위해 아이네이아스의 요청에 따라 주피터가 보낸 폭풍을 예고합니다. 클로드는 자신의 기록책, 『진실의 책』에 그림이 지롤라모 파르네세를 위해 로마에서 그려졌다고 적어 두었습니다. 1643년에 이 도시로 돌아간 학식 있는 고위 성직자는 멀리 떨어진 스위스 연방의 알프스 주에서 칼뱅주의에 맞서 싸우며 교황 사절로서 순회자 역할을 감당했던 자신의 시절을 암시하기 위해 베르길리우스의 〈아이네이드〉(5.604–710)에서 이 에피소드를 선택했음이 분명합니다.

얀 스텐

네덜란드, 1626-1679년

테라스에 있는 왁자지껄한 사람들

1673-75년경
캔버스에 유채, 141 × 131.4cm
플레처 기금, 1958 (58.89)

1673-75년경의 이 후기 그림에서 스텐은 자기 자신을 왼쪽에 있는 술 취한 여관주인으로 등장시킵니다. 화가의 두 번째 아내 마리아는 아마 중앙에 요염한 포즈를 취하고 있는 인물의 모델이었을 것입니다. 그녀의 유리컵과 뚱뚱한 남자의 술통은 성적으로 도발적이지만 젊은 음악가와 친숙한 이 여인과 현악기 모양을 볼 때 이 젊은 음악가가 여인의 관심을 더 끌 수 있음을 제시합니다. 지나치게 치장한 소년은 성인들의 행위에 대한 주변 의견으로 작용할 수 있으며 굴레가 씌워진 말과 채찍은 보통 절제를 의미합니다.

카날레토(조반니 안토니오 카날)

이탈리아, 1697–1768년

산마르코 광장

1720년대 후반, 캔버스에 유채, 68.6 × 112.4cm
매입, 찰스 라이츠먼 부인 기증, 1988 (1988.162)

18세기 베니스에서 가장 유명한 풍경화가 카날레토는 베니스를 방문하는 영국인들에게 특히 인기가 있었습니다. 이 놀랄 만큼 산뜻하고 잘 보존된 유화는 유명한 산마르코 광장을 보여줍니다. 벨 타워의 창문은 실제보다 더 적은 수이며 깃대는 너무 높지만 이 차이 외에는 카날레토가 경치를 다루는 데에서 보수적이었음을 알 수 있습니다. 엉성하고 거친 물감 처리와 밝은 팔레트는 1720년대 후반 작품임을 제시합니다.

앙투안 바토

프랑스, 1684–1721년

메제탱(유랑악사)

1718–20년경, 캔버스에 유채, 55.2 × 43.2cm
먼시 기금, 1934 (34.138)

메제탱은 이탈리아 코메디아 델라르테의 스톡 코미디 주인공으로서 파리 무대에서 자리를 잡게 되었습니다. 그는 번갈아 가면서 참견하기 좋아하고, 기만적이고 실연을 당하였습니다. 이 유명한 그림은 바토의 친구 장 드 줠리엔느의 소유였다가 나중에 러시아의 황후 카트린 대제의 소유가 되었습니다. 박물관에 속한 모델의 분필 그림도 또한 그의 기울어진 머리에 대한 연구대상입니다. 이 그림 속에 있는 머리와 크고 각진 손들은 유별나게 의미심장합니다. 정원에 있는 동상은 비너스인데 그녀의 등은 메제탱을 향하고 있습니다.

장 시메옹 샤르댕

프랑스, 1699–1779년

비눗방울

1734년경, 캔버스에 유채, 61 × 63.2cm
웬트워스 기금, 1949 (49.24)

아이들의 무료한 놀이는 화가들 중 훌륭한 자연주의자였던 샤르댕이 즐기는 테마였습니다. 1734년경의 이 유화에서 그는 17세기 네덜란드 장르 전통의 형식과 주제에 대한 감동을 그렸습니다. 이 그림이 어떤 메시지를 전달하도록 의도한 것인지는 불확실하지만, 비눗방울은 그 당시 인생의 무상함을 암시하는 것으로 인식되었습니다. 이 주제의 후기판은 LA 카운티 박물관과 워싱턴 국립 미술관에 소장되어 있습니다.

프랑수아 부셰

프랑스, 1703–1770년

비너스의 몸치장

1751년, 캔버스에 유채, 108.3 × 85.1cm
윌리엄 K. 밴더빌트 유증
1920 (20.155.9)

루이 15세의 애첩 퐁파두르 부인은 부셰를 무척 존경하였으며 1747년부터 그녀가 사망한 1764년까지 그의 후원자였습니다. 이 유명한 작품은 그녀가 파리 근처에 있는 그녀의 큰 별장인 "벨뷰"의 분장실을 위해 한 쌍 중 하나로 의뢰된 것입니다. 1750년에 그녀는 "비너스의 몸치장"이라 불린 베르사유에서 공연된 연극에서 주연 배역을 맡았습니다. 이것은 초상화는 아니지만 아첨의 의도가 얼마든지 있을 수 있습니다.

조반니 바티스타 티에폴로

이탈리아, 1696–1770년

행성과 대륙의 알레고리

1752년, 캔버스에 유채, 185.4 × 139.4cm
찰스 라이츠먼 부부 기증
1977 (1977.1.3)

티에폴로의 가장 거대하고 눈부신 유채 스케치인 이 그림은 일상처럼 하늘을 날려고 하는 아폴로를 보여줍니다. 태양신을 둘러싼 신들은 행성들을 상징하고 사방에 있는 우화적 인물들은 대륙을 대표합니다. 티에폴로는 1752년 4월 20일에 이 예비 스케치를 뷔르츠부르크의 주교 겸 제후인 카를 필리프 폰 그라이펜클라우에게 제시했는데 그의 가장 위대한 업적으로 종종 간주되는 레지덴츠의 광대한 계단식 천장을 장식하는 것이었습니다. 그리자유로 그려진 구석의 인물들은 장식가 겸 조각가인 안토니오 보시에 의해 천장에 치장 벽토로 만들어졌습니다.

장 바티스트 그뢰즈

프랑스, 1725–1805년

깨진 계란

1756년, 캔버스에 유채, 73 × 94cm
윌리엄 K. 밴더빌트 유증
1920 (20.155.8)

이 그림은 로마에서 그려졌고 이탈리아 배경에 아탈리아 옷차림을 나타내지만 이 그림 주제의 출처는 프란스 반 미리스 1세에 의한 17세기 네덜란드 그림, 〈깨진 계란〉(상트페테르부르크의 국립 에르미타주 박물관)인데 그 판화를 보고 그뢰즈는 알 수 있었습니다. 깨진 계란은 순결의 상실을 상징합니다. 계란 중 하나를 고쳐보려고 하는 어린 소년은 어린 시절에 아무것도 모르는 순수함을 나타냅니다. 이 그림은 파리에서 1757년 미술 전람회에 전시되었을 때 호평을 받았습니다.

장 오노레 프라고나르

프랑스, 1732–1806년

연애 편지

1770년경, 캔버스에 유채, 83.2 × 67cm
쥘 바쉬 컬렉션, 1949 (49.7.49)

프라고나르의 작품은 마감처리가 뚜렷하지 않습니다. 이 작품에서 프라고나르는 밤색 위에 더 짙은 밤색으로 형태를 잡았는데, 드로잉과 모델링을 붓 끝과 다양한 두께의 선으로 하였습니다. 색채와 흰색은 캔버스 중앙을 향해 강하게 비춰진 통로에 국한되었는데 바로 젊은 여인의 분을 바른 얼굴, 그녀의 의상과 모자 그리고 책상, 의자, 꽃과 개입니다. 모델이 누군지 알아차리거나 이 유명한 유화를 초상으로 해석할지 풍속화로 해석할지를 가늠하기 위해 그녀가 들고 있는 카드에 새겨진 글을 해석하려는 시도가 있었지만 해석될 수 없었습니다.

조슈아 레이놀즈 경

영국, 1723–1792년

조지 커스메이커 대령(1759년–1801년)

1782년, 캔버스에 유채, 238.1 × 145.4cm
윌리엄 K. 밴더빌트 유증, 1920 (20.155.3)

커스메커는 1776년에 가장 낮은 임명 계급이었던 소위 및 중위로서 첫 근위 보병 연대에 입대하였습니다. 그는 결국 중령으로 승진하여 1795년에 현역 경험이 없는 채로 군을 떠났습니다. 1782년에 레이놀즈는 이 젊은 남자를 21번 모델로 서게 하고 아마 그의 말을 그리기 위해 많으면 여덟 번의 세션을 가졌을 것입니다. 일기 작가 패니 버니는 커스메이커가 수줍고 조용했지만 예의 바르다고 평하였습니다. 그의 초상은 레이놀즈 최상의 기법을 통해 엄청난 자유와 유연성으로 그려졌으며 분명히 이 화가의 공방 조수의 개입이 없었을 것입니다.

토머스 게인즈버러

영국인, 1727–1788년

그레이스 달림플 엘리엇 부인(1754년?–1823년)

1778년, 캔버스에 유채, 234.3 × 153.7cm
윌리엄 K. 밴더빌트 유증
1920 (20.155.1)

엘리엇 부인은 스코틀랜드 의사의 이혼한 부인이며 아마 이 초상을 의뢰했을 콜몬들리 경, 나중에는 콜몬들리 첫 후작의 지속적인 친구였습니다. 덧대고 분을 바른 머리의 스타일 있는 마운드는 이 부인의 작은 키를 더 커보이게 합니다. 앤서니 반다이크 경에 의해 이전 세기 전에 인기를 끌었던 황색의 현대식 18세기 의상을 입고 있습니다. 이 작품은 1778년 왕립 아카데미에서 전시되었습니다.

토머스 로렌스 경

영국, 1769–1830년

엘리자베스 패런(탄생 1759년, 사망 1829년), 이후 더비의 백작 부인

1790년, 캔버스에 유채, 238.8 × 146.1cm
에드워드 S. 하크네스 유증
1940 (50.135.5)

엘리자베스 패런은 1777년에 런던 무대에서 첫 연출을 한 코미디 여배우였습니다. 그녀는 1797년 아주 길었던 연애 끝에 마침내 12대 더비 백작 에드워드 스미스 스탠리와 결혼하였습니다. 1790년 백작을 위해 그려진 이 초상화는 왕립 아카데미의 찬사를 받고 전시되었습니다. 더비의 군주는 패런 양이 너무 말라 보인다고 생각했으나 로렌스는 자신의 눈부신 그림에 그 어떤 변경도 하지 않기로 하였습니다. 이 유화는 샬롯 여왕의 전신 초상화와 함께 포부가 있고 재능이 타고난 21세 미술가에게 이른 명성을 안겨 주었습니다.

고야(프란시스코 데 고야이루시엔테스)

스페인, 1746–1828년

마누엘 오소리오 만리케 데 수니가

(1784년–1792년)

1792년 이후 추정, 캔버스에 유채, 127 × 101.6cm
쥘 바쉬 컬렉션, 1949 (49.7.41)

이 유명한 초상화의 모델은 알타미라 백작 부부의 아들입니다. 화려한 적색 복장을 한 그는 애완용 까치(까치는 부리로 화가의 명함을 물고 있음), 되새류가 가득한 새장, 그리고 눈을 크게 뜬 세 마리의 고양이들과 함께 놀고 있는 모습을 하고 있습니다. 기독교 미술에서 새는 흔히 영혼을 뜻하고, 바로크 미술에서 새장의 새는 순결을 상징합니다. 고야는 아이의 세상과 악의 세력 사이의 얄팍한 경계선의 묘사나 바래 가는 순수와 젊음에 대한 논평으로 이 초상화를 그렸을 수도 있습니다. 이 그림은 1792년 아이의 사망 이후에 완성되었을 수 있습니다.

자크 루이 다비드

프랑스, 1748–1825년

소크라테스의 죽음

1787년, 캔버스에 유채, 129.5 × 196.2cm
캐서린 로릴라드 울프 컬렉션, 울프 기금
1931 (31.45)

신들을 부인하고 젊은이들을 타락시킨다고 아테네 정부에 의해 정죄를 받았던 소크라테스는 자신의 신념을 버리든지 아니면 독약을 마시고 죽어버리라는 강요를 받았습니다. 다비드는 슬픔에 잠긴 제자들에게 영혼의 영원함에 대해 차분히 강연하는 그를 보여줍니다. 이 그림은 플라톤의 파이돈에 살짝 토대를 둔 금욕을 주제로 하면서, 아마 다비드의 가장 완벽한 신고전주의적 표현일 것입니다. 판화 제작자이자 출판업자인 존 보이델은 조슈아 레이놀즈에게 보내는 서신에 "시스티나 예배당과 라파엘로의 스탄체 이후로 가장 위대한 미술 작업이다… 페리클레스 시대였다면 아테네에 경의를 표하는 작품이었을 것이다"라고 적었습니다.

자크 루이 다비드

프랑스, 1748–1825년

앙투안 로랑 라부아지에(1743년–1794년)와 그의 아내(1758년–1836년)

1788년, 캔버스에 유채, 259.7 × 194.6cm
매입, 에버렛 파히를 기리는 찰스 라이츠먼 부부 기증, 1977
(1977.10)

이 그림은 18세기의 위대한 초상화 중 하나로서 다비드가 프랑스 신고전주의의 창도자라고 환영받을 때 그려졌습니다. 라부아지에는 산소, 화약 및 물의 화학적 구성에 대한 개척적인 연구로 가장 잘 알려져 있습니다. 1789년에 그의 이론은 『화학의 기초』라는 책으로 출판되었습니다. 책 속의 그림은 다비드와 함께 연구를 한 것으로 여겨지는 그의 아내가 그렸습니다(그녀의 그림이 있는 화첩이 왼쪽 안락의자 위에 놓여 있음). 라부아지에는 화약국장으로서 정치적 추문에 개입되어 1789년 미술 전람회에서 그림을 빼게 되었습니다. 혁명정권에 대한 그의 헌신에도 불구하고 그는 1794년에 단두대에 오르게 되었습니다.

장 오귀스트 도미니크 앵그르

프랑스, 1780–1867년

자크 루이 르블랑 부인

1823년, 캔버스에 유채, 119.4 × 92.7cm
캐서린 로릴라드 울프 컬렉션, 울프 기금, 1918 (19.77.2)

자크 루이 르블랑과 그의 아내(혼전 이름 프랑수아 퐁셀르, 1788-1839년)는 토스카나 공국의 여(女)대공 엘리자 바치오키 (나폴레옹 보나파르트의 여동생)의 궁전에 파견된 프랑스 공무원이었습니다. 1814-15년에 나폴레옹이 실각한 뒤, 르블랑 부부는 피렌체에 머물게 되었는데, 1820년 앵그르가 로마에서 피렌체로 오면서 두 사람을 만나게 됩니다. 이 만남을 계기로 그리게 된 부부의 개별 초상화는 왕실에 바친 것을 제외하면 앵그르의 작품 중 가장 큰 그림에 해당하는 것이며, 유일하게 쌍을 이루는 작품입니다. 1896년 에드가 드가가 구입하였는데, 그는 이 두 점의 초상화를 그의 소장품 가운데 가장 아름다운 작품으로 평가하였습니다.

외젠 들라크루아

프랑스, 1798–1863년

레베카의 납치

1846년, 캔버스에 유채, 100.3 × 81.9cm
캐서린 로릴라드 울프 컬렉션, 울프 기금, 1903 (03.30)

화가로 활동하는 내내 들라크루아는 월터 스콧 경의 소설에 영감을 받았습니다. 이 그림은 『아이반호』의 한 장면을 묘사하고 있습니다. 이 장면은 레베카를 흠모했던 기독교도 기사 브아 길베르가 사라센 노예들을 시켜 성에 갇혀 있던 레베카를 납치하는 모습을 그린 것입니다. 인물들의 뒤틀린 자세와 함께 높은 전경에서 계곡 너머 뒤쪽 성까지 순식간에 관통하는 빽빽한 공간이 극적 긴장감을 자아냅니다. 1846년 파리 살롱전에 전시되었을 때 비평가들은 이 그림의 낭만주의적 특징을 비판하였습니다. 그러나 보들레르는 이 그림에 영감을 받아 "들라크루아의 그림은 자연을 닮아 있다. 거기에는 공백에 대한 공포가 어려 있다"고 썼습니다.

카스퍼 다비드 프리드리히

독일, 1774 – 1840년

달을 바라보는 두 남자

1825 – 30년경, 캔버스에 유채, 34.9 × 43.8cm
라이츠먼 기금, 2000 (2000.51)

이 작품은 독일 작가 카스퍼 다비드 프리드리히의 유명한 연작 시리즈 중 세 번째에 해당하는 것으로, 현재 첫 번째 그림(1819)은 드레스덴에 있고, 두 번째(1824)는 베를린에 있습니다. 어스름한 저녁 늦가을 숲 속을 산책하다가 잠시 걸음을 멈추고 저무는 달을 바라보는 두 남자는 프리드리히 자신(오른쪽)과 재능 있는 젊은 동료 아우구스트 하인리히(왼쪽)로 알려져 있습니다. 달을 응시하는 두 남자의 경건한 분위기는 당시 시와 문학, 철학, 음악에서 표현된 달에 대한 매혹과 연관 지어 생각할 수 있습니다.

조지프 말러드 윌리엄 터너

영국, 1775 – 1851년

포경선

1845년경, 캔버스에 유채
91.8 × 122.6cm, 캐서린 로릴라드 울프 컬렉션, 울프 기금, 1896 (96.29)

터너가 1845년 왕립아카데미 연례 전시회에서 이 작품 〈포경선〉을 발표했을 때, 그의 나이는 일흔 살이었습니다. 이 그림을 칭송한 이들과 폄하한 이들 모두 한 가지만큼은 동의했는데, 그림 전면에서 요동치는 고래와 포경선을 구분하기 힘들다는 것이었습니다. 터너는 화가 인생 내내 바다 그림을 그렸고 이 작품처럼 그의 후기 작품들은 대부분 추상적인 방식으로 바다의 극적인 힘을 강조하였습니다. 이 작품과 런던 테이트 미술관에 있는 다른 세 점의 그림은 토머스 빌의 책 『향유고래의 자연사』(1839)에서 부분적으로 영감을 받았습니다.

테오도르 제리코

프랑스, 1791–1824년

저녁: 도수교가 있는 풍경

1818년, 캔버스에 유채, 250.2 × 219.7cm
구입, 조지 M. 모페트를 기념하여 제임스 A. 모페트 2세 기증, 교환, 1989 (1989.183)

이 작품은 당대를 대표하는 기념비적인 4점의 풍경화 기획 연작 중 하나입니다. 1818년 여름 파리에서 그려진 이 풍경화들은 18세기 프랑스 화가 조제프 베르네 스타일의 장식으로 구상되었습니다. 이 풍경화는 제리코가 1817년에 방문한 이탈리아 시골의 유적(여기서는 스폴레토 도수교가 보인다)에 이제 막 움트기 시작한 낭만주의 미학과 당시 영국과 프랑스에서 유행하던 "숭고미" 개념의 특징인, 마치 폭풍이 몰아칠 듯 어두운 하늘과 격동적인 분위기를 절묘하게 결합시킨 작품입니다.

장 레옹 제롬

프랑스, 1824-1904년

바쉬보주크

1868-69년, 캔버스에 유채, 80.6 × 66cm
찰스 라이츠먼 부인 기증, 2008 (2008.547.1)

이 시선을 사로잡는 그림은 제롬이 1868년 초 12주 동안 근동지역으로 탐험을 떠났다가 파리로 돌아온 뒤 그린 것입니다. 자신의 작업실에서 모델에게 지중해 동부 연안 지역인 레반트에서 구해온 직물로 옷을 입혀 제작한 이 작품은 그의 절정기 작품에 해당합니다. 이 그림에 제롬이 붙인 터키 식 제목 바쉬보주크는 "지도자가 없는"이라는 뜻으로, 약탈을 위해 싸우는 사납고 무법적인 무보수 병사를 재현한 것입니다. 그러나 이 남자가 이런 고급 실크 옷을 입고 전장을 향해 돌격하는 모습은 상상하기 어렵습니다. 아주 정교하게 직물을 묘사하는 것으로 유명한 제롬은 이 역작에서도 그 같은 노력을 아끼지 않았고, 그의 다른 동양적 판타지에서 볼 수 없는 특별한 기품을 부여하였습니다.

카미유 코로

프랑스, 1796-1875년

무녀

1870년경, 캔버스에 유채, 81.9 × 64.8cm, H. O. 하브마이어 컬렉션, 하브마이어 부인 유증, 1929 (29.100.565)

이 작품은 하이 르네상스기 라파엘로의 스타일을 재현하려는 코로의 작품 중에서 가장 뛰어난 성취로 평가됩니다. 이 작품은 워싱턴 국립미술관에 소장된 빈도 알토비티의 초상(코로가 활동하던 시대에는 라파엘의 자화상이라고 믿었던)과 구도가 아주 유사합니다. 그러나 의도적인 소묘에도 불구하고 몇 차례의 수정을 거쳐 점차적으로 완성된 작품입니다. 그는 원래 이 작품을 첼로를 연주하는 뮤즈 폴리힘니아를 묘사하려고 구상했던 것으로 보입니다. 물감이 덧칠해져 겉으로는 보이지 않지만 캔버스를 X선으로 비춰보면 뮤즈의 모습이 드러납니다. 인물의 머리에 꽂은 아이비는 예술의 불멸성을 상징하는 것으로 보입니다. 이 그림은 화가의 서명도 없이 미완성으로 남아 있는 작품으로, 코로의 생전에는 전시되지 못하였습니다.

귀스타브 쿠르베

프랑스, 1819–1877년

여인과 앵무새

1866년, 캔버스에 유채, 129.5 × 195.6cm
H. O. 하브마이어 컬렉션, 하브마이어 부인 유증
1929 (29.100.57)

1860년대 파리 살롱전을 장악한 이상화된 비너스 그림의 성공에 자극 받아, 쿠르베는 점점 더 경직되고 독단적이 되어가는 살롱 심사위원단이 인정할 만한 사실적 누드화를 그림으로써 아카데미 미술에 도전하려 하였습니다. 1864년에 그의 첫 번째 시도는 외설을 이유로 거부되었습니다. 그리고 2년 뒤, 〈여인과 앵무새〉가 1866년 살롱전에 받아들여졌을 때, 쿠르베는 자랑스럽게 말했습니다. "오래 전에 내가 그랬잖아요. 그들에게 한 방 먹일 방법을 찾겠다고 말이에요." 인물의 포즈와 정교하게 표현된 살결은 아카데미 미술의 특징과 일치했지만, 머리를 산발한 벌거벗은 여인의 모습은 쿠르베의 작품과 당시 살롱에서 보이던 신화적이고 이상화된 누드를 확실히 구분 지었습니다. 에두아르 마네의 〈1866년의 젊은 여인〉(Young Lady in 1866, 메트로폴리탄 박물관 소장)은 쿠르베의 도발적 누드에 대응하여 그린 것으로 생각됩니다.

로사 보뇌르

프랑스, 1822–1899년

말 시장

1852–55년, 캔버스에 유채, 2.45 × 5.07m
코르넬리우스 반더빌트 기증 , 1887 (87.25)

화면의 왼쪽 배경으로 살짝 보이는 살페트리에 정신병원 부근 오피탈 거리에서 파리 말 시장이 열렸습니다. 보뇌르는 1년 6개월 동안 매주 두 번씩 이목을 피하기 위해 남장을 하고 말 시장에 가서 스케치를 하였습니다. 이 그림은 1852년에 그리기 시작하여 1853년 파리 살롱전에 발표된 뒤, 나중에 수정되었습니다. 1887년에 메트로폴리탄 박물관에 전시된 이래, 이 인상적이고 기백 넘치는 작품은 우리 박물관이 소장하고 있는 여러 작품들 중 가장 인기 있고 사랑 받는 그림 중 하나가 되었습니다.

오노레 도미에

프랑스, 1808–1879년

삼등 열차

1862–64년경, 캔버스에 유채,
65.4 × 90.2cm, H. O. 하브마이어 컬렉션
하브마이어 부인 유증, 1929 (29.100.129)

주로 근대 도시 생활을 표현한 화가 도미에는 19세기 파리에 불어 닥친 산업화의 영향을 작품으로 포착해 냈습니다. 철도 여행의 이미지는 그의 미술에서 반복적으로 나타나는 주제인데, 이 미완성 작품은 삼등 열차 승객들의 곤궁한 상황을 묘사하는 세 점의 연작 중 하나입니다. 도미에와 동시대 사람들은 그가 다루는 삶의 보편적인 주제에 호응했고, 누군가는 그의 주제를 "인간을 운명론적 체념으로 몰아넣는 비참함과 결함, 좌절된 즐거움, 고통스러운 시련을 고스란히 담은 삶에 대한 포괄적인 탐구"라고 묘사하기도 했습니다.

에두아르 마네

프랑스, 1832–1883년

투우사 복장을 한 마드무아젤 V

1862년, 캔버스에 유채, 165.1 × 127.6cm
H. O. 하브마이어 컬렉션, 하브마이어 부인 유증
1929 (29.100.53)

마네는 1863년 악명 높은 낙선전(Salon des Refusés)에서 자신의 작품 〈풀밭 위의 점심〉(파리 오르세 미술관)과 마호 복장을 한 청년(메트로폴리탄 박물관 소장), 그리고 이 그림을 3부작으로 발표하였습니다. 마네의 작품을 보고 당시 한 작가는 이렇게 썼습니다. "마네는 스페인을 사랑한다. 그가 가장 좋아하는 거장은 고야로 보인다. 그는 고야의 뚜렷하게 대조되는 생생한 색조, 자유롭고 맹렬한 필치를 흉내 내고 있다." 많은 사람들이 지적한 것처럼, 마네는 고야의 〈투우(Tauromaquia)〉를 이 그림의 배경으로 재현하였습니다. 마네는 그가 가장 좋아한 모델 빅토린 뫼랑이 마치 가장 무도회에 가려는 듯한 복장으로 포즈를 취하는 모습을 묘사하였습니다.

아르놀트 뵈클린

스위스, 1827 – 1901년

죽음의 섬

1880년, 목판에 유채,
73.7 × 121.9cm, 라이징거 기금
1926 (26.90)

1880년에서 1886년 사이에 뵈클린은 이 그림을 다섯 가지 버전으로 그렸고, 이 그림은 19세기 후반 독일에서 가장 사랑받는 모티프 중 하나가 되었습니다. 메트로폴리탄 박물관은 이들 중 마리 베르나의 의뢰로 그린 두 번째 그림을 소장하고 있습니다. 그녀는 1880년 4월에 뵈클린의 피렌체 작업실을 방문하여 이젤에서 반쯤 완성된 첫 번째 그림을 보았습니다(현재 바젤 미술관에 있음). 그녀가 그에게 무덤이 있는 바위섬 절벽으로 향하는 작은 배와 그 안에 흰 옷을 입고 있는 미망인의 모습과 관을 추가로 그려달라고 요청함으로써 이 작품이 완성되었습니다. 이는 몇 년 전 있었던 남편의 죽음을 암시하는 것이었습니다.

에드워드 번 존스 경

영국, 1833 – 1898년

사랑의 노래

1868 – 77년, 캔버스에 유채, 114.3 × 155.9cm
알프레드 N. 퍼네트 기부 기금
1947 (47.26)

번 존스 경 작품 중 가장 유명한 이 그림은 브르타뉴 민요의 후렴구를 토대로 그려진 몇몇 작품들의 최종판입니다. "Hélas! je sais un chant d'amour, / Triste ou gai, tour à tour"(아아! 나는 사랑 노래를 안다네/슬픔과 기쁨이 끝없이 교차하는). 15세기 베니스의 화가 비토레 카르파초의 그림을 떠올리게 하는 인물들과 "아서왕 전설"에 나옴직한 석양에 잠긴 풍경이 인상적인 이 작품 〈사랑의 노래〉는 이탈리아 르네상스와 중세 고딕 미술을 지향하는 라파엘 전파 운동(라파엘로 이전으로 돌아가자는 운동)의 영향을 반영합니다.

쥘 바스티앵르파주

프랑스, 1848 – 1884년

잔 다르크

1879년, 캔버스에 유채, 2.54 × 2.79m
어윈 데이비스 기증 , 1889 (89.21.1)

로렌 지방 출신의 국민적 영웅 잔 다르크는 보불전쟁(1879-71) 이후 프랑스인들에게 새로운 상징적인 울림을 얻게 되었습니다. 이 전쟁으로 인해 그녀의 고향은 독일의 손에 넘어갔습니다. 1870년대와 1880년대 파리 살롱에서는 중세 십대 순교자의 조각과 그림이 반복적으로 등장했는데, 자신도 로렌 태생인 바스티앵르파주는 1880년 살롱전에 이 그림을 전시하였습니다. 바스티앵르파주는 이 그림에서 잔 다르크가 정원에서 신의 계시를 받는 순간을 표현하였습니다. 그런데 살롱의 많은 비평가들은 혼령처럼 존재하는 성자들과 그들의 목소리를 듣는 잔 다르크의 모습이 평소 바스티앵르파주의 자연주의와 맞지 않는다고 평가하였습니다.

클로드 모네

프랑스, 1840-1926년

생타드레스의 정원

1867년, 캔버스에 유채, 98.1 × 129.9cm
구입, 박물관 후원회원들의 특별한 기부 및 기금과 유증
1967 (67.241)

모네는 1867년 영국해협 부근 생타드레스라는 휴양도시에서 여름을 보냈습니다. 그곳에 있는 동안 그는 부드럽고 잔잔한 전통적 측면과 재기 넘치는 짧고 빠른 붓놀림, 화려한 원색 점들이 한데 어우러진 이 그림을 그렸습니다. 위에서 아래를 내려다 보는 시점과 비교적 균일한 크기의 수평 공간들은 깃발과 같은 단순한 구성을 강조합니다. 모네는 훗날 이것을 '깃발이 있는 중국식 그림'이라 불렀습니다. 1860년대의 세련된 안목이 있는 사람들이 이 그림을 보았다면 모네와 마네, 르느와르, 휘슬러를 비롯한 인상파 화가들이 열심히 수집했던 화려한 색상의 일본 목판화를 떠올렸을 것입니다. 이 구성에 영감을 준 것으로 보이는 일본 화가 가쓰시카 호쿠사이의 판화는 오늘날도 지베르니에 있는 모네의 집에 남아 있습니다. 환상주의와 표면의 2차원성이 자아내는 미묘한 긴장감은 줄곧 모네 스타일의 중요한 특징을 이룹니다.

에드가르 드가

프랑스, 1834 – 1917년

무용 수업

1874년, 캔버스에 유채, 83.5 × 77.2cm
해리 페인 빙엄 부인 유증, 1986 (1987.47.1)

드가가 그린 역사화를 제외하면 1870년대 중반에 그려진 이 작품과 파리 오르세 미술관에 있는 이와 유사 작품들은 드가의 가장 대표적인 인물화 시리즈로 손꼽힙니다. 이 장면은 한 무용수가 애티튜드를 실행하는 동안 24명의 여인들—발레리나와 그 어머니들—이 기다리고 있는 모습을 그리고 있습니다. 유럽의 가장 유명한 무용수이자 안무가인 쥘 페로가 파리 오페라 극장 연습실에서 가상의 수업을 진행하고 있습니다. 이 그림은 1872년 오페라 가수 겸 수집가인 장 바티스트 포르가 의뢰한 것으로, 드가가 의뢰를 수락한 몇 안 되는 작품 중 하나입니다. 그는 약 2년에 걸쳐 작업하여 마침내 이 그림을 완성하였습니다.

피에르 오귀스트 르누아르

프랑스, 1841–1919년

조르주 샤르팡티에 부인과 자녀들

1878년, 마르게리트 루이즈 르모니에(1848-1904)
조제트 베르트(1872-1945), 폴 에밀 샤를르(1875-1895)
캔버스에 유채, 153.7 × 190.2cm
캐서린 로릴라드 울프 컬렉션, 울프 기금
1907 (07.122)

르누아르는 한때 인상주의 전시회에 1회에서 3회까지 세 차례 참여했지만, 1879년에 열린 4회부터는 출품을 거부하고 보다 전통적인 파리 살롱 무대로 선회하여 이 작품 〈조르주 샤르팡티에 부인과 자녀들〉을 전시해 큰 찬사를 받았습니다. 유명한 출판업자인 조르주 샤르팡티에의 의뢰로 그리게 된 이 그림은 찰스 프레더릭 워스가 제작한 우아한 드레스를 입은 그의 아내 마르게리트 루이즈 르모니에(1848-1904)를 품위 있게 묘사하고 있습니다. 당시의 유행을 따라, 세 살배기 아들 폴 에밀 샤를르(1875-1895)는 머리를 자르지 않았고 왼쪽에서 애완견 위에 앉아 있는 누나 조제트 베르트(1872-1945)와 똑같은 원피스를 입고 있습니다.

폴 세잔

프랑스, 1839 – 1906년

물병, 컵, 사과가 있는 정물

1877년경, 캔버스에 유채, 60.6 × 73.7cm
H. O. 하브마이어 컬렉션, 하브마이어 부인 유증
1929 (29.100.66)

정물화는 1870년대 세잔의 미술에서 중심에 있습니다. 이 작품에 나타난 독특한 무늬의 벽지는 세잔 특유의 중성적인 배경에서 벗어났음을 보여주며, V자 형 벽지 문양은 상자 위에 드리워진 흰 천 냅킨의 모양과 흡사합니다. 이 냅킨은 세잔이 가장 좋아하는 풍경 모티프 중 하나인 생빅트와르 산을 암시하고 있는 것으로 해석됩니다. 천에 잡혀 있는 깊은 주름이 산 등성이와 골짜기 형태를 만들어 냅니다. 그런 형식적 유사성은 그의 정물화 시리즈에 기본적으로 깔려 있는 의도적인 구조를 보여 줍니다. 그는 형식적, 기법적 실험을 위해 그 같은 구조를 즐겨 사용하였습니다. 불연속적인 필치로 물감을 칠한 것은 그가 인상주의 기법에 동화되었음을 반영합니다.

앙리 드 툴루즈 로트레크

프랑스, 1864 – 1901년

소파

1894 – 96년경, 마분지에 유채, 62.9 × 81cm
로저스 기금, 1951 (51.33.2)

세기말 몽마르트의 화려하고 저속한 밤 문화를 고집스럽게 기록한 로트레크는 1892년에서 1896년 사이에 완성된 연작 그림에서 매춘부들의 삶을 기록하는 일에 착수하였습니다. 그는 홍등가 풍경을 담은 드가의 모노타이프와 에로틱한 일본의 판화에서 생생한 열정의 이미지를 창조할 예술적 자유를 발견한 것으로 보입니다. 다만 그는 좀 더 큰 그림으로 놀라울 만큼 거리낌 없는 작품을 주저 없이 제작해냈습니다. 로트레크는 매춘부들의 자연스러움을 높이 평가하며 이렇게 말했습니다. “어떠한 가식도 없이… 긴 소파에서 몸을 쭉 뻗고 있는 여인들….” 〈소파〉는 1890년대 중반에 그려진 레즈비언 커플이 주고받은 은밀한 행위에 초점을 맞춘 다른 세 점의 그림들과도 관련이 있습니다.

조르주 쇠라

프랑스, 1859–1891년

서커스 사이드쇼

1887–88년, 캔버스에 유채, 99.7 × 149.9cm
스티븐 C. 클라크 유증, 1960 (61.101.17)

쇠라가 파리 코르비 서커스 입구에서 열린 사이드쇼 진행자들을 묘사한 이 작품은 정교한 점묘법으로 시간적 초월감과 신비감을 자아냅니다. 아홉 개의 반짝이는 가스등에서 뿌연 빛이 흘러나오는 난간 있는 무대에서, 단장(오른쪽)과 악단(왼쪽)이 표를 살지 말지 망설이는 군중을 향해 연주를 선보이고 있습니다. 구경꾼들이 쓰고 있는 각양각색의 모자가 풍자적이고 리드미컬한 분위기를 더합니다. 쇠라는 1887년 봄에 파리의 노동자 거주 지역에 세워진 페르낭 코르비의 유랑 서커스를 스케치하면서 이 작품에 착수했으며, 몇 차례의 습작을 통해 작품을 발전시켰습니다. 작품 활동 시기가 비교적 짧았던 쇠라가 남긴 여섯 점의 주요 인물화 중 하나인 〈서커스 사이드쇼〉는 그가 최초로 그린 밤을 배경으로 한 그림이자, 최초로 대중오락을 주제로 그린 그림입니다.

폴 세잔

프랑스, 1839–1906년

카드놀이 하는 사람들

1890–92년, 캔버스에 유채, 65.4 × 81.9cm
스티븐 C. 클라크 유증, 1960 (61.101.1)

1890년에서 1896년 사이에, 세잔은 카드놀이를 주제로 하는 작품 활동을 열정적으로 펼쳐 나갔습니다. 그는 액상프로방스 부근 가족 소유의 농장 일꾼들을 모델로 동원하였습니다. 수많은 습작을 토대로, 그는 17세기 이래로 인기를 누려온 작품 주제에 대한 전통적인 묘사 기법을 확장하는 동시에 그 같은 전통에 도전하는 다섯 편의 작품을 제작하였습니다. 메트로폴리탄 박물관이 소장한 이 작품은 그 연작의 시작으로 보입니다. 시리즈의 첫 번째 작품보다 크기가 두 배로 확대되고 어린 소년을 삽입한 두 번째 작품 이후 세잔은 나머지 세 편의 작품에서 관련성 없는 세부적인 것들을 과감히 없애버리고, 카드 테이블에서 서로 팽팽히 맞서고 있는 두 인물만 묘사합니다.

빈센트 반 고흐

네덜란드, 1853–1890년

삼나무가 있는 밀밭

1889년, 캔버스에 유채, 73 × 93.4cm
구입, 아넨버그 재단 기증, 1993 (1993.132)

반 고흐는 생레미 정신병원에 입원해 있는 1년 동안 삼나무와 올리브 나무가 점점이 흩어져 있는 프로방스 전원의 특징들을 포착하는 연작 그림을 그렸습니다. 1889년 7월 2일 동생 테오에게 쓴 편지에서, 그는 그해 6월에 시작한 가장 최근의 연작 그림에 대해 이렇게 묘사하였습니다. "밀밭과 양귀비풀이 있고 색색의 스코틀랜드 격자무늬 천 같은 파란 하늘이 있는, 몽티셀리의 그림처럼 두껍게 칠한 삼나무 그림이다." 고흐는 이 햇살이 내리쬐는 풍경을 그의 여름 작품 중 "최고"로 보고 이 구도를 세 차례나 반복하였습니다. 첫 번째는 갈대 펜으로 그린 소묘(암스테르담, 반 고흐 미술관)이고, 나머지 두 점은 그해 가을에 그린 유화입니다(런던 영국국립미술관, 개인소장품).

폴 고갱

프랑스, 1848–1903년

이아 오라나 마리아

1891년, 캔버스에 유채, 113.7 × 87.6cm
샘 A. 루이손 유증, 1951 (51.112.2)

고갱은 폴리네시아의 종교적 신앙에 영감을 받은 일련의 작품들에 착수하기 전에, 그의 첫 번째 타히티 그림을 기독교적 주제에 바쳤습니다. 1892년 3월의 한 서신에서 그는 이렇게 묘사합니다. "노란 날개를 가진 천사가 두 명의 타히티 여인에게 성모 마리아와 예수님을 보여주고 있는데, 마리아와 예수님 모두 타히티인들이다. 두 여인은 꽃무늬 천인 '파레우'를 허리에 둘렀을 뿐 거의 알몸 상태다. 무척 엄숙한 산지와 꽃피는 나무가 배경으로 깔려있다." 이 작품의 제목 〈La Orana Maria〉는 천사 가브리엘이 수태고지에서 성모 마리아에게 처음 한 말입니다. "la orana"는 타히티에서 일반적인 인사말입니다.

유럽 조각과 장식 미술

유럽 조각 및 장식 미술부는 1907년에 유명한 재정가이자 미술품 수집가였던 J. 피어폰트 모건 사장의 지시하에 박물관 재건의 일환으로 설립되었으며 무려 600개 이상의 프랑스 장식품을 포함한 모건의 기증품과 함께하게 되었습니다. 모건 이후로 기증자 중 주요 인물이었던 찰스 B. 라이츠먼 부부는 기증을 많이 했는데 그 기증품들의 다양성과 품질만으로 컬렉션의 다양한 분야를 향상시켰습니다. 오늘날 이 예술부는 기념 대리석 분수대에서 소형 카메오 조각물에 이르기까지 약 6천여 개의 예술품을 담당하고 있습니다. 그 종류에는 15세기부터 20세기 초반까지의 조각품, 목공품 및 가구, 도자기, 유리, 금세공인의 작품(보석류를 포함), 은, 비금속, 시계, 수학 도구, 태피스트리 및 직물이 있습니다. 역사적으로는 프랑스, 영국, 이탈리아, 독일 및 스페인 미술이 강조되었으나 최근 몇 년 간 보유물의 범위가 더 넓어져 네덜란드 및 러시아 작품들이 포함되었습니다. 컬렉션의 강점은 유명한 이탈리아 르네상스 조각, 눈에 띄게 청동으로 만들어진 작은 조각상, 18세기와 19세기의 프랑스 조각, 프랑스와 영국의 가구 및 은, 이탈리아 르네상스 마욜리카, 그리고 프랑스와 독일의 자기입니다. 예술부는 또한 이탈리아 구비오의 15세기 *스투디올로*, 스페인 벨레즈 블랑코의 16세기 베란다, 18세기 프랑스 대저택의 여러 객실, 그리고 로버트 애덤이 디자인한 영국 신고전주의 객실 2개 등의 대저택 객실 전체를 관리하고 있습니다.

추정 조각가

도나텔로(도나토 디 니콜로 디 베토 바르디)

이탈리아, 1386–1466년

요정

1436년경, 금동, 높이: 61.6cm
매입, 사무엘 리드 부인 기증, 교환을 통한 로저스 기금, 루이 V. 벨 기금, 1983 (1983.356)

오늘날 우리가 알고 있는 웅장한 메디치 궁전으로 변모하기 훨씬 전인 1436년에, 코시모 데 메디치의 피렌체 저택 앞뜰에 분수대가 비치되어 있었습니다. 석공 베토 안토니오가 분수대를 제공했고 화가 안토니오가 그 위에 있는 스피리텔로(요정이나 때로는 천사를 의미)를 도금하여 수당을 받은 것으로 기록되어 있습니다. 그 스피리텔로가 이 별난 아기인 것은 거의 확실합니다. 1429년 도나텔로가 만든 시에나 세례당의 여러 청동 천사상이 익숙한 이 조각가는, 은행업을 하는 메디치 가문이 사랑한 상업의 신 메르쿠리우스를 피렌체 사람들이 5월만 되면 반겼던 서풍 제피르와 명랑하게 어우러지도록 하였습니다.

안토니오 로셀리노

이탈리아, 1427–1479년

성모자와 천사들

1455–60년경, 도금으로 세부 장식된 대리석, 73.3 × 53.7cm
벤저민 올트먼 유증, 1913 (14.40.675)

피렌체 안토니오 로셀리노는 미노 다 피에솔레와 데시데리오 다 세티냐노를 포함하여 그의 세대에서 가장 재능이 뛰어난 대리석 조각가들 중 한 명이었습니다. 이 감각적인 부조는 개인적인 예배를 위한 것으로 그의 초기 작품입니다. 성모가 소용돌이꼴 팔걸이를 고부조한 화려한 성좌에 앉아 있습니다. 성모와 팔에 안긴 아기 그리스도는 이상하게도 가라앉아 보이는데 아마 그리스도가 앞으로 겪게 될 고난을 생각하는 것 같습니다. 성모의 왼손이 보호적으로 어루만지는 동작은 특히 애절합니다. 주요 인물들은 풍부하고 다양한 표면적 내용(천사 날개의 소용돌이치는 동요, 수평으로 부풀어 오른 구름, 장식된 보좌, 그리고 구석구석 도금된 부분)을 배경으로 돋보입니다.

접시

이탈리아, 페사로 추정, 1485–90년

마욜리카

높이: 10.2 cm, 직경: 47.9 cm
플래처 기금, 1946 (46.85.30)

이 놀라운 큰 접시는 헝가리의 마티아스 코르비누스 왕(1485–90년경)의 두 번째 부인 아라곤의 베아트리체를 위한 선물로 주문된 것 중 하나였는데 마티아스 및 아라곤 가문의 문장이 접시 가장자리를 장식합니다. 이 접시는 베아트리체의 사촌 아라곤의 카밀라가 의뢰하였을 가능성이 많고 카밀라가 1475년에 코스탄초 스포르차와 결혼하면서 이사를 갔던 페사로에서 만들어졌습니다. 뛰어나게 채색된 중심 풍경과 정교하게 완성된 장식 가장자리는 가장 뛰어난 15세기 마욜리카 작품 중 하나임을 보여줍니다.

베르길리우스의 잔

이탈리아, 무라노 섬, 1475–1500년경
에나멜 가공 및 도금된 유리
높이: 17.5 cm, 컵의 지름: 8.7 cm
J. 피어폰트 모건 기증
1917 (17.190.730a, b)

이 군청색의 베네치아 유리잔은 정교한 에나멜로 씌여 있는데, 이 기술과 장식의 초기 단계를 볼 수 있는 단서가 됩니다. 채색 사본을 연상시키는 에나멜은 중세인의 상상 속에서 마술사로 변신한 라틴 시인 베르길리우스의 전설을 묘사합니다. 베르길리우스는 그의 접근을 경멸한 처녀 페빌라에게 복수하려고 로마에 있는 모든 불을 마법으로 꺼버린 다음 그녀 몸 속에 그가 넣은 마법의 살아 있는 석탄으로부터 불을 붙인 양초로 도시의 모든 여인들이 불을 다시 켤 때까지 페빌라가 시장에 나체로 서 있도록 잔인한 요구를 하였습니다.

리초(안드레아 브리오스코)

이탈리아, 1470–1532년

기름 등잔

1515년경, 청동, 높이: 19.4cm
유럽 조각 및 장식 예술 기금, 2009 (2009.58)

파도바의 리초는 이탈리아 르네상스에서 가장 활발하고 개척적인 청동 미술가였으며 이 작품은 그 영웅 시대에 있어서 박물관의 가장 아름다운 장식물입니다. 그의 잔존하는 작품 3개 중 유일하게 완전한 기름 등잔으로서 뚜껑과 다리가 그대로 있습니다. 이 등잔은 고대의 갤리언 형태로서, 양쪽에 숫양들과 놀고 있는 푸토들을 나타내는 프리즈 모양이 있고 끝쪽에는 눈길을 사로잡는 소용돌이꼴 장식체로 배열되어 있는 데다가 윅에 대고 입김을 뿜는 시늉을 하는 긴 수염을 한 괴물의 목을 포함하고 있습니다.

안티코(피에르 자코포 알라리 보나콜시)

이탈리아, 1460–1528년경

파리스

16세기의 첫 분기
청동, 부분적인 금도금 및 은도금, 높이: 37.1cm
이디스 페리 채프먼 기금, 1955 (55.93)

미술가가 고른 별명인 안티코는 고대의 조각을 활성화하고 영존시키는 그의 평생의 작품들을 가리킵니다. 이 만투아 미술가는 그 무엇보다도 유명한 고전 조상의 구성을 재현하는 절묘하게 섬세하며 고상한 동상으로 명성이 있습니다. 안티코의 대형 조상 중에서 이 건장한 나체는 비록 그 원형이 시별되지는 않았지만 아마 세 명의 여신(비너스, 주노, 그리고 미네르바) 중에 누가 가장 아름다웠는지를 결정하고 있는 트로이 왕자를 나타내고 있을 것입니다. 그는 그의 금사과를 비너스에게 줌으로써 비너스를 선택하였습니다. 매끄러운 피부, 우아하게 뒤쫓은 이목구비, 그리고 도금 및 은도금 강조는 왜 안티코의 최고 동상이 초창기 르네상스 조상을 통틀어도 제일 인기 있는 조상 중 하나로 꼽히는지를 잘 알려줍니다.

프란체스코 디 조르조 마르티니

이탈리아, 1439–1501년

작품이 만들어진 공방의 주인

줄리아노 다 마이아노

이탈리아, 1432–1490년, 그리고

베네데토 다 마이아노

이탈리아, 1442–1497년

구비오에 있는 공작궁의 스투디올로

1478–82년경
4.85 × 5.18 × 3.84m
로저스 기금, 1939 (39.153)

명상과 공부를 위한 이 작은 방은 구비오 궁전을 위한 페데리코 다 몬테펠트로 공작이 의뢰하였습니다. 패널들은 이 고객과 연관된 물건들을 굉장히 현실적으로 묘사하는데 사용된 수천 조각의 호두나무, 너도밤나무, 자단, 참나무 및 과수재의 눈부신 예입니다. 갑옷과 표장은 그의 전사 및 현명한 지도자로서의 용맹을 암시하고 음기 및 과학 도구와 서적은 학습에 대한 애착을 증명해줍니다. 화려한 르네상스 인테리어 스투디올로 는 우르비노 궁전에 여전히 남아 있으며 그 궁전을 위해 공작이 의뢰한 조금 전의 예와만 견주어 볼 수 있습니다.

명예의 승리

플랑드르, 브뤼셀 추정, 1502–4년경
양모, 비단, 3.59 × 3.35m
매입, 아넨버그 재단 기증, 1998 (1998.205)

이 태피스트리는 그 상태, 색상 및 조화로운 구성 면에서 색다릅니다. 부분적으로 페트라르카의 시 〈이 트리온피〉(승리)를 기반으로 한 이 작품은 사랑, 순결, 죽음, 명예, 시간 및 종교의 승리를 대표하는 여섯 개로 구성된 세트 중 하나였습니다. 여기에서 명예는 성서대에서 고대인들의 업적을 불멸하게 만든 작품의 저자들에 둘러싸여 글을 읽고 있습니다. 죽음을 이긴 그녀는 운명들을 발로 짓밟고 십자가가 달린 보주를 들고 있어 의심할 나위 없이 기독교 문맥에서 이 주제를 다루고 있습니다. 이 태피스트리나 이와 동일한 것은 1504년에 카스티야 및 아라곤의 여왕 이사벨라에 의해 매입되었습니다.

벨레즈 블랑코 성의 베란다

스페인, 1506–15년
마카엘 대리석 (시에라 데 필라브레스)
13.1 × 13.4 × 19.2m
조지 블루멘탈 유증, 1941 (41.190.482)

알메리아 부근에 있는 벨레즈 블랑코 성의 베란다는 복합적인 건축 보석입니다. 베란다의 구조는 비대칭 배치, 고딕 이무기 돌, 평면 목재의 천정, 그리고 낮은 분절 아치에 있어서 구조적으로 스페인의 유래를 반영합니다. 이탈리아 북부 지방의 조각가들은 르네상스 세부 장식들을 만들어냈습니다. 공상적인 식물과 동물들의 호화로운 배열이 아치, 난간의 벽, 그리고 문과 창문에 나타납니다. 복잡하기는 하지만, 주제가 이탈리아의 초기 르네상스 형태의 분명함, 자연주의, 3차원적 품질 특성을 보전합니다.

시모네 모스카

이탈리아, 1492–1553년

벽천

1527–34년, 회색 사암, 높이: 4.95m
해리스 브리스베인 딕 기금, 1971 (1971.158.1)

석공 마을 세티냐노에서 태어나 위대한 건축가 안토니오 다 상갈로(2세)에게 훈련을 받은 시몬 모스카는 건축 장식 조각가로서 주요 미술가들과 함께 작업하였습니다. 이 기념비적인 분수대는 아레초에 있는 포솜브로니 궁전을 위해 지역에서 유명한 돌인 삐에뜨라 세레나를 조각한 것입니다. 한편으로는 기초, 기둥, 엔태블러처 간의 놀라운 균형을, 또 다른 한편으로는 가면, 국자가리비, 식물의 주제를 다루며 건축과 조각 사이에서 경쾌히 동요합니다. 모스카는 또한 그 여러 같은 해에 걸쳐 메디치 예배당에서 미켈란젤로를 위한 장식을 진행했는데 분수대 표면의 미묘한 조각은 모스카의 조각가로서의 기술을 보여줍니다.

발렌틴 보쉬

프랑스, 1541년에 사망

대홍수

1531년, 채색 및 착색 유리, 3.61 × 1.7m
매입, 조지프 퓰리처 유증, 1917 (17.40.2a-r)

이 유리창은 십계명판을 보이는 모세 (박물관 컬렉션에도 있음) 및 다른 다섯 개와 더불어, 로렌 플래비니쉬르모젤에 있는 생피르맹의 베네딕트 수도원의 성가대를 장식하였습니다. 이 작품은 와리 드 루시 수도원 원장이 의뢰한 것입니다. 이 작품을 만든 메스의 발렌틴 보쉬는 북부 르네상스 중 프랑스 동북 지역에서 가장 중요한 전문 유리장이 중 한 명이었습니다. 보쉬는 전통적인 구분을 거부하고 대신 트롱프뢰유 건축 틀 내의 개별 구성을 거대한 채색되거나 조각된 제단 뒤 선반처럼 취급하였습니다. 채색된 유리의 찬란한 색조는 그리자유의 채색된 부위와 투명한 유리 위의 은색 얼룩과 조화를 이루고 유리는 모두 대담한 기교로 절단된 것입니다.

물주전자

프랑스, 생포르셰르 또는 파리, 1550년경
납을 칠한 백색 도자기, 높이: 26.2cm
J. 피어폰트 모건 기증
1917 (17.190.1740)

이 물주전자는 16세기 중기에 프랑스에서 만들어진 낮은 불에 구운 백색 도자기 중에서도 가장 크고 인상적인 예 가운데 하나입니다. 생포르셰르 도자기류로 알려진 이 정교하고 흔히 건축적인 조각의 그룹은 크림색 도기 밑바탕 내에 세공된 채색된 점토의 복잡하게 얽힌 디자인으로 구별됩니다. 프랑스 서부에 있는 생포르셰르 마을에서 만들어진 것으로 여겨졌으나 그 기술적 세련미와 야심찬 디자인은 페르시아에서 기원함을 나타낼 수 있습니다.

파르네세 탁자

1569년경
대리석, 이집트 설화 석고, 준보석
95 × 379 × 168cm
해리스 브리스베인 딕 기금, 1957 (58.57a–d)

이 기념비적인 탁자는 로마의 하이 르네상스 스타일을 구현합니다. 이 값비싼 탁자의 디자이너는 로마의 파르네세 궁전을 위해 특별한 고위실의 뛰어난 환경을 만들었던 자코모 바로지다(이탈리아, 1507–1573년)였다고 여겨집니다. 1525년부터 1582년까지 이탈리아에서 작업했던 프랑스인 장 메나르에 의해 만들어진 탁자 윗면은 중앙에 두 개의 이집트 설화 석고 "창" 틀을 형성하는 각종 대리석 및 준보석으로 된 피에트라두라(경석) 상감 세공입니다. 대리석으로 된 탁자 다리는 굴리엘모 델라 포르타(이탈리아, 약 1515년부터 1577년)와 그의 감독하에 궁전 장인들이 조각했을 가능성이 있습니다. 장식 속 백합은 파르네세 가문의 상징이며 거대한 탁자 다리에 있는 문장은 알레산드로 파르네세 추기경의 것입니다.

시계 태엽의 천구

오스트리아, 빈, 1579년
케이스: 부분적인 은도금 및 금을 입힌 놋.
움직임: 놋, 강철. 27.3 × 20.3 × 19.1cm
구의 직경: 13.8cm
J. 피어폰트 모건 기증, 1917 (17.190.636)

루돌프 2세 신성 로마 황제를 위해 만들어진 이 구체는 경선 환에 서명하고 날짜를 적은 황실 시계 제조공 게하드 에모저에 의한 기계 장치를 포함하고 있습니다. 광범위하게 재구축된 이 기계 장치는 본래 천구를 회전하고 황도의 태양을 따라 움직였습니다. 구체 위에 있는 숫자판은 시간을 표시하고 다른 숫자판은 그해의 날을 표시합니다. 절묘하게 새겨진 성좌와 페가수스 받침대가 있는 이 구는 익명의 금세공인이 만들었으며 아마 빈의 황실 작업장에서 일했던 조각공이 작업했을 것입니다.

풍경 속의 사냥꾼들

영국, 런던 추정, 1575–95년경
양모, 비단, 1.8 × 4.62m
매입, 월터 및 레오노르 아넨버그 인수 기증 기금, 로제타 라르센 신탁 기증, 그리고 유럽 조각 및 장식 미술 후원회 기증, 2009 (2009.280)

이 길고 좁은 벽판 태피스트리에는 우아하게 잘 보존된 팔레트가 있습니다. 그 당시 플랑드르 직공들에 의해 "영국 스타일"이라고 불렸던 대로 나무 판자로 된 방의 코니스와 다도 사이에 걸려 있었을 수 있습니다. 이 태피스트리는 전쟁으로 파괴된 플랑드르에서 피신하여 영국의 런던으로 이주했을 직공들의 스타일 있고 도상학적이며 기술적인 기반에 기인합니다. 이러한 제한된 상황을 대표하는 이 태피스트리 만화의 요소들은 재활용된 디자인 원천(중앙에 있는 영주의 저택은 스위스 미술가 요스트 아만(1539–1591년)에 의한 솔로몬 왕의 궁전을 대표하는 목판을 기반으로 한 것임)을 예술적으로 둘러싸고 있습니다.

물주전자

이탈리아, 피렌체, 1575–87년경
연질 자기, 20.3 × 10.8 × 12.4cm
J. 피어폰트 모건 기증, 1917 (17.190.2045)

유럽에서 처음으로 나타난 도자기 제작 노력은 16세기 말에 피렌체의 메디치 궁정 공방에서 시작되었습니다. 토스카나 대공 메디치 가문 프란체스코 1세의 후원하에 1574년경 장인들이 유럽에서 값 나가는 물건이었던 중국 청화백자를 모방하여 도자기 만들기를 시도하였습니다. 중국 및 오스만 도자기가 메디치 자기의 장식에 영향을 주었지만 공작의 작업장에서 만들어진 수많은 형태들은 이 물주전자의 경우와 같이 현대의 견고한 석기 그릇이나 금세공인들의 작품에 기인하고 있습니다. 불과 여섯 개 정도의 메디치 자기만이 잔존하는 것으로 알려져 있습니다.

조반니 로렌초 베르니니

이탈리아, 1598-1680년, 그리고

피에트로 베르니니

이탈리아, 1562–1629년

바쿠스: 아이들에게 놀림을 받는 파우누스

1616년경, 대리석, 높이: 132.4cm
매입, 아넨버그 기금 기증, 플레처, 로저스, 루이 V. 벨 기금, 그리고 교환에 의한 J. 피어폰트 모건 기증, 1976 (1976.92)

놀라운 재능의 신동 조반니 로렌초 베르니니는 그의 다재다능한 아버지 피에트로와 함께 견습하였습니다. 그 기간 동안, 그들은 아들의 야망과 용기가 두드러지게 나타나는 수많은 대리석 조각상을 함께 만들었습니다. 박물관의 작품들은 그중 가장 야심차며 뒤얽힌 인물들과 차별화된 질감을 표현하는 젊은 화가의 열정을 예증합니다. 파우누스의 긴장된 근육, 치아가 없는 입, 통통한 아이들, 나무 껍질, 즙이 많은 과일 덩어리들을 보면 알 수 있습니다. 고대 석관에서 영감을 받은 이 바쿠스의 흉청댐은 바로크의 기준점인 로마 미술에서 전형적이었던 고전주의와 자연주의의 융합을 보여줍니다.

아래

성 세바스티아노 순교의 대가

오스트리아

헤라클레스와 아켈로오스

17세기 중반 추정, 상아, 높이: 27.9cm
잭과 벨 린스키 컬렉션
1982 (1982.60.129)

헤라클레스의 위업은 조각가들에게 미묘한 행동에서 남성 인물의 힘을 탐구할 수 있는 기회를 제공하였습니다. 완전히 원형으로 조각된 이 대형 단체는 신화의 영웅과 인간에서 황소, 그리고 다시 뱀으로 변신한 강의 신 아켈로오스 간의 분투를 나타냅니다. 이 작품은 로마의 사수들에게 습격당하는 초기 기독교인 성 세바스티아노를 묘사하는 두 개의 대형 구조 장면을 조각했던 익명의 미술가의 것입니다. 이 영리한 조각가의 작품은 격렬하고 과장된 동작과 극단적인 감정, 그리고 신체 세부에 대한 광신적인 묘사의 특징을 나타냅니다.

위

후안 마르티네스 몬타녜스

스페인, 1568–1649년

성 세례 요한

1625–35년경, 도금을 한 다색 목재, 높이: 154cm
매입, 조지프 퓰리처 유증, 1963 (63.40)

몬타녜스는 그 시대에서 으뜸가는 스페인 조각가였습니다. 그는 많은 동상과 장식 선반을 만들었으며 기술적 묘기로 인해 엘 디오스 델 라 마데라(나무의 신)이라는 별명을 얻게 되었습니다. 원형으로 조각된 〈성 세례 요한〉은 세비야에 있는 누에스트라 세뇨라 데 라 콘셉시온 수도회에서 왔습니다. 몬타녜스는 강렬한 시선, 힘 있는 인체 및 천연 피부색이 선명하게 묘사된 선구자의 표준 도해를 따랐습니다. 풍부한 다색채의 도금 조각상은 조각 기술과 회화 기술의 통합인데 몬타녜스가 다른 화가들과 경쟁하여 헌신을 유도하고 강화시켰던 매혹적인 현실성을 달성하려고 한 것입니다.

미셸 레들린

독일. 1688년에 기록됨

장식함

1680년경, 호박색, 금박, 도금된 놋, 나무, 비단 공단, 종이, 30 × 33 × 21cm, 월터 및 레오노르 아넨버그 인수 기증 기금, 2006 (2006.452a-c)

폴란드 그단스크에서 온 이 '행진'관(전시 전용으로 제작됨)은 17세기 호박보석 작품에서도 가장 중요하고 잘 보전된 것 중 하나입니다. 예술과 자연의 상호 작용을 강조하기 위해 거의 모든 종류의 호박보석(반투명, 불투명 및 우유빛 보석)을 포함하고 있는데 한마디로 보고 또는 쿤스트캄머 물건의 가장 호감이 가는 특징이라 하겠습니다. 중세 이후에는 '발트 해의 금'이라고 불렸던 호박보석이 신화의 근원 및 마법의 힘이 있는 물질로 여겨졌습니다. 표면에는 풍경 및 전원 경치가 섬세하게 새겨졌으며 투명한 호박보석의 날아갈 것처럼 얇은 판들로 구성된 사각형 및 타원형 부분의 야심찬 체계에 의해 활기를 띱니다. 독특한 조각, 전환 및 판화는 보기 좋은 노을 색상의 팔레트를 조성합니다.

발타자르 페르모저

독일, 1651-1732년

마르시아스 흉상

1680-85년경, 대리석 패널로 내부가 상감 세공된 흑색 대리석 초석 위에 놓인 대리석, 높이: 68.6cm, 매입, 로저스 기금 및 해리스 브리스베인 딕 기금, 2002 (2002.468)

페르모저는 독일 바로크 조각 분야에서 탁월한 인물이었습니다. 그는 청년 시기에 이탈리아로 여정을 떠났고 이 마르시아스 흉상은 아마 로마에서 조각되었을 가능성이 있습니다. 로마의 '스페인 광장'에 있는 베르니니의 1619년 〈저주받은 영혼〉을 그린 페르모저는 마르시아스의 끔찍한 처형(음악 대회에서 아폴로에게 대항한 것으로 간주된 사티로스로 산채로 껍질이 벗겨짐)의 절정을 포착하였습니다. 곁눈질하는 눈과 타오르는 듯한 머리카락은 이 조각가의 과장된 주정주의를 상징합니다. 크게 벌린 입을 통해 마르시아의 숨막힌 비명이 거의 들릴 듯합니다.

전

샤를 르브룅

프랑스, 1619–1690년

가장자리 디자이너

장 레모엥 르로랭

프랑스, 1637년/38–1709년

공기

1683년경, 캔버스에 양모, 비단, 은, 은도금 금속 포장된 실
4.27 × 2.74m, 로저스 기금, 1946 (46.43.4)

주피터로서 루이 14세는 독수리를 타고 번갯불과 방패를 들고 있으며 새, 나비, 뿔피리와 다른 관악기에 둘러싸였으며 공기를 상징합니다. 정교한 디자인은 샤를 르브룅의 솜씨로, 헤링본 및 나선형 패턴으로 표현된 은 및 은도금 실의 복잡한 배경에 텐트 스티치로 만들어졌습니다. 이 작품은 여덟 개의 벽걸이(이 중 4개는 박물관 컬렉션에 있음) 세트의 일부이며 아마도 왕의 정부 몽테스팡 공작부인을 위해 만들어졌을 것입니다. 루이 14세, 후작 부인 또는 그들의 아이들 중 한 명을 주인공으로 한 원소와 계절을 묘사한 작품들입니다. 이 벽걸이는 아마 파리 '생조셉더라프로비덩스' 수도회에서 수놓아졌을 것입니다.

앙드레 샤를 불

프랑스, 1642-1732년

서랍장

1710-20년경
흑단, 새겨진 놋과 대모갑의 상감 세공, 동도금 탑재
녹색 반점이 있는 사문암 대리석 윗면으로 표면 처리된
호두나무 87.6 × 128.3 × 62.9cm
잭과 벨 린스키 컬렉션, 1982 (1982.60.82)

1708년에 루이 14세 통치하에서 가장 유명한 캐비닛 제조자였던 불은 베르사이유에 있는 그랑 트리아농의 왕 침실을 위해 두 개의 뷰로 또는 서랍장을 만들었습니다. 역사적으로 새로운 발명품이었던 이러한 뷰로 는 탁자와 새로 도입된 서랍장의 조합으로서 서랍이 두 개 있는 게 특징이며 로마 석관의 영향을 받은 모양과 궁정 제도공 장 베랭의 디자인을 보입니다. 이 모형의 구조에는 끝이 뾰족해지는 나선을 형성하는 추가 받침대 네 개가 필요하였습니다. 이 서랍장은 프랑스의 18세기 가구 중 가장 흔히 반복되는 것 중 하나가 되었습니다. 이 예는 불의 작업장에서 만든 것 중 초기 작품인 것으로 보입니다.

치장 벽토 세공을 했다고 추측되는 사람

마사그노의 아본디오 스타지오

이탈리아, 1675-1745년, 그리고

카포포로 마제티

이탈리아, 1684-1748년경

사그레도 궁전의 침실

베니스, 1718년경, 7.67 × 5.54 × 4.01m
로저스 기금, 1906 (06.1335.1a-d)

이 호화로운 침실은 잔존하는 그 시대의 가장 아름다운 예 중 하나입니다. 장식은 석고와 조각된 나무로 되어있습니다. 벽의 비장식 부분은 17세기 브로카텔레로 덮혀 있습니다. 아름다운 모형으로 된 아모리노는 홈이 있는 코린트 벽기둥에 의해 지지된 엔타블러처에서 날아 나오고, 밤을 이긴 새벽을 묘사하는 가스파레 디지아니의 그림의 금박 액자를 들며 침대 반침으로의 입구를 장난치듯이 막으면서 대기실의 여러 군데에서 모습을 드러냅니다. 적색 및 백색 대리석 기초가 있는 장식 판자를 댄 나무 다도는 방에 두루 있고 반침은 부력 앙상블을 만드는 원래 상감 세공 바닥을 유지하고 있습니다.

전

얀 반 메키른

네덜란드, 1658–1733년

스탠드 위의 캐비닛

1700–1710년경
자단, 올리브 목재, 흑단, 감탕나무, 튤립나무, 매자나무, 기타
부분적으로 얼룩진 상감 세공 나무로 표면 처리된 참나무
178.4 × 136.8 × 57cm
루스와 빅토리아 블룸카 기금, 1995 (1995.371a, b)

이 캐비닛은 암스테르담 엘리트층을 위해 호화로운 상감 세공 가구 제작의 전문가였던 고급 가구 제작자 얀 반 메키른이 만든 다른 유사한 예 중에서도 가장 작으면서도 가장 회화적인 작품입니다. 열린 받침대 위에 놓인 이 캐비닛은 큰 우아한 꽃다발로 꾸민 단순한 상자 같은 상부 구조로 되어 있습니다. 반 메키른은 예를 들어 수선화를 위해 매자나무와 같은 밝은 황색 나무를 영리하게 선택하고 거의 백색에 가까운 감탕나무를 천연적이지만 그리 오래가지 않는 염색으로 강화시킴으로써 현대 정물화를 반영하는 풍부하고 자연주의적인 팔레트를 달성하였습니다.

따른 모델

요한 고틀리에프 키르히너

독일, 1706–1737년경

사자

독일, 마이센, 한 쌍 중 하나, 1732년경
경질 자기, 53.3 × 83.2 × 34.3cm
라이츠먼 기금, 1988 (1988.294.1)

드레스덴에 있는 아우구스투스 2세의 일본식 궁전을 위해 주문된 대형자기 야수들은 18세기 도자기에 있어서 가장 야심찬 작업 중 하나였습니다. 자기에 이런 규모의 동물들을 묘사한 전례는 없었으며 이 사자 한 쌍에 있는 많은 구워진 금들은 이렇게 큰 상을 만들고 굽는 데 있어서의 기술적인 어려움을 반영합니다. 광택제의 푸르스름한 주조를 포함한 사소한 기술적인 결함이 있음에도 불구하고, 이 사자가 포함된 시리즈는 유럽에서 최초로 제작된 진정한 자기로서 독일 마이센 공장의 가장 위대한 성취 중 하나로 꼽힙니다.

시몬 판틴

영국, 1672–1728년경

찻주전자, 램프, 탁자

1724–25년, 은, 높이: 103.5cm
어윈 운타미야 기증, 1968 (68.141.81a–f)

이 기념비적인 주전자와 스탠드는 스트레텀 성의 조지 보우즈와 아주 부유한 상속녀 엘리너 버니의 1724년도 결혼을 기념하기 위해 만들어졌을 가능성이 높습니다. 탁자의 대담하고 파동치는 받침대를 견고한 은으로 입힌 것을 보면 값 비싼 선물이었을 것입니다. 그 시대 대부분의 은 가구는 금속의 가치를 복구시키기 위해 녹여졌기 때문에 이것은 진귀한 잔존물입니다. 이 작품은 우아한 바로크 윤곽, 정밀한 주조 및 세밀한 제판술이 두드러집니다. 은세공인 시몬 판틴은 런던에서 일하던 프랑스 개신교 전통의 많은 장인들 중 한 명이었습니다.

바랑주빌 룸

파리, 1736–52년경 (추후 증축)
5.58 × 7.07 × 12.36m
매입, 찰스 라이츠먼 부부 기증, 1963 (63.228.1)

내장재나 나무 패널에 새겨진 멋진 새긴 무늬는 부분적으로 고부조를 한 것으로, 이 방에서 가장 아름다운 것이라 여겨집니다. 내장재나 나무 패널은 원래 18세기 파리의 사택 중 하나인 바랑주빌 호텔에 있었으며, 바랑주빌 호텔은 비록 많이 개조되었지만 여전히 생제르맹 217번가에 있습니다.채색되고 도금된 참나무 판자가 C 스크롤, S 스크롤, 꽃의 잔가지, 로카유 주제로 화려하게 장식되어 있으나 그 장식은 아직도 주로 대칭적이기 때문에 완전한 로코코 스타일을 대표하지는 않습니다. 트로피는 음악, 원예, 군사적 명예, 고귀한 영광과 같은 개념 및 특성을 암시하며 거울과 벽 칸막이의 두루마리 테두리에 앉아 있는 목이 긴 새들은 이국풍에 대한 당대의 관심을 반영합니다.

천연 가죽 상자 내 화장 세트

1743-45년경
열 네 개의 식별된 독일(아우크스부르크) 금세공인 및 기타 독일 장인, 일본(이마리) 자기금도금한 은, 경질 자기 컷 유리, 호두나무 목재, 조각되고 부분적으로 금도금한 침엽수재, 맹장식 및 부분적 금도금의 가죽, 부분적으로 금도금된 강철 및 쇠, 직물, 물결 무늬 종이, 돼지의 강 모
케이스 높이: 44 × 63 × 57cm
거울: 74.9 × 59.7cm
매입, 스티븐 M. 켈렌을 기념하는 애나 마리아와 스티븐 켈렌 재단 기증, 2005 (2005.364.1-.48)

이 정교한 앙상블은 고귀한 원본에 완성된 예술적 디자인과 솜씨의 품질을 통합시킵니다. 고위 귀족의 일상적인 몸단장 또는 의상 의식의 일부로서 사용된 이 액세서리들은 그 소유자의 신분을 반영하기 위한 것이었습니다. 관습상, 결혼식 밤이 지난 다음날에 남편은 신부에게 이 눈부신 세트를 '아침 선물' 로 건네 주었습니다. 광범위하고 복잡한 은 세트 제작으로 유명한 아우크스부르크에서 만들진 이 앙상블은 스와비아에 있는 솅크 폰 슈타우펜베르크 백작의 소유물이었습니다. 기억에 남을 후손은 아돌프 히틀러를 암살하려다 실패해 1944년에 처형을 당한 클라우스폰 슈타우펜베르크입니다.

포푸리 항아리

프랑스, 세브르, 1756-57년
연 자기, 35.9 × 36.2 × 19.7cm
사무엘 H. 크레스 재단 기증, 1958 (58.75.88a-c)

이 항아리가 만들어졌을 때 세브르에 있는 프랑스 왕족 제조소는 유럽에서 가장 영향력 있고 명성있는 자기 제조소였습니다. 형태와 장식면에서의 혁신은 항아리의 덮개와 어깨의 복잡한 구멍 난 디자인, 짙은 청록색 배경, 자세히 그려지고 도금된 장식에서 명백히 드러납니다. 이 항아리의 소유자는 루이 15세의 정부 마담 드 퐁파두르였습니다.

프랑수아-토마 제르맹

프랑스, 1726–1791년

커피포트

1757, 은, 흑단, 높이: 29.5cm
매입, 조지프 풀리처 기증, 1933 (33.165.1)

1757년에 파리에서 만들어진 이 커피포트는 그 시대의 가장 독창적이고 훌륭한 은 디자인 중 하나였습니다. 다이나믹한 나선형 장식 홈은 형태에 움직임의 감각을 부여하고 커피포트의 주둥이와 뚜껑에 있는 푸르고 무성하게 표현된 커피 잎과 베리는 이 작품의 기능을 나타냅니다. 은세공사 토마 제르맹의 아들 프랑수아-토마 제르맹은 18세기 후반에 파이에서 가장 패션 센스가 있는 제작자 중 한 명이었으며 그의 대형 작업장은 러시아, 프랑스 및 포르투갈 궁정에 서비스를 제공하였습니다.

질 주베르

프랑스, 1689–1775년

필사용 테이블

1759년
옻칠한 참나무, 동도금 탑재, 가죽(원본 아님)
80.7 × 175.9 × 91.4cm
찰스 라이츠먼 부부 기증, 1973 (1973.315.1)

1759년 12월 29일, 수많은 왕실 의뢰를 받았던 성공적인 파리 주민이자 고급가구 제작자였던 질 주베르는 베르사유의 루이 15세 서재를 위해 이 필사용 테이블을 공급하였습니다. 표면 장식은 18세기 중반에 프랑스에서 가구를 위한 표면 마무리로서 유행했던 적색과 황색의 중국 옻칠을 모방한 것입니다. 부분적으로 뚫어진 금동 장식은 필사용 테이블의 우아한 곡선을 강조할 뿐만 아니라 광택 나는 심홍색 옻칠 표면을 보호하고 테 역할을 하고 있습니다. 이 필사용 테이블은1793–94년에 왕실 소유물의 혁명적 매매가 이루어지기까지 베르사유에 남아 있었습니다.

전
윌리엄 와일
영국, 1700년경/1705–1767년, 그리고
존 콥
영국, 1715–1778년경
메달 캐비닛
1760–61, 마호가니, 200.7 × 68.6 × 43.8cm
플레처 기금, 1964 (64.79)

육천여 개 이상의 동전 및 훈장을 수용할 수 있는 135개의 얕은 서랍들이 있는 이 훈장 캐비닛은 폐하의 웅장한 훈장 상자라고 불렸던 대형 가구의 끝 부분을 차지했던 두 개의 캐비닛 중 하나였을 것입니다(이 캐비닛의 짝은 런던에 있는 대영박물관에 오늘날 전시되어 있습니다). 이 한 쌍의 가구는 1760년에 왕이 된 조지 3세였던 프린스 오브 웨일스 조지가 의뢰한 것으로 나타나며 상단에 있는 문은 1750년에 프린스 오브 웨일스가 선출된 것을 기념하여 1의 훈장 별로 조각되었습니다. 캐비닛은 원래 열린 받침대 위에 놓여져 있었습니다. 윌리암 와일은 캐비닛 두 개를 개조했는데 그중 가장 광범위했던 개조는 다리 사이의 공간을 메꾸는 작업이었습니다.

다비드 뢴트겐

독일, 1743–1807년, 마스터 1780년

서랍장

1775–79년경
참나무, 소나무, 참피나무, 벚나무, 튤립나무, 회양목, 아마란스, 쥐방울나무, 배나무, 단풍나무로 표면 처리됨. 마호가니의 서랍 안. 동도금 탑재. 강철 및 놋 작동 장치. 카탈로니아 적색 브로카텔로 대리석 윗 표면이 서랍장 대해 원본이 아님
89.5 × 135.9 × 69.2cm
잭과 벨 린스키 컬렉션, 1982 (1982.60.81)

뒷부분에 베르사유 궁전이 두 번 표시되어 있는 이 코모다 벙투 는 루이 16세 개인방의 1792년 재고품과 연관되어 있습니다. 18세기 유럽의 주요 고급가구 제작자였던 뢴트겐은 많은 독일 왕자들, 마리 앙투아네트, 카트린 대제를 포함한 국제 고객들에게 흥미를 자아내는 기계적인 장치를 포함한 혁신적인 디자인의 가구를 공급하였습니다. 이 예의 앞부분에 있는 세 가지 상감 세공 장면은 연극 무대를 묘사합니다. 중앙 장면에는 이탈리아 코메디아델라르테로부터의 인물들로 차 있습니다.

반대편

카브리 룸

파리, 1774년경 (추후 증축 포함)
3.56 × 6.96 × 7.77m
매입, 찰스 라이츠먼 부부 기증
1972 (1972.276.1)

그라스에 있는 카브리 후작 장 폴 드 클라피에르의 새로운 저택을 위해 의뢰된 파리에서 만든 이 널빤지는 신고전주의 스타일의 순수한 표현입니다. 원래 이 방에는 이중문 다섯 세트와 같은 수의 거울이 있어 반사유리 표면의 조각된 금박 참나무의 변경을 통해 아름다운 조화가 이루어졌습니다. 둥글게 다듬어진 모퉁이에는 나비 모양의 리본이 풀린 악기 트로피들이 진열되어 있습니다. 고대 유물에서 유래된 모티프인 3각가 스탠드 위의 연기 향 버너는 상위 문 판을 장식합니다. 흐릿하면서 반질반질한 금도금의 조합은 특별히 생동감 효과를 냅니다.

디자이너

로버트 애덤

영국, 1728–1792년

랜스다운 저택의 식당

런던, 1766–69년
5.46 × 7.47 × 14.33m, 로저스 기금, 1931 (32.12)

런던의 버클리 광장에 위치해 있는 랜스다운 저택과 그 실내 장식은 로버트 애덤에 의해 디자인되었습니다. 거대한 식사실은 영국 건축가의 최절정 신고전주의 스타일을 보여줍니다. 세로 칸막이로 구분되어 있고 조각된 목공품을 나타내는 이 공간은 골동품 조각을 위한 아홉 개의 니치를 포함합니다. (이들은 이제 복사판을 포함합니다.) 이 공간의 최고 영광은 고전 장식의 풍부한 어휘를 포함한 주조 석고 장식입니다. 이 공간에 원래 있었던 것은 아니지만 토마스 치펜데일이 만든 팔걸이 없는 마호가니 의자들은 1769년에 저택 소유주에게 공급되었던 모델과 동일합니다.

디자이너

로버트 애덤

영국, 1728–1792년

크룸 왕실의 태피스트리 방

우스터셔, 1763–71년, 4.23 × 6.9 × 8.26m
사무엘 H. 크레스 재단 기증, 1958 (58.75.1–.22)

1763년에 설계된 이 방의 석고 천정은 그 장식적 바퀴 주조와 화환을 씌운 트로피와 더불어 로버트 애덤의 활기찬 초기 스타일의 예입니다. 그해, 여섯 번째 코번트리 백작이 파리 왕실 고블랭 제조소에 있는 자크 닐슨의 작업장에 비단 및 양모 태피스트리 벽걸이를 의뢰하였습니다. 원소들을 상징하는 고전 신화에서 취한 장면을 담은 큰 메달들은 프랑수아 부셰의 디자인을 기반으로 한 것입니다. 의자와 세티의 금도금 된 틀은 1769년에 영국에서 고급가구 제작자들이었던 존 메이휴와 윌리엄 잉스가 만들었습니다. 태피스트리 덮개는 고블랭 제조소에서 만들어졌습니다.

맞은편

황제의 무기고

러시아 툴라, 모스크바 남부

중앙 탁자

1780–85년경
강철, 은, 구리도금, 놋도금, 참피나무. 교체된 거울 유리
69.9 × 55.9 × 38.1cm
매입, 아넨버그 재단 기증, 2002 (2002.115)

이 탁자는 박물관 컬렉션에 도입된 첫 러시아 가구입니다. 은 상감 세공, 장식적 에칭, 그리고 수많은 금도금 적용으로 꾸민 작은 가구 조각들에 속하는 이 탁자는 러시아 외부에서 유일한 예이며 가장 큰 시각적 성취물이었습니다. 이러한 이례적인 물건은 주로 외교적인 증정 또는 혼수의 일부입니다. 최근 연구에 의하면 이 행진 탁자(전시 전용)는 러시아 황실 가문을 위해 만들어졌으며 파블로프스크 궁전에 있는 마리아 표도로브나 황후의 침실에 포함되었습니다. 1801년에 그녀는 언니의 홀아비인 올덴부르크의 피터 공작에게 주었습니다.

전

마르탱 카를랭

프랑스, 1730–1785년

스탠드 위의 접이식 책상

1776년경
튤립나무, 아마란스, 감탕나무, 쥐방울나무로 표면 처리된 참나무. 여섯 개 세브르 연 자기 장식판과 두 개의 채색된 주석 장식판. 동도금 탑재. 대리석 선반. 물결무늬 비단, 110.5 × 102.9 × 32.7cm, 찰스 라이츠먼 부부 기증, 1976 (1976.155.110)

마르탱 카를랭은 세브르 자기가 탑재된 그의 우아한 가구로 유명합니다. 에듬 프랑수아 부이야에 의해 채색된 책상의 중앙 자기 장식판은 뒷면에 1776년도라고 적혀 있습니다. 책상의 첫 소유자는 그녀의 부유한 연인들에 의해 만들어졌을 가능성이 있는 호화롭고 방종한 생활을 즐겼던 소프라노 마리 조세핀 라게레였습니다. 이후 이 책상은 마리아 표도로브나가 아직 러시아의 대공비였을 당시에 인수하였습니다. 그녀는 1782년에 파리를 방문하였습니다.

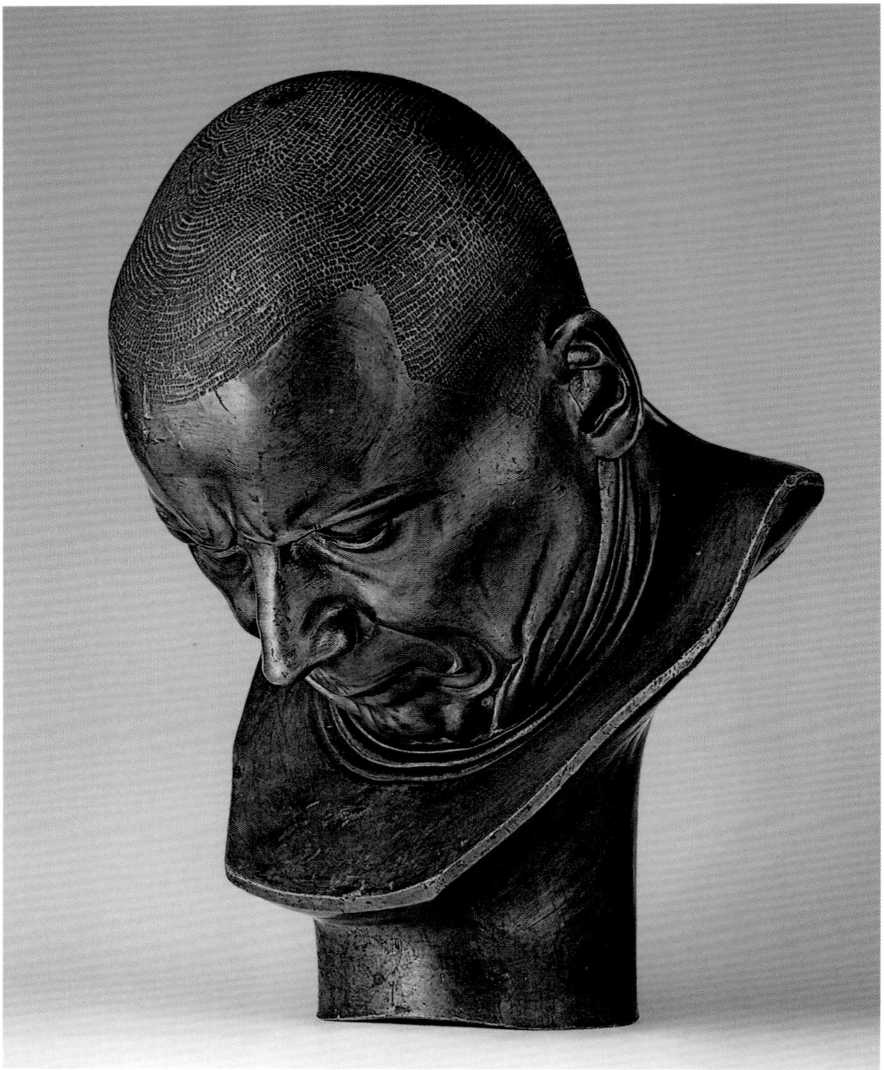

프란츠 사버 메서슈미트

오스트리아, 독일 출생, 1736–1783년

위선자이자 중상자

1770–83년경, 주석 합금, 37 × 24.4 × 29.5cm
매입, 유럽 조각 및 장식 예술 기금, 릴라 애치슨 월러스, 마크 피셔 부부, 프랭크 E. 리처드슨 부부 기증, 2010 (2010.24)

오스트리아 조각가 메서슈미트의 금속 또는 설화석고로 만든 육십여 개 인물두상의 시리즈는 메서슈미트가 자신의 커리어에서 마지막에 몰두했던 개인적인 강박 관념이었습니다. 흉상은 얼굴 표정을 감정과 연관시키는 예술적 전통을 인정하는 동시에 외부적인 감각과 내적인 감정을 연결하는 현대 의학 이론을 반영합니다. 이와 같은 몇몇의 주제는 깊이 성찰적입니다. 이 조각가는 현실성과 추상의 고도로 원래적인 조합을 통해 머리가 벗겨지는 억센 남자, 자신의 가슴을 파고들어가는 그의 머리, 동심원적인 그의 주름과 긴장한 패턴을 만드는 대칭적인 턱밑살을 묘사하였습니다.

아래

장 앙투안 우동

프랑스, 1741–1828년

추위를 잘 타는 여인

1787년, 동, 높이: 143.5cm
케이트 트루비 데이비슨 유증, 1962 (62.55)

프리러즈는 추위에 민감한 여성입니다. 1783년도로 기록된 몽펠리에 뮈제 파브르에서의 대리석 버전은 원래 겨울의 상징으로 의도된 것이었습니다. 이 미술가는 둑 돌레옹의 컬렉션에서 유래되었고 우동에 의해 직접 주조된 박물관의 동을 위해 나선형 원주 구성을 없애고 그 자체의 단순한 근본으로 간소화시켰습니다. 소녀의 떨리는 살은 우아하기는 하지만 충분하다고 볼 수 없는 단단히 둘러맨 숄에 의해 상쇄되었습니다.

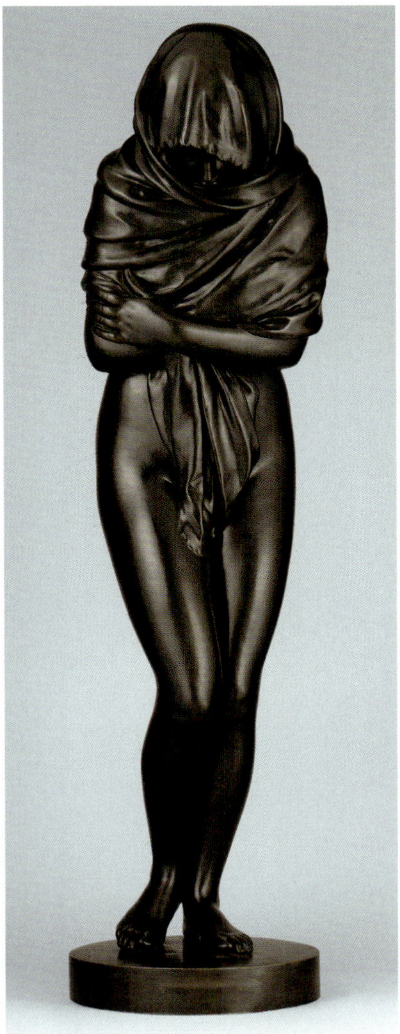

위

클로디옹(클로드 미셸)

프랑스, 1738–1814년

풍선기구 기념물

1783년, 테라코타, 높이: 109.5 cm
매입, 로저스 기금 및 익명 기증, 1944 (44.21a, b)

열기구의 첫 번째 비행 성공은 1783년에 몽골피에 형제가 성취하였습니다. 단지 10분밖에 뜨지 않았지만 널리 알려졌습니다. 그해 말까지 프랑스 국왕은 그 행사에 기념품을 제안하였습니다. 클로디옹은 이 임무를 위해 경쟁을 했던 7명의 재능 있는 조각가 중 한 명이었습니다. 그의 공상적 공중 로코코 비행(푸토들이 명예의 안내를 받고 바람의 신 아이올로스에 의해 밀려 풍선을 띄우려고 건초 묶음을 쌓아 올린다)은 대리석에서 상상하기에는 힘듭니다. 열기구 놀이가 흔해지게 된 이후에 이 프로젝트는 무산되어 버렸습니다.

장 앙리 리즈네르

프랑스, 1734–1806년

책상

1783
흑단과 17세기 옻으로 표면 처리된 참나무. 튤립나무, 아마란스, 감탕나무, 흑단 비슷하게 착색한 감탕나무로 표면 처리된 내부. 동도금 탑재. 대리석. 벨벳(원본이 아님)
144.8 × 109.2 × 40.6cm
윌리엄 K. 밴더빌트 유증, 1920 (20.155.11)

1783년에 장 앙리 리즈네르는 마리 앙투아네트를 위해 지금은 박물관 컬렉션에 있는 서랍장과 함께 이 찬란한 책상을 만들었습니다. 그녀의 어머니인 오스트리아의 마리아 테레사 왕후로부터 상속받은 옻 상자를 보관했던 베르사유에 있는 여왕의 방을 위해 의뢰되었습니다. 선정한 17세기 옻의 조각들이 이러한 왕실 조각들을 위한 표면 마무리로 재사용되었습니다. 빛나는 흑색 및 금색 옻과 찬란한 흑단은 자연주의적인 화환과 얽힌 화관으로 구성된 뛰어난 동도금을 하기 위한 두드러진 배경을 형성합니다. 여왕의 이름 첫 글자가 윗면의 프리즈 중앙에 결합되었습니다.

디자이너

장 드모스텐 뒤구르르크

프랑스, 1749–1825년

제작자

카미유 페르농

프랑스, 1753–1808년

베르듀르 두 바티칸

1799년경
적용된 비단 및 셔닐직 자수를 포함한 짜여진 비단 및 금속
실, 291.5 × 66.7cm
인수 기금, 2006 (2006.519b)

이 비단 벽 패널은 벽걸이 한 벌의 한 쌍 중 하나로서, 다양한 출처에서 주제를 독창적으로 통합하기로 유명했던 프랑스 및 스페인 귀족들을 위해 일했던 찰스 4세 뒤구루크 왕을 위해 스페인 아랑후에스에 있는 전원의 휴양 궁전 '농부의 집'의 당구장을 장식하기 위한 것이었습니다. 이러한 패널에서 바티칸 로지아에 있는 라파엘의 장식은 주요 영감이었습니다. 리옹에서 고급 비단의 으뜸가는 제작자로 알려진 카미유 페르농이 만든 이러한 패널은 짜고 수놓은 장식을 조합한 대걸작입니다.

안토니오 카노바

이탈리아, 1757–1822년

메두사의 머리를 들고 있는 페르세우스

1804–6년, 대리석, 높이: 242.6cm
플레처 기금, 1967 (67.110.1)

1797년과 1801년 사이, 카노바는 바티칸 박물관에 있는 2세기 로마 〈벨베데레의 아폴로〉를 기반으로 한 페르세우스 동상을 조각했다. 페르세우스는 미네르바 여신의 도움으로 메두사의 머리를 휘두르는 모습을 보입니다. 카노바의 스튜디오에 동상이 전시되었을 때 〈벨베데레의 아폴로〉가 있는 자리에 두기 위해 교황 비오 7세가 매입하였다가 나중에 나폴레옹에 의해 잠정적으로 프랑스로 이전되게 되었습니다. 얼마 안 있어 폴란드 백작 부인 발레리아 타르나우스카가 의뢰한 이 메트로폴리탄 박물관의 버전은 여러 다른 종류와 함께 조각되었습니다. 카노바의 〈페르세우스〉는 매끈한 웅장함을 통해 신고전주의의 영웅적 미의 모델이 되었습니다.

우측
디자이너
장 브랑들리, 프랑스, 활동기 1855–1867년
제작자
샤를-기욤 딜, 프랑스, 1811년–1885년경
탑재 및 대형 중앙 장식판 제작자
에마뉘엘 프레미에 , 프랑스, 1824–1910년

캐비닛

1867, 개잎갈나무, 호두나무, 흑단 및 상아로 표면 처리된 참나무. 은도금한 동 탑재, 238 × 151 × 60cm
매입, 프랭크 E. 리처드슨 부부 기증, 1989 (1989.197)

현재 파리 오르세 미술관에 있는 이 캐비닛의 프로토타입이 1867년도 파리세계박람회에 전시되었을 때에는 대체로 반응이 그리 좋지 않았습니다. 그러나 딜은 그 결과에 대해 만족했던 것이 분명한데 그 이유는 자신을 위해 거의 동일한 캐비닛을 하나 더 만들었기 때문입니다. 모양과 장식 면에서 관습에 얽매이지 않은 이 캐비닛은 전설적인 과거를 불러 일으키는 중앙 장식판을 선보이며 프랑스 민족주의의 강인한 의식을 표현합니다. 이 가구는 훈족의 아틸라에 대항한 451년의 승리 이후 메로비스 왕의 승리를 묘사합니다. 쓰러진 적들의 시신 위를 넘어 가라고 명령하는 기사의 전차에는 메로비스가 올라 타 있습니다.

좌측
디자이너
조지 오은셰르, 프랑스, 1855–1915년
추정된 실행자
에밀 그리텔 , 프랑스, 1870–1953년

꽃병

1899–1900년, 유약을 칠한 석기
115.9 × 57.2 × 61.3cm, 매입, 이리스와 B. 제럴드 캔터 재단 기증, 2007 (2007.27)

프랑스 신미술 걸작인 이 꽃병은 도예가이자 건축가, 실내 장식가, 미술품 수집가인 오은셰르가 디자인한 가장 야심찬 도자기 중 하나입니다. 수생의 주제(물고기, 갑각류, 조개 및 미역)가 디자인에 기교적으로 통합되었고 얼룩덜룩한 녹색 유약은 해양 테마를 강조합니다. 꽃병과 그 짝은 파리의 1900년도 세계박람회에서 눈에 띄게 전시되었습니다.

장 바티스트 카르포
프랑스, 1827–1875년

우골리노와 그의 아들들
1865–67년, 대리석, 높이: 197.5cm
매입, 조세핀 베이 폴과 C. 마이클 폴 재단 및 찰스 울릭 및 조세핀 베이 재단 기증 및 플레처 기금, 1967 (67.250)

이 격렬하고 로맨틱한 작품의 주제는 단테의 〈지옥〉 중 33편에서 유래된 것으로, 피사의 반역자 우골리노 델라 게라르데스카 백작, 그의 아들들, 그리고 그의 손자들이 1288년에 투옥되어 결국에는 굶어 죽는 모습을 묘사하였습니다. 카르포는 자녀들이 자신들의 몸을 아버지의 생계를 위해 바치는 것을 거부하며 괴로워하는 아버지의 모습을 나타냈습니다. 이 가공의 고통을 받는 조각군은 카르포의 강렬한 해부학적 사실주의에 대한 깊은 고민뿐만 아니라 바티칸의 시스틴 채플에 있는 〈최후의 심판〉(1536–41)을 비롯한 미켈란젤로의 작품에 대한 이 미술가의 열정을 반영합니다.

오귀스트 로댕

프랑스, 1840–1917년

아담 또는 사람의 창조

1880–81년 모형 제작, 1910년 주조
동, 194 × 77.2 × 82.6cm
토마스 F. 라이언 기증, 1910 (11.173.1)

이탈리아와 파리의 루브르 박물관에 있는 미켈란젤로의 미술에 대한 직접적인 경험은 로댕으로 하여금 르네상스 대가의 표현적인 모델링에 숨겨진 수많은 비밀을 밝힐 수 있게 한 것 같습니다. 로댕은 1881년에 파리 살롱에서 〈사람의 창조〉라는 제목으로 이 작품의 원래 석고 모형을 전시하였습니다. 한동안 그는 결코 건축되지 않았던 장식 미술의 신박물관 대문으로 계획되었던 지옥의 문 을 위한 그의 디자인에 이 강력한 전설적인 인물을 포함시키려고 하였습니다. 1912년에 공개된 로댕 작품 전용 갤러리를 위해 메트로폴리탄 박물관이 의뢰한 이 작품은 그 모형에 따른 첫 동 주조입니다.

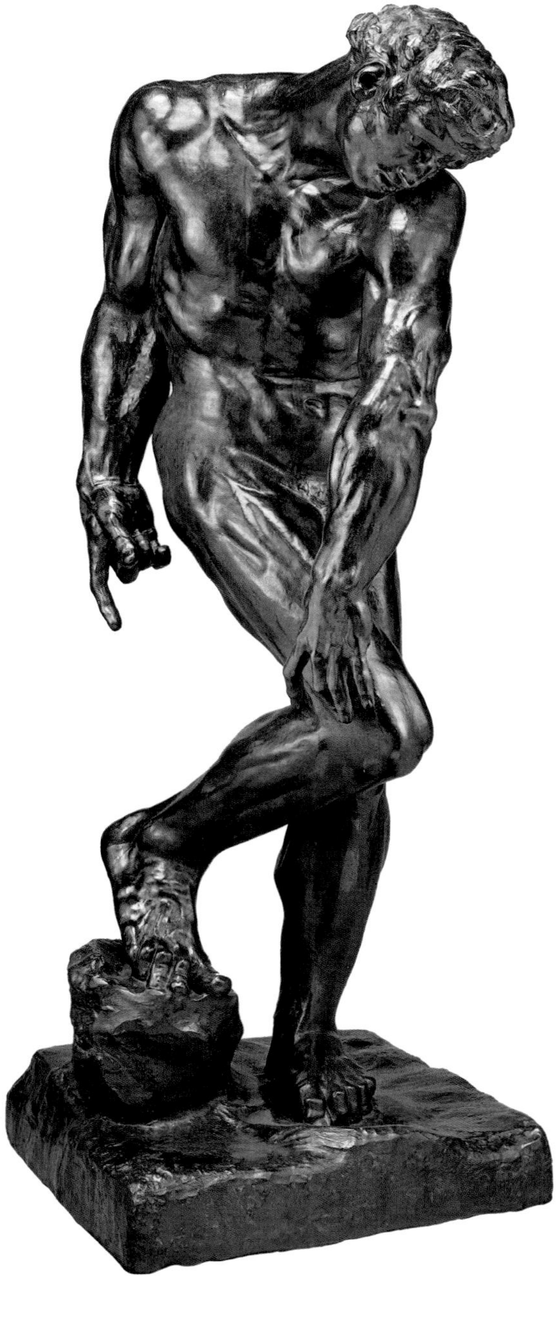

로버트 리먼 소장품

미국에서 가장 유명한 개인 수집 미술 컬렉션 중 하나인 로버트 리먼 컬렉션은 명명된 대로 1969년에 메트로폴리탄 박물관에 유증되었습니다. 로버트 리먼 윙 갤러리는 리먼 가문 저택의 궁정식 내부를 불러 일으키는 방에 이 컬렉션을 진열하여 대중이 볼 수 있도록 하고자 했던 기증자의 의도를 지켰습니다. 로버트 리먼의 부모 필립과 캐리에 의해 20세기 초에 시작된 이 컬렉션은 주로 그들의 아들에 의해 다음 수십 년에 걸쳐 수집되었습니다. 수많은 컬렉션의 총집합인 2천 6백여 개 기증 작품은 중세부터 모더니즘에 이르는 천 년의 서유럽 미술 중 반 이상에 적용되며 회화, 그림, 계몽 원고, 골동품 액자, 직물, 마졸리카, 동, 에나멜, 가구 및 유리가 있습니다. 14세기 및 15세기의 이탈리아 회화가 풍부한 리먼 컬렉션에 있는 저명한 시에나 패널화들은 메트로폴리탄에 있는 다른 작품과 함께 이 박물관이 시에나 외부에서 견줄 것이 없을 정도로 유명해지게 하였습니다. 시모네 마르티니 및 조반니 디 파올로와 같은 시에나 미술가들은 예를 들어 베르나르도 다디, 로렌초 모나코, 그리고 보티첼리와 같은 피렌체파 출신과 동등하게 훌륭한 대가로 분류합니다. 이와 마찬가지로, 이탈리아 외부의 마욜리카 중에서도 가장 아름답다고 해도 과언이 아닌 이 마욜리카 작품들은 메트로폴리탄의 이 귀한 러스터 보유물에 막대한 가치를 부여합니다. 레오나르도, 뒤러, 렘브란트 및 다른 미술가들의 그림은 메트로폴리탄이 보유한 거장의 엄선된 작품 수를 늘릴 뿐만 아니라 수집 유산에 대한 확실한 차별성을 나타냅니다.

시모네 마르티니

이탈리아. 활동기: 1315-1344년

성모자상

1326, 목판에 템페라, 골드 그라운드
57.2 × 38.4cm
로버트 리먼 소장품
1975 (1975.1.12)

잘 보전된 이 그림은 박물관에 있는 리먼의 〈성 안사노 및 성 안드레아〉와 함께 시에나 지방정부가 의뢰한 다섯 패널 제단화 중 하나입니다. 제단화는 육 개월의 사무 기간 동안 임대되며 정기적으로 이동하는 시에나 지사의 저택을 위해 만들어졌습니다. 이 제단화의 특이한 디자인은 측면 패널과 동일한 크기의 중앙 패널(성모자상)로 저택에서 저택으로 이동하기 쉽도록 잘 접히게 되어있습니다. 시몬의 패널 다섯 개 모두 추후 시에나 시청의 푸블리코 궁전 예배당에 있는 보다 큰 제단화에 포함되었습니다.

베르나르도 다디

이탈리아, 1290–1348년경

성모의 승천

1337–39년경
목판에 템페라, 골드 그라운드, 108 × 136.8cm
로버트 리먼 소장품, 1975 (1975.1.58)

베르나르도 다디는 조토 다음으로 그 세대의 주요한 피렌체 화가였습니다. 이 패널화는 경배된 유물인 성모의 허리띠가 있는 피렌체 근처 프라토 대성당 내 새크로 칭골로 예배당을 위해 그린 가장 중요한 제단화에서 상위 절반을 형성했을 가능성이 많습니다. 성모는 여섯 명의 천사에 의해 천국으로 옮겨졌는데 그녀는 피승천의 증거로 성 도마에게 끈을 내려뜨리고 있으며 성 도마의 손이 패널화의 맨 왼쪽 가장자리에 보입니다. 제단화에서 분실된 하단 절반은 아마 성모의 임종 자리에 모인 사도들과 함께 있는 성 도마를 묘사했을 것입니다.

로렌초 모나코(피에로 디 조반니)

이탈리아, 1370–1425년경

예수탄생

1406–10년경
목판에 템페라, 골드 그라운드, 22.2 × 31.1cm
로버트 리먼 소장품, 1975 (1975.1.66)

15세기 초의 주요 피렌체 화가이자 계몽가였던 로렌초 모나코는 천사들의 성모 마리아 수도회 밖에 있었던 번성하는 작업장을 운영하도록 허락받은 카말돌리 수도사였습니다. 그의 가장 유명한 작품 중 하나인 이 그림의 절묘하게 풍부하고 미묘한 색조의 조화는 그의 계몽가로서의 기술을 반영합니다. 헛간의 경사진 지붕과 같은 구성요소들은 원래 제단화의 제단위 장식대 일부를 형성하고 있었던 네 잎 장식 패널의 불규칙적인 형태에 기술적으로 적용된 것입니다.

아리스토텔레스와 필리스를 묘사한 물주전자

남부 저지, 14세기 후반
동, 높이: 33.7cm
로버트 리먼 소장품, 1975 (1975.1.1416)

물주전자는 세속적이고 종교적인 문맥에서 (미사 전 손을 씻는 의식에서 신부에 의해 사용되고 식사 전에 가정에서 사용됨) 물을 붓는 그릇입니다. 아마 가정에서 탁자에 있는 손님들을 즐겁게 하기 위한 것이었던 이 예는 그리스 철학자이자 알렉산더 대왕의 선생이었던 아리스토텔레스가 젊은 통치자에게 교훈을 주기 위해 유혹하는 필리스에 의해 자기 자신이 창피를 당하도록 내버려둔 유명한 도덕적 전설을 묘사하고 있습니다.

장 푸케

프랑스, 1425년경–1478년경

신실한 자를 악마로부터 보호하는 하나님의 오른 손

1452–60년경, 양피지에 템페라 및 금박, 19.4 × 14.6cm, 로버트 리먼 소장품, 1975 (1975.1.2490)

이 2절판 책은 15세기에서 가장 유명한 계몽된 원고 중 하나인, 1452년부터 1474년까지 프랑스의 재무 장관이었던 에티엔 슈발리에의 〈성무일도서〉에서 유래되었습니다. 전면 축소 모형은 천국에서 내려오는 성부의 손을 고개 들어 신실하게 응시하는 신도들을 묘사합니다. 푸케의 중세 파리에 대한 표현은 지지적인 정확성 면에서 실로 놀랍지 않을 수 없습니다. 구별할 수 있는 장소로 노트르담 성당, 생샤펠 성당 첨탑, 생미쉘 다리, 그리고 전경의 '오텔 드 네를르' 와 같은 시테섬의 다른 기념물들이 포함됩니다. 2절판 책의 맨 아래에 성령의 시간을 위해 저녁 기도를 시작하는 말이 적혀 있습니다.

오세르반자 마스터

이탈리아. 활동기: 15세기 2분기

광야에 있는 성 안토니오 대수도원장

1435년경, 목판에 템페라 및 금, 47 × 33.7cm 로버트 리먼 소장품, 1975 (1975.1.27)

시에나 미술가 사쎄타의 제자였던 오세르반자 마스터는 성 안토니오 대수도원장의 생애를 묘사하는 여덟 장면의 시리즈로 가장 유명합니다. 이 패널화에서는 이 미술가의 자연에 대한 매우 서술적이고 세부적인 묘사 경향이 은둔자가 그의 생애 마지막 10년 동안 정착했었던 홍해 근처 산악 지역을 불러일으키는 불모의 풍경에서 증명됩니다. 전경을 보면 성 안토니오가 세상 물건의 유혹을 떨쳐버리기 위해 금더미(그림이 만들어질 초기에 긁혀 없어짐)에서 뒷걸음질치고 있습니다.

조반니 디 파올로

이탈리아, 1398–1482년

천지창조와 낙원에서의 추방

1445년
목판에 템페라 및 금, 46.4 × 52.1cm
로버트 리먼 소장품, 1975 (1975.1.31)

이 그림은 창조 이야기 중 두 개의 에피소드를 그리고 있습니다. 이 그림은 박물관 컬렉션 중 〈낙원〉 패널화와 더불어 시에나 성 도메니코 대성당에 있는 구엘피 예배당을 위한 제단화 장식대 중 하나입니다. 세라핌(천사군)이 낳은 성부는 새로 창조된 하늘과 땅[네 가지 요소에 의해 둘러싸인 산과 강, 그리고 황도대]을 가리킵니다. 아담과 이브는 과일 나무, 릴리, 장미 및 카네이션이 무성한 낙원에서 추방됩니다. 동행하는 천사의 특이한 나체 형상은 실족해서 타락한 인류에 대한 동정심을 상징할 수 있습니다.

페트루스 크리스투스

네덜란드, 활동기: 1444–1475/76년

성 엘리기우스일 수 있는 작업장의 금세공인

1449년
참나무 패널에 유화, 98 × 85.2cm
로버트 리먼 소장품, 1975 (1975.1.110)

이 유명한 작품에는 얀 반 에이크에 이어 그 세대에서 브뤼즈의 뛰어난 화가였던 페트루스 크리스투스의 서명과 그가 기입한 일자가 있습니다. 브뤼즈의 금세공인 길드가 의뢰하였을 이 작품은 직업교육 그림(길드의 서비스를 홍보하도록 아름답게 만들어진 통상 도자기를 포함)이거나 풍속화일 수 있습니다. 호화로운 옷차림을 한 커플의 결혼 반지의 무게를 달아 보며 앉아 있는 사람은 금세공인들의 창시자인 성 엘리기우스를 나타내기보다는 저명한 당대의 금세공인일 가능성이 더 많습니다. 작업장 너머 밖의 길가가 있는, 그림 속 공간을 확장시키는 환각적인 기기인 볼록한 거울은 지나가는 두 명의 남자들을 비추고 있습니다.

보티첼리(알레산드로 디 마리아노 필리페피)

이탈리아, 1444/45–1510년

수태고지

1485년경
목판에 템페라 및 금, 19.1 × 31.4cm
로버트 리먼 소장품, 1975 (1975.1.74)

보티첼리의 보석 같은 〈수태고지〉는 공간이 깊이 들어간 것 같은 같은 착각을 불러 일으키기 위해 1점 투시도법을 사용한 건축 실내를 배경으로 하고 있습니다. 중앙에는 줄을 지은 네모난 기둥들이 가브리엘 사자가 있는 기념의 공간과 성모의 개인 침실을 분할합니다. 긴 커튼 패널이 뒤로 넘겨져 있어 겸손한 자세를 취한 성모의 모습이 나타납니다. 고객의 신원은 알려지지 않았지만 이 소형 그림은 대형 작품의 일부로서가 아니라 개인적인 예배를 위해 의뢰되었을 것이 거의 분명합니다.

안토니오 폴라이우올로

이탈리아, 1432–1498년경

기마 기념물에 대한 연구

1482–83년경, 펜과 밤색 잉크, 밝고 어두운 밤색 워시. 말과 기사의 윤곽은 옮기기 위해 찔러짐, 28.1 × 25.4cm, 로버트 리먼 소장품, 1975 (1975.1.410)

피렌체 조각가, 화가, 조판공, 그리고 금세공인인 플라이우올로는 아마 이 고도로 완성된 그림을 밀라노의 루도비코 스포르차 공작을 위해 그의 아버지 프란체스코 스포르차의 실현되지 않은 동상 모형으로 준비했을 것입니다. 이 그림은 16세기 역사가이자 화가였던 조르조 바사리의 소유였는데 그는 자신의 〈예술가들의 생애〉(1568년)에 이 그림에 대해 기록했으며 아마 그가 인물 주위에 어두운 밤색 워시를 추가했을 것입니다.

한스 멤링

네덜란드, 활동기: 1465–1494년

수태고지

1480–89년, 캔버스로 옮겨진 목판의 유화, 76.5 × 54.6cm, 로버트 리먼 소장품, 1975 (1975.1.113)

멤링은 이 〈수태고지〉를 현재 뮌헨에 있는 로히르 반 데르 베이덴의 〈성 콜룸바 제단화〉의 좌익에 두었으나 그의 혁신적인 표현을 통해 무릎을 꿇고 있는 성모가 두 천사의 부축을 받는 실신하는 성모로 대체되었습니다. 멤링은 다른 15세기 플랑드르 화가들처럼 종교적인 형상을 일상 생활의 회화적 언어로 기술하였습니다. 백합은 성모의 순결을 상징하고 비어 있는 촛대는 세상의 빛인 그리스도를 곧 낳아야 하는 그녀의 역할을 의미합니다. 가브리엘의 성직자 의복은 미사의 의식을 암시하는 동시에 그리스도가 육신을 가지고 인간으로 태어났음을 의미합니다. 성령의 비둘기는 육신을 가지고 인간으로 태어난 것이 성서를 이루기 위해 일어난 일임을 의미하며 성모는 왼손으로 성령의 비둘기를 가리키고 있습니다.

위

디자이너

베르나르트 반 오를레리

플랑드르, 1488–1541년경

가정된 직공(織工)

피터 데 판느메이케르

플랑드르, 활동기: 1517–1535년

최후의 만찬

1520–30년경
양모, 비단 및 은도금 실, 3.35 × 3.5m
로버트 리먼 소장품, 1975 (1975.1.1915)

이 훌륭한 최후의 만찬 은 그리스도의 수난을 묘사한 네 개 태피스트리 시리즈의 일부입니다. 이 시리즈는 16세기 브뤼셀의 주요 예술가였던 베르나르트 반 오를레리가 디자인한 것입니다. 이 작품은 새로운 태피스트리 스타일을 개발하기 위해 북부 전통과 이탈리아 모델을 통합시킨 반 오를레리의 노력의 일환입니다. 그는 알브레히트 뒤러의 〈최후의 만찬〉 목판에서 발견된 감정 표현법과 세부적인 경향을 결합시켰는데 이 두 가지 요소는 라파엘의 기념비적 인물 및 공간 구성과 더불어 이 태피스트리의 구성적 배치에 감동을 주었습니다. 시스티나 예배당에 의해 임명되고 직조를 위해 브뤼셀에 보내진 태피스트리 시리즈 〈사도들의 행전〉을 위한 라파엘의 만화는 반 오를레리에게 있어서 중요한 모델이었습니다.

아래

공방 주인

조반니 마리아 바사로

이탈리아, 활동기: 16세기 초반

교황 율리우스 2세의 문장과 볼로냐의 맨졸리 그림이 있는 접시

1508년, 마욜리카, 높이: 10.9cm, 직경: 32.5cm
로버트 리먼 소장품, 1975 (1975.1.1015)

이 그릇은 만들어진 마욜리카(정교한 주석유약도기)의 가장 아름다운 조각 중 하나로 열쇠 및 티아라 같은 로마 교황 권위의 상징물과 오크나무 같은 교황 율리우스 2세 델라 로베레 및 그의 가문을 나타내는 것으로 화려하게 장식되어 있습니다. 아마 1506년에 볼로냐에서 로마 교황 통치를 회복하게 된 것을 기념하기 위해 율리우스가 그의 지지자인 볼로냐 사절 멜키오레 디 조르지오 맨졸리(아래쪽 가장자리에 표시된 문장의 주인)를 위해 이 그릇을 의뢰했을 것입니다. 뒷면에 새겨진 '조반니 마리아 바사로' 는 그릇을 제작한 카스텔 두란테에 있는 작업장 주인 또는 화가의 이름일 수 있습니다.

렘브란트(렘브란트 반 라인)

네덜란드, 1606–1669년

최후의 만찬, 레오나르도 다 빈치를 따름

1634–35년, 적색 분필, 36.2 × 47.5cm
로버트 리먼 소장품, 1975 (1975.1.794)

렘브란트가 이십팔 세에 만든 이 이례적인 대형 적색 분필 그림은 밀라노 산타 마리아 델라 그라치에서의 레오나르도 다 빈치의 프레스코 화법 〈최후의 만찬〉의 최초 인쇄물에 가장 근접한 것입니다. 렘브란트는 그의 모델을 비굴하게 복제하기보다는 모든 인물을 다시 등장시키고, 그리스도가 한 말에 대한 그들의 반응을 강화시키고, 그들이 차지하는 공간을 압축시킴으로써 표현적이고 드라마틱한 가능성을 탐구하였습니다. 리먼의 이 소장품은 그의 상상력을 심도 있게 포착한 작품인 레오나르도의 〈최후의 만찬〉을 기반으로 한 렘브란트의 세 가지 그림 중 하나입니다.

엘 그레코(도메니코스 테오토코풀로스)

그리스, 이탈리아와 스페인에서 활동, 1540/41–1614년

학자 성 제롬

1610년경, 캔버스에 유화, 108 × 89cm
로버트 리먼 소장품, 1975 (1975.1.146)

엘 그레코는 적어도 성 제롬의 그림 다섯 점을 완성했습니다. 화가 생애의 마지막 몇 년 동안의 작품인 이 그림에서 적색 추기경 가운을 입고 있는 성 제롬은 성서를 그리스어에서 라틴어로 번역하는 역할을 인정하며 열린 책 앞에 앉아 있습니다. 그의 수축되고 움푹 패인 이목구비와 길고 흰 수염은 보다 더 익숙한 참회자로서의 외관을 가리킵니다. 화판은 성 제롬의 두 가지 역할(학자 및 고행자)을 종합시킨 기발한 방식으로 주목할 만합니다.

장 오귀스트 도미니크 앵그르

프랑스, 1780–1867년

엘레오노르-마리-폴린느 드 갈라르 드 브라싹 드 베아른(1825–1860년), 프린세스 드 브로이

1851–53년, 캔버스에 유화, 121.3 × 90.8cm
로버트 리먼 소장품, 1975 (1975.1.186)

앵그르가 비록 주저하는 초상화가였을지 모르지만 그의 매혹적이고 저명한 귀족들 사진은 초상화 중에서도 가장 아름다운 쪽에 속합니다. 프린세스 드 브로이는 미모로 유명하며 예술가에 의해 포착될 만한 자질이 있습니다. 앵그르는 모델이 입고 있는 가운의 수자직 및 레이스의 재질, 호화로운 장신구, 수놓은 스카프 및 비단 다마스크 실내 장식용품을 훌륭하게 옮겼습니다.

피에르 오귀스트 르누아르

프랑스, 1841–1919년

피아노 앞의 두 소녀

1892년, 캔버스에 유화, 111.8 × 86.4cm
로버트 리먼 소장품, 1975 (1975.1.201)

1891년 말 또는 1892년 초에 르누아르는 생존하는 예술가들을 위한 파리의 새로운 박물관이었던 뤽상부르 미술관을 위해 그림을 그려달라는 프랑스 정부의 요청을 받았습니다. 르누아르는 피아노 앞에 앉은 두 소녀를 주제로 선택했고 그림 제출시 엄격한 검증이 있을 것을 알고 캔버스 다섯 개를 사용하며 해당 구성을 개발하고 개선해 나가면서 이 프로젝트에 굉장한 관심을 쏟았습니다.

앙드레 드랭

프랑스, 1880–1954년

웨스트민스터궁

1906–7년
캔버스에 유화
78.7 × 99.1cm
로버트 리먼 소장품
1975 (1975.1.168)

1905년과 1906년에 앙드레 드랭은 이 그림을 포함해 수많은 도시 풍경을 그려 접수 대상인 미술상 앙브루아즈 볼라르에게 제공했는데 앙브루아즈는 그에게 런던으로 여행을 떠날 것을 제안하였습니다. 드랭이 나중에 상기했던 대로 이러한 캔버스는 불과 몇 년 전에 그려졌던 클로드 모네의 런던 전망에 영감을 받은 것이었으며 "파리에 아주 강한 인상을 남기게 되었습니다." 드랭의 길고 끊긴 붓놀림과 밝고 과감한 색상은 프랑스 남부 지역에서 1905년 여름을 함께 보냈던 마티스뿐만 아니라 후기 인상주의자들이었던 폴 시냐크과 앙리 에드몽 크로스에게 받은 영향을 반영합니다.

앙리 마티스

프랑스, 1869–1954년

콜리우르에 있는 감람나무

1906, 캔버스에 유화, 44.5 × 55.2cm
로버트 리먼 소장품, 1975 (1975.1.194)

지중해 해안의 경치 좋은 마을인 콜리우르의 햇볕이 강한 풍경은 마티스와 그 시대의 다른 예술가들에게 좋은 영감의 원천이었습니다. 마티스는 같은 기간에 프랑스 남부 지역에서 그림을 그리고 있었던 폴 시냐크의 격려로 야수파 화가들이 선호했던 생생하고 발명적인 색상을 채택하였습니다. 완성된 지 얼마 안 되어 거트루드와 레오 스타인에게 인수된 이 그림은 마티스의 짧은 야수파 화가 기간 중에서 중요한 작품이었습니다.

미국

미국관

미국 전시관은 박물관 내에 1920년 이전 미국 미술품의 주요한 전시로 구성되어 있습니다. 여기에서, 20세기 초기까지 대륙 확장에 따른 북미 동해안과 미국에서의 17세기 및 18세기 식민지 정착에서 유래된 미술품 및 물건들이 강조되고 있습니다. 박물관의 초기 수탁자 중에는 그 시대의 미국 예술가별 작품 구입을 장려한 화가들과 조각가들이 있었는데, 이름하여 허드슨 강파에서 만든 경치 회화와 특히 대니엘 체스터 프렌치, 프레더릭 레밍턴 및 오거스터스 세인트고든스와 같은 조각가들이 만든 대리석 및 청동 작품으로 구성된 특히 풍부한 소장품이 있습니다. 그 후 수탁자로서, 적절한 장식용 가구뿐만 아니라 역사적 실내장식을 인수하는 데 집중하는 식민지 시대 예술의 수집가들이 포함되었습니다. 1970년대부터, 관장 직원들은 19세기 후반 및 20세기 초반 예술의 모든 양상으로 확장하였습니다. 이밖에도, 존 싱글턴 코플리, 길버트 스튜어트, 윈슬로 호머, 토머스 에이킨스, 제임스 맥닐 휘슬러, 그리고 메리 카사트 및 차일드 하삼과 같은 미국 인상파 화가들의 전통적인 작품을 비롯해 세계에서 가장 유명한 미국 회화로서 에마누엘 로이체의 〈델라웨어 강을 건너는 워싱턴〉과 존 싱어 사전트의 〈마담 X(마담 피에르 고트로)〉를 자랑하는 컬렉션입니다. 장식용 예술 소장품은 한편 마이어 마이어스 및 토마스 플레처와 같은 유명한 은세공인들의 작품과 뉴욕의 허터 형제가 만든 놀라운 19세기 옷장과 같은 장농을 포함합니다.

찬장

매사추세츠 북 에식스(Essex) 카운티, 1680–85년
참나무, 단풍나무, 튤립나무, 참나무 및 소나무
148 × 125.7 × 52.7cm
로저스 기금 구입, 교환에 의한 세이지 기금, 샌즈베리-밀스 기금, 모리슨 H. 헥셔를 기리는 안토니 W. 및 루루 C. 왕의 기증, 미국관 후원회, 2010 (2010.467a–p)

직물, 은 및 다른 값진 물건들을 저장하는데 사용되는 대형 참나무 찬장은 17세기 뉴잉글랜드 저택 가운데 가장 정교한 가구였습니다. 찬장의 범위와 호화로운 장식은 소유자들의 부와 명성에 걸맞은 진열품이었습니다. 이 과장된 예는 고도로 복잡하고 다양한 참나무 서랍장과 찬장으로 유명한 미확인 상점에서 제작한 것입니다. 이 작품은 고전적인 형태를 자유로이 해석하는 흑단 착색의 조각된 단풍나무와 길이로 규칙적인 직선형 패턴을 따라 배치되어 적용된 장식 손잡이가 있는 채널 주형의 서랍 앞면을 연출합니다.

코르넬리우스 키에르스티드

미국, 1674–1757년경

손잡이가 두 개 달린 대접

1700–1710년
은, 13.7 × 35.1cm
사무엘 D. 리 기금, 1938 (38.63)

여섯 개의 동일한 패널로 구성된 손잡이가 두 개 달린 이 대접은 초기 뉴욕 은으로 만들어진 특이한 형태입니다. Brandewijnskom(브랜데윈스콤) 또는 브랜디와인 대접은 결혼식, 장례식, 그리고 특히 동네 여인들이 신생아를 환영하기 위해 모이는 kin-dermaal(킨데르말)에서 의식적으로 사용하였습니다. 건포도와 브랜디를 담은 이 대접은 은수저를 사용하여 식사했던 손님들 사이에 돌려졌습니다. 이 대접의 가장자리에 새겨진 이니셜은 부유한 제빵업자 퇴니스 야콥센 쿽과 1689년에 그와 혼인한 브루우트 부인의 것입니다.

매슈 프랫

미국, 1734–1805년

미국 학교

1765년, 캔버스에 유화, 91.4 × 127.6cm
사무엘 P. 에이버리 기증, 1897 (97.29.3)

프랫이 1764년도에 런던에 갔을 때 성공적인 커리어로 이미 향하고 있던, 자기보다 약간 어린 동료 벤저민 웨스트를 만나게 되었습니다. 프랫의 회화는 18세기 후반의 런던에서 미국인들 사이에서 이행된 유럽 학문 전통을 탐구하는 비형식적 구도로 웨스트가 어린 미국 학생들을 지도하는 모습을 특이하게 묘사한 것입니다. 이 회화는 1766년도에 미국 학교라는 제목 아래 전시되었습니다. 웨스트는 맨 왼쪽에 서 있는, 그림을 가르치고 있는 남자입니다. 프랫은 숙달된 초상화가로 묘사된 이젤에 앉아 있는 남자입니다.

높은 서랍장

매사추세츠 보스턴, 1730–60년
단풍나무, 자작나무, 스트로부스 소나무
물감, 금박 석고
219.7 × 101.6 × 54.6cm
매입, 조지프 퓰리처 유증, 1940 (40.37.1)

스탠드 위의 상단 이동 서랍장 또는 높은 서랍장 (영국식 스탠드 위에 놓인 납작한 윗면의 서랍장과 부러진 페디먼트의 조합)은 가장 야심적이고 독특하게 미국적인 식민지 가구의 형상입니다.

1730년경에 이 형상이 소개된 보스턴에서 초기 견본품 중에서도 가장 값비싼 것은 아시아 칠기를 모방하여 옻칠되거나 칠해진 것입니다. 일치하는 화장대 및 거울과 함께 유일하게 보전된 이 예는 중국 양식의 주제(환상적인 형상과 정원 건물)가 금색으로 표현된 전체적인 대모갑 같은 배경으로 칠해졌습니다. 이 서랍장은 매사추세츠 세일럼 상인 벤저민 픽맨을 위해 제작되었으며 뉴잉글랜드의 국제적인 고상함의 전형입니다.

마이어 마이어스

미국, 1723–1795년

바구니

1770–76년, 은, 28.4 × 36.7 × 28.9cm
모리스 K. 제섭 기금, 1954 (54.167)

이 굉장히 진귀한 미국 식탁용 바구니는 뉴욕시와 노스캐롤라이나 뉴번에 거주했던 부유한 서인도 제도 상인 사무엘 코넬과 그의 부인 수잔나를 위해 제작되었습니다. 코넬은 노스캐롤라이나 지방 위원회에 임명된 후 유명한 뉴욕 은세공인 마이어 마이어스에게 여러 가지 뛰어난 물품의 제작을 의뢰하였습니다. 바구니 밑바닥에 새겨진 것을 보면 코넬 부부는 나중에, 1786년 10월 19일에 허먼 리로이와 혼인한 딸 한나에게 주었습니다. 레이스 처럼 구멍난 패널, 둥근 주름 장식 가장자리, 그리고 경첩이 달린 내비침 세공 손잡이로 구성된 이 바구니는 고급 패션 런던 은을 본뜨고 있습니다.

미국 플린트 유리 제조소

미국, 1764–74년

창설자

헨리 윌리엄 스티겔

미국, 1729–1785년

호주머니 병

1769–74년, 불어서 만든 패턴식 틀의 유리, 높이: 12.1cm,
프레더릭 W. 헌터 기증, 1914 (14.74.17)

헨리 윌리엄 스티겔은 펜실베이니아 맨하임에 미국 플린트 유리 제조소를 창설했을 때 유럽 수입품의 우세에 도전했던 미국 기업가입니다. 그의 이민 장인들은 첫 미제 고급 식탁용 식기류를 생산하였습니다. 제조소에서는 무색 유리 외에도 풍부한 보석 같은 암청색 및 자수정 색의 유리를 생산하였습니다. 이 호주머니 병의 다이아몬드 속에 있는 데이지는 유명한 컷글라스 디자인을 모방했을 것입니다.

존 싱글턴 코플리

미국, 1738–1815년

다니엘 크로멜린 브프랜크

1771년, 캔버스에 유화, 125.7 × 101.6cm
바야르 브프랜크 기증, 1949 (49.12)

저명한 뉴욕시 가문의 후예 다니엘 브프랜크는 여기에서 아홉 살로 보여집니다. 코플리는 이전에 그랬던 것처럼 이 그림에서 금색 끈으로 매인 애완용 다람쥐를 가지고 놀고 있는 어린 귀족 모델의 테마를 성공적으로 묘사하고 있습니다. 다람쥐가 그의 다리를 꽉 붙잡고 있는 동시에 포즈를 취한 모델은 관객들로 하여금 서늘한 전망을 유지하게 해줍니다. 이 회화는 놀랍도록 예리한 지각과 투명함을 갖추고 있으며 코플리 최선의 식민지 스타일입니다.

콜든 저택의 브프랜크 방

뉴욕 콜든햄, 1767년경
2.87 × 5.41 × 6.4m
매입, 실마리스 컬렉션, 교환에 의한 조지 코에 그레이브스 기증, 1940 (40.127)

미국 전시관에 있는 역사적 실내장식 20개 중 하나인 이 방은 혁명 이전 뉴욕의 삶을 나타냅니다. 패널로 구성된 벽난로 벽과 기타 건축 설비는1767년에 캐드왈라더 콜든 Jr.(뉴욕 부총독의 아들)를 위해 건설된 맨해튼에서 북쪽으로 육십 마일 떨어진 시골 저택에 속한 것입니다. 이 방은 월가에 있는 뉴욕시 저택에서1760년대부터 사무엘 브프랜크와 크로멜린 브프랜크 부인이 사용했던 소유물로 장식되었습니다. 이 부부의 후손들은 존 싱글턴 코플리의 가족 초상화, 뉴욕에서 제작된 의자, 긴 의자 및 카드놀이용 탁자로 구성된 독특한 3종 세트, 그리고 중국 수출 자기를 기증하였습니다.

위의 작품

뉴브레멘 유리 제조소

미국, 1784–95년

창설자

존 프레데릭 아멜룽

미국, 활동기 1784 – 1791년 경

덮개 술잔

1788년, 불고 새겨서 만든 유리, 높이: 28.6cm
로저스 기금, 1928 (28.52a, b)

존 프레데릭 아멜룽은 독일에서 매릴랜드 프레데릭 카운티로 이민하여 뉴브레멘에 성공적인 유리 공장을 세웠습니다. 이 우승배 또는 덮개 술잔의 형상과 새김은 공장 장인(匠人)들의 독일 전통을 입증합니다. 술잔의 가장 지배적인 특징인 바로크 방패 속의 독일 브레멘시의 정교한 문장(紋章)은 아멜룽 유리에서도 가장 복잡한 새김이며 실지로 그 시대의 모든 미국 유리에서 찾아볼 수 있습니다. "구 브레멘의 성공과 새로운 진전"이라고 새겨진 글은 이 술잔이 독일과 연관이 있음을 암시합니다. 아멜룽이 그의 독일 투자자들에게 성공적인 미국 기업을 위한 승리의 건배로 선사했을 가능성이 큽니다.

아래의 작품

랄프 얼

미국, 1751–1801년

엘리야 보드만

1789년, 캔버스에 유화, 210.8 × 129.5cm
수잔 W. 타일러 유증, 1979 (1979.395)

얼은 코네티컷 뉴밀퍼드에 있는 화려하게 차려입은 직물·의류 상점 주인 엘리야 보드만을 묘사하였습니다. 그의 기업가 정신을 포착한 비전통적 초상에 그의 깔끔하게 정돈된 상점의 실로 감긴 계산대에 시골 상점주인이 서있는 모습이 보이며 열려 있는 문을 통해 구경을 위한 값진 수입 옷감의 빗장이 보입니다. 보드만의 사업 센스는 책상의 책꽂이에 있는 책들이 제시하는 것처럼 방대한 지식을 기반으로 한 것입니다. 이에 더하여, 보드만의 우아한 차림새와 직설적이고 멋진 시선에 대한 얼의 집중은 칭찬할 만하며 초상은 후원자와 화가의 선전물이 됩니다.

존 트럼벌

미국, 1756–1843년

지브롤터 부대의 출격

1789년, 캔버스에 유화, 1.8 × 2.72m
매입, 폴린 V. 풀러턴 유증; 제임스 워터 카터 부부 및 레이몬드 J. 호로비츠 부부 기증; 어빙 울프 재단과 배인 앤드 해리 피시 파운데이션(주) 기증; 교환에 의한 핸슨 K. 코닝 기증; 마리아 드윗 제섭 및 모리스 K. 제섭 기금 1976 (1976.332)

트럼벌은 동료 동포 벤야민 웨스트와 존 싱글턴 코플리처럼 위대하게 역사적인 회화에 뛰어나고 광범위하고 영웅적인 회화를 만들어 내려는 야망이 있었습니다. 웨스트의 조언에 따라 트럼벌은 스페인사람들이 영국인들로부터 지브롤터의 바위를 취하려고 했을 때 긴 지브롤터 포위 공격의 중요한 사건을 그렸습니다. 이 화가는 조지 엘리엇 장군이 죽어가는 적군인 젊은 돈 호세 드 바르보사에게 동정적인 도움을 줄 때의 특별한 영국 승리의 순간을 묘사하였습니다. 그러나 트럼벌의 궁극적인 목적은 상황에 의해 좌우되지 않는 신사의 기품 있는 처신을 나타내는 것이었습니다.

러퍼스 해더웨이

미국, 1770–1822년

여인과 애완동물 (몰리 웨일스 포브스)

1790년, 캔버스에 유화, 86.6 × 81.3cm
에드거 윌리엄 및 버니스 크라이슬러 가비시 기증
1963 (63.201.1)

이 초상화의 주제는 매사추세츠 레이넘의 몰리 웨일스로 추정됩니다. 상징이 풍부한 이 그림의 계기는 마쉬필드 근처에 있는 제2의 회중교회 엘리야 레오나드 목사와의 약혼이었으며 혼인은 1792년도에 하게 되었습니다. 해더웨이의 알려진 최초 작품이자 미국 민속 예술의 고급 예 중 하나인 이 초상화는 유럽풍을 불러일으키려는 지방 특유의 시도를 반영합니다. 모델의 타조 깃털과 고슴도치 또는 호저 스타일의 머리형은 현대 프랑스 패션과 인물 묘사를 모방하며, 애완동물의 배치는 디자인 면에서 상징적인데 해더웨이가 이미 인화를 통해 익숙했던 디자인으로 추정됩니다.

추정

하인리히 로스

미국, 활동기 1790–1810년경

접시

1793년, 마무리 끝손질 장식을 포함한 적색 토기
직경: 31.1 cm, 로버트 W. 드 포리스트 부인 기증
1933 (34.100.124)

18세기 후반 및 19세기 초반의 펜실베니아 독일 도예가들은 그 지역에서 찾아볼 수 있는 적점토를 활용하여 지방 시장을 상대로 보다 많은 정교한 도자기뿐만 아니라 실용적인 토기 조각을 제작하였습니다. 이민 장인들의 기술과 장식 전통은 그들의 고향에 뿌리를 두고 있습니다. 노샘프턴 카운티에서 유래된 이 접시는 많은 펜실베이니아 독일인들이 사용한 마무리 끝손질 기법의 본보기입니다. 이것은 단단해진 점토를 흰색 슬립으로 코팅한 다음 뾰족한 도구로 표면을 스크래치하여 그 밑에 있는 적색 층을 드러내는 방법입니다. 이 작품은 이런 종류의 다른 많은 작품처럼 간소화한 공작과 꽃무늬 주제를 특징으로 합니다.

길버트 스튜어트

미국, 1755–1828년

조지 워싱턴

1795년도에 시작됨, 캔버스에 유화, 76.8 × 64. cm
로저스 기금, 1907 (07.160)

스튜어트는 조지 워싱턴의 초상화를 그리기 위해 1793년 3월에 런던에서 미국으로 돌아왔습니다. 이 예는 본 그룹이라고 알려져 있는 우측을 향하고 있는 워싱턴의 상반신 초상화 18점 중 하나입니다. 이 그림에는 스튜어트가 워싱턴의 실물 초상을 처음으로 시도한 증거가 있는데 바로 흑색 물감 밑에 노란 버튼의 붉은 밤색 코트로서 스튜어트가 원래 본 초상화를 그릴 당시에 이 그림을 생각해 냈음을 제시합니다. 스튜어트가 그린 워싱턴의 초상화는 동시에 실물같고 영상적입니다. 여기에서 화가는 푸른 회색 그늘로 피부색을 능숙하게 표현해 냈는데 그 결과 워싱턴의 얼굴이 대리석 같은 기념적인 초상이 되었습니다.

윌리엄 러시

미국, 1756 – 1833년

독수리

1809 – 11년, 조각된 나무(동부 스토로부스 소나무로 추정), 석고 및 도금. 주조 철, 착색
91.4 × 172.7 × 154.9cm
매입, 샌즈베리 밀스 기금, 안토니 W. 및 룰루 C. 왕, 로버트 G. 골렛 부부, 아네트 드 라 렌타, 그리고 비라 흐라던-골드만 기증, 2002 (2002.21.1)

러시는 19세기 초반 필라델피아의 활기찬 장인 공동체에서 선도적인 목각사이자 도금공으로서뿐만 아니라 미국 최초 초상 조각가 중 한 명으로 오늘날 알려져 있습니다. 이 도금된 대형 독수리는 1847년까지 필라델피아 성요한 복음주의 루터 교회에 있는 설교단 위에 걸려 있었습니다. 그후 1914년까지 독립 기념관 회의실에 설치되었습니다. 자유의 종 근처, 러시의 조지 워싱턴 나무 조각상 위에 있는 이 조각상은 파송 교회 창시자의 상징물에서 미국 애국심 및 독립의 상으로 변하게 되었습니다.

줄리아 앤 피치

미국, 1791 – ?년

견본 작품

1807년, 아마포에 비단, 45.7 × 40cm
매입, 윌리엄 쿨렌 브라이언트 펠로우즈 기증, 2010 (2010.466)

매사추세츠 해트필드의 줄리아 앤 피치에 의해 제작된 이 가문기록 견본 작품의 중앙 그림은 앉아서 책을 읽고 있는 젊은 여인을 나타내고 있는데 분명히 그 당시에 논란을 일으켰던 주제 중 하나인 여성의 교육에 대한 논평입니다. 열세 개의 원이 중앙 타원형을 둘러싸고 있으며 대부분은 줄리아 앤의 직계 가족 일원들의 이름과 날짜를 포함하고 있습니다. 아래의 원 중 하나가 조지 워싱턴의 생애와 1799년 최근의 사망에 경의를 표하고 있고 다른 원이 새로운 나라가 탄생된 날짜를 표시하는 것을 통해 그녀의 애국심이 증명됩니다.

책상과 책장

메릴랜드 볼티모어, 1811년경
마호가니, 새틴나무, 단풍나무, 도금 유리, 개잎갈나무 포함,
231.1 × 182.9 × 48.6cm
러셀 세이지 부인 및 교환에 의한 다양한 기타 기증자 기증,
1969 (69.203)

현존하는 미국 연방 가구 중 특이한 이 H형 책상과 책장은 영국 가구제작자 토마스 셰러턴의 〈캐비닛 디렉토리〉(1803년)에서 디자인38호 여자 형제 원통 책장에서 직접적으로 영감을 받아 제작한 것이지만 여기에서 제작자는 두 다리 사이의 사각형 덮개로 책상을 셰러턴의 굴절 원형 덮개로로 대체하였습니다. 착색되고 도금된 유리문 패널은 옛날 의상을 한 춤추는 그리스 처녀를 묘사합니다. 전반적인 대칭, 기하학적인 추상, 그리고 대조적인 새틴나무와 마호가니 널빤지 사용의 조합은 이 책상을 미국 가구에 있어서 신고전주의 양식을 가장 특출나게 적응시킨 것 중 하나로 꼽히게 합니다.

토머스 플레처

미국, 1787–1866년, 그리고

시드니 가드너

미국, 1787–1827년
증정 항아리, 1824년
은, 59.5 × 51.1 × 38.4cm
매입, 루이스 V. 벨 및 로저스 기금, 익명 및 로버트 G. 골레 기증, 그리고 교환으로 인한 펜튼 L. B. 브라운 및 랜슨 스파포드 후커 부인의 손자손녀 기증, 1982 (1982.4a, b)

한 뉴욕 상인 단체는 이리 운하 건축의 촉진에 대한 감사의 답례로 1825년에 드윗 클린턴 지사에게 증정할 기념비적 항아리 한 쌍을 의뢰하였습니다. 필라델피아의 플레처와 가디너는 티볼리에 있는 하드리아누스 별장 근처에서 1770년에 발굴된 워릭 항아리로 알려진 유명한 로마 항아리의 손잡이와 항아리 몸체의 모형을 따랐습니다. 운하 경로를 따라 우화적인 인물들과 풍경이 각 항아리를 장식합니다. 여기에서 머큐리(상업)과 케레스(농업)는 운하의 보호 자물쇠와 올버니 분지의 측면에 서 있는 동시에 반대편에는 헤라클레스(힘)와 미네르바(지혜)가 로체스터의 수로와 제네시 강의 폭포에 묘사되어 있습니다.

샤를-오노레 라누이에

프랑스, 1779–1819년

카드놀이용 탁자

1817년, 마호가니 널빤지, 스토로부스소나무, 튤립나무, 금박 석고, 베르데 골동품, 도금 황동
79.1 × 91.4 × 45.1cm
저스틴 VR. 밀리켄 기증, 1995 (1995.377.1)

이 최상급 카드놀이용 탁자는 1803년부터 1819년까지 뉴욕시에서 작업을 했던 연방시대의 뉴욕 거주 프랑스 가구제조인 샤를-오노레 라누이에에 의해 제작된 도금된 조각상의 시그니처 시리즈 중 한 쌍의 일부입니다. 정교한 미뿐만 아니라 그 기원도 놀라운 이 서명과 날짜가 새겨진 걸작은 본래 소유자인 올버니의 스티븐 반 렌셀러 IV세의 가문에서 내려온 것입니다. 이와 동일한 탁자에 대해 존재하는 청구서를 보면 이 한 쌍이 250달러였는데 이는 장인 가구제작자의 삯이 하루에 대략 1달러밖에 안 되었던 것에 비해 상당한 액수였습니다.

토머스 콜

미국, 1801 – 1848년

매사추세츠 노샘프턴 홀요크산에서 본 전경, 폭풍우 이후—우각호

1836년, 캔버스에 유화, 130.8 × 193cm
러셀 세이지 부인 기증, 1908 (08.228)

콜은 마운트 홀요크 밑에서 코네티컷 강의 희한하게 굽어 흐르는 것에 반하여 소위 우각호라 불리는 것을 이 대형의 드라마틱한 회화의 주제로 삼았습니다. 그는 폭풍우를 잇따른 으스스한 빛으로 경치를 적시고 있습니다. 산의 황야는 아직도 머무르는 먹구름에 의해 그늘졌지만 저 너머의 휘어지는 강과 들판은 희미하게 빛납니다. 이 화가는 국가 지형 고유의 가망성을 강조하기 위해 거친 황야와 전원의 정착을 병렬시켰으며 실제적인 장소를 자신의 예술적인 비전과 상상을 통해 변모시켜 놓았습니다. 콜 자신도 그의 이젤과 우산과 함께 전경에 나타납니다.

조지 칼렙 빙엄

미국, 1811–1879년

미주리를 내려가는 모피 상인들

1845년, 캔버스에 유화, 73.7 × 92.7cm
모리스 K. 제섭 기금, 1933 (33.61)

빙엄은 미주리에서 자라났으며 캐나다 경계선 근처에서 시작해서 세인트루이스의 미시시피 강과 연결되는 거대한 강가에서의 삶을 직접 알게 되었습니다. 북쪽 황야에서의 교통수단을 이용해 나이든 프랑스 상인은 안내를 하고 쉬고 있는 그의 아들(인디언과 유럽미국인 부모들의 아들)은 총으로 보호해 가면서 모피를 팔려고 강 하류를 따라 시장으로 향하고 있습니다. 불가해하고 매혹적인 안개와 침묵의 흔적이 장면에 남습니다. 사실상, 빙엄은 19세기 중반 이후부터 오랫동안 거래의 형태를 묘사해 왔으나 이 회화가 뉴욕에 전시되었을 때 비로소 동부인들의 눈길을 끌었습니다.

에마누엘 로이체

미국, 1816–1868년

델라웨어 강을 건너는 워싱턴

1851년, 캔버스에 유화, 3.79 × 6.48m
존 스튜어트 케네디 기증
1897 (97.34)

1776년 12월 25일 뉴저지 트렌튼에서 워싱턴과 2500명의 군인이 헤센 용병들에게 가한 공격은 혁명 전쟁의 전환점이었습니다. 로이체의 이 사건 묘사는 미국뿐만 아니라 이 그림을 그린 독일에서도 큰 성공을 거두었습니다. 이 작품의 인기는 주로 중세기에 성행한 민족주의에 호소했던 주제를 선택했던 것과 효과에 추가된 엄청난 규모에 기인합니다. 이 회화는 일부 역사적 부정확성에도 불구하고 존경심의 대상으로 남고 있으며 미국 미술에 있어서 가장 유명하고도 가장 널리 출판되는 그림 중 하나입니다.

반대편 작품

존 H. 벨터

미국, 1804–1863년

소파

1850–60년, 자단, 135.3 × 167.6 × 63.5cm
매입, 미국관 후원회 기금 및 릴라 애치슨 월러스 기증, 1999
(1999.396)

존 벨터는 19세기 미국의 호화 시장을 위한 로코코 부흥 양식의 고급 가구를 만드는 가장 중요한 제작자 중 한 명으로 오랫동안 인식되어 왔습니다. 그는 제작한 응접실 가구의 스위트를 통해 국제적인 명성을 얻었는데 이 중 수많은 가구들이 라미네이트로 처리되고 화려하게 조각된 자단으로 만들어졌습니다. 그는 활동적인 고급 가구 제작자였으며 수 많은 가구가 그의 뉴욕 가게에서 만들어졌습니다. 벨터의 자연 묘사의 개화의 꽃다발로 아름답게 꾸며진 벨터의 화려한 응접실 소파는 그의 가장 최고 전작품을 요약합니다.

히램 파워스

미국, 1805 – 1873년

앤드류 잭슨

1834 – 1835년, 1839년 조각
대리석, 88.3 × 59.7 × 39.4cm
프란시스 V. 내시 부인 기증, 1894 (94.14)

파워스는 초기에 중요한 미국 정치 인물들의 초상을 통해 조각가로서의 재능을 증명해 보였는데 이 앤드류 잭슨 대통령의 초상은 이탈리아에서 대부분의 시간을 보내게 된 이 예술가의 커리어를 도약시키는 계기가 되었습니다. 1834년에 파워스는 워싱턴 D.C.에 가서 백악관에 모델로 앉아 있는 잭슨 대통령의 초상을 만들게 되었습니다. 이 초상은 깊이 파인 주름살이 보이고 이가 없어 입과 볼이 움푹 들어간 길고 야윈 얼굴과 굵게 뒤로 넘긴 머리 밑의 이마를 한 육십칠 세 대통령을 실물처럼 묘사하고 있습니다. 이 흉상은 파워스가 1837년에 영구적으로 플로렌스에 정착한 이후에 대리석으로 조각되었습니다.

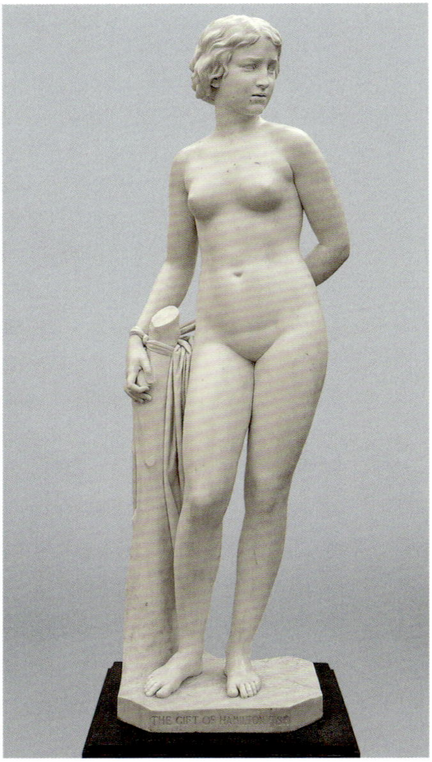

에라스투스 다우 파머

미국, 1817 – 1904년

백인 포로

1857 – 58년, 1858 – 59년 조각
대리석, 165.1 × 51.4 × 43.2cm
해밀턴 피시 유증, 1894 (94.9.3)

신고전주의 양식은 19세기 중반에 미국 조각을 지배했고 백색 대리석으로 만든 작품은 특히 인기가 있었는데 매재(媒材)의 강력한 고전주의 연관성 때문이었습니다. 신고전주의 정신이 이 우아한 생명체 크기의 누드에 생생하게 드러나긴 하지만 이 인물 자체는 인디언들과 백인 개척자들 사이에서 있었던 경계선 충돌 이야기에 의한 영감을 받았습니다. 파머는 수면 중에 납치되어 포로가 된 젊은 여인을 묘사했는데 그녀의 손은 묶여 있고 그녀의 잠옷은 벗겨져 나무 줄기에 걸려 있습니다. 뉴욕 북부 출신인 파머는 독학을 했으며 그의 동년배들과는 달리 유학을 가지 않았습니다.

맞은편 작품

마틴 존슨 히드

미국, 1819–1904년

다가오는 폭풍우

1859년, 캔버스에 유화, 71.1 × 111.8cm
어빙 워프 재단 및 어빙 워프 부부 기증,
다이앤 R. 워프를 기리며
1975 (1975.160)

이 회화는 히드의 가장 야심차고 원형적인 작품 중에서 해안 폭풍 주제를 다룬 소규모 시리즈의 최초 작품 중 하나입니다. 그 중에서도 이 작품은 특정 장소로서 신중 섬에서 록키넥 쪽을 바라보는 로드아일랜드 내러갠싯 만에서 있었던 기상 사건의 목격을 기반으로 한 유일한 작품인 것으로 알려져 있습니다. 히드는 폭풍의 통상적인 격렬한 묘사를 무시한 채 어두워지는 하늘과 무시하게 빛이 비추인 벌판의 긴장된 폭풍의 전조를 "불길한 정적"이라고 표현한 그 시대 비평가의 말을 생생히 실현하고 있습니다.

앨버트 비어슈타트

미국, 1830–1902년

로키산맥, 랜더스의 봉우리

1863년, 캔버스에 유화, 1.87 × 3.07m
로저스 기금, 1907 (07.123)

독일 태생의 비어슈타트는 로키산맥 그림을 통해 미국 서부 화가로서 지속적으로 인식되었습니다. 1859년에 프레더릭 W. 랜더 대령과 함께 오늘날의 와이오밍과 유타로 갔던 탐험 여행에 따르면 이 회화는 미국인들에게 뚜렷이 국경지역을 선전했고 미국인은 신이 지정한 이 대륙의 주인이라는 만연한 신념이었던 명시된 운명의 사상을 부추겼습니다. 구성은 대칭으로 배치되었으며 대담하고 단순한 명암으로 시작되었습니다. 전경은 쇼쇼니 인디언족 야영지를 묘사합니다. 엄청난 찬사와 함께 대중에게 전시된 이 비어슈타트의 대형 회화는 그로 하여금 그 당시 명성을 날리던 미국 경치 화가 프레더릭 처치의 라이벌로 부각되게 하였습니다.

윈슬로 호머

미국, 1836–1910년

전선에서 온 포로들

1866년, 캔버스에 유화, 61 × 96.5cm
프랭크 B. 포터 부인 기증, 1922 (22.207)

호머는 하퍼스 위클리 의 화가 특파원으로서 내란 도중에 연합 전선을 두 번 방문하였습니다. 내란이 끝난 후 그려진 이 캔버스는1864년 5월에 스파트실바니아 전투(버지니아)에서 프랜시스 채닝 발로우 준장이 동맹군과 장교들을 사로잡은 것을 가리킵니다. 양쪽에 있는 참여자들을 대표하며 물리적인 거리와 대조되는 자세를 통해 남북 간의 관념적 갈림을 상징합니다. 이 회화는 뉴욕의 국립 디자인 아카데미에서 호머의 명성을 확립시켰고 1867년도 파리 만국박람회에서 비평가의 호평에 전시되었습니다.

프레더릭 에드윈 처치

미국, 1826–1900년

안데스의 심장

1859년, 캔버스에 유화, 1.68 × 3.03m
마거릿 E. 다우스 유증, 1909 (09.95)

처치는 동부 북미 경치를 상세하게 묘사한 작품을 통해 일찍이 유명세를 탔습니다. 독일 자연주의자 알렉산더 폰 훔볼트의 감명을 받은 이 화가는 1853년과 1857년에 남미로 탐험 여행을 떠났습니다. 〈안데스의 심장〉은 처치가 에콰도르에서 연필과 유성 스케치 모음을 종합한 것으로서 훔볼트가 적도 안데스에서 관찰한 기후 범위(열대에서 온대, 그리고 쌀쌀한 기후로)를 나타냅니다. 처치는 원래 창을 닮은 거대한 틀에 회화를 전시하고 관람하기 위해 전시관에 모인 대중에게 오페라 글라스를 통해 보도록 조언했는데 그 이유는 놀라운 식물의 세부와 대륙 스윕을 함께 감상하는 게 낫기 때문입니다.

존 퀸시 애덤스 워드

미국, 1830–1910년

자유민

1863년, 1891년 주조
청동, 49.5 × 37.5 × 24.8cm
조부 찰스 롤린슨 램을 기리며 찰스 안토니 램 및 바레아 램 실리 기증, 1979 (1979.394)

워드는 1862년 9월 22일에 공포된 에이브러햄 링컨의 예비 노예 해방령의 영향을 따라 앉아 있는 흑인 미국인의 조각상 모형을 제작하였습니다. 워드의 폐지론자 견해를 선언하는 이 조각상은 그 시대의 주요한 정치적, 도덕적 주제에 대해 신랄한 논평을 제공합니다. 부러진 예속의 족쇄가 전 노예의 왼손목과 오른손에 보입니다. 19세기의 주요 현실주의 조각가 워드는 모델의 근육질 주인공의 해부와 관상을 정확하게 묘사하였습니다. 워드는 이 인물에 대한 감동을 자신의 오하이오 고향의 거주민에게서 받았거나 1858년 남부로 여행했을 당시에 얻었을 수 있습니다.

아래의 작품

존 러파지

미국, 1831–1910년

바람에 날리는 모란

1880년경, 인테르가 삽입된 유백광 유리, 190.5 × 114.3cm
수잔 드와이트 블리스 기증, 1930 (30.50)

존 러파지는 루이스 컴포트 티파니와 함께 미국 스테인드글라스의 모양을 혁명화하였습니다. 그의 최초 창 중 하나인 〈바람에 날리는 모란〉은 모란꽃의 중국 두루마리에서 유래됩니다. 1879년과 1909년에 러파지는 동일한 테마를 기반으로 하여 적어도 7개의 창을 만들었는데 그중 이것이 가장 처음에 제작된 것입니다. 창은 혁신적이고 특이한 유리(보석, 카보숑, 주조 및 가공된 유리, 그리고 잔물결 무늬의 유백광 유리)를 연출합니다. 다양한 질감과 과감한 색상은 고도로 장식적이고 이국적인 취향을 전합니다. 뉴욕에서 제작된 이 창은 로드아일랜드 뉴포트에 위치한 헨리 G. 마퀀드의 저택에 설치되었습니다.

위의 작품

디자이너

제임스 호튼 화이트하우스

미국, 1833–1902년

제작자

티파니사

미국, 1837년부터 현재까지

브라이언트 항아리

1875–76년, 은, 85.1 × 35.6 × 28.7cm
윌리엄 쿨렌 브라이언트 기증, 1877 (77.9a, b)

시인이자 신문 편집가였던 윌리엄 쿨렌 브라이언트의 80세 생일에 대해 경의를 표하기 위해 그의 친구 몇 명은 "[그의] 문학 및 민간 커리어의 교훈을 구현"할 "원래 디자인 및 선별된 세공의 기념적인 항아리"를 의뢰하였습니다. 르네상스 부흥의 감성과 미학 운동을 결합시킨 이 디자인은 브라이언트의 생애와 작품을 암시하는 상징적 영상과 주제로 장식된 그리스 항아리 형체로 구성되어 있습니다. 뉴욕시에 있는 티파니사에 의해 제작되어 1876년도에 완성된 이 항아리는 메트로폴리탄 박물관에 그다음 해에 기증되었는데 박물관 컬렉션에 도입된 미국의 첫 번째 은작품입니다.

허터 형제

미국, 1864 – 1906년

옷장

1880 – 85년, 벚나무, 199.4 × 125.7 × 66cm
케네스 O. 스미스 기증, 1969 (69.140)

독일 망명자 형제인 구스타브 허터와 크리스찬 허터의 뉴욕 회사는 미국 황금기 고객들을 위해 고급 가구를 생산하고 실내 디자인을 통합하였습니다. 영국 건축가 E. W. 고드윈에 의해 대중화된, 영국 디자인 혁명과 여기에 나타난 영일 간의 양식을 포함한 다양한 형태로 작업을 하였습니다. 이 옷장의 흑단과 유사한 착색 표면과 스타일 있는 국화꽃과 잎의 금색 상감 세공은 일본 칠기를 상기시키며 떨어지는 꽃 밑의 짙은 흑색의 여백은 더욱이 아시아의 장식 원리를 제시합니다.

토머스 에이킨스

미국, 1844 – 1916년

챔피언 싱글 스컬(싱글 스컬을 탄 맥스 슈미트)

1871년, 캔버스에 유화, 81.9 × 117.5cm
매입, 알프레드 N. 파네트 기부 기금 및 조지 D. 프랫 기증, 1934 (34.92)

1870년도에 유럽 유학을 마치고 필라델피아로 돌아온 에이킨스는 스컬링 그림 시리즈를 시작하였습니다. 이것은 그 시리즈의 첫 주요 작품으로서 그때까지 그의 가장 성공적인 회화로 꼽힙니다. 1870년 10월에 스쿨킬 강에서 있었던 중요한 경기에서 변호사이자 기술 있는 아마추어 조수(漕手)였던 맥스 슈미트의 승리를 기념하는 것으로 추정됩니다. 열렬한 조수였던 에이킨스는 중간 거리에서 스컬을 탄 모습을 보였습니다. 에이킨스는 그의 주요 파리 토박이 교사인 장 레옹 제롬이 지지했던 학문 원칙에 따라 회화를 구성하였습니다.

존 싱어 사전트

미국, 1856 – 1925년

마담 X(마담 피에르 고트로)

1883 – 84년, 캔버스에 유화, 208.6 × 109.9cm
아서 하폭 헌 기금, 1916 (16.53)

루이지애나 태생 파리 명사 비르지니 아말리 아베뇨 코트로는 그녀의 기교 있는 외모로 유명합니다. 사전트는 그녀의 초상을 그려 전시함으로써 자신의 명성을 향상되기를 바랬습니다. 커미션을 받고 일한 것이 아니라 포즈를 취한 모델과의 합작을 통해 작업한 그는 어깨에서 떨어진 끈을 나타냄으로써 그녀의 대담한 개성을 강조하였습니다. 이 초상화가 1884년도 파리 미술 전람회에서 칭찬의 대상이 되기보다는 웃음거리로 전락한 이후, 사전트는 어깨에 끈을 다시 칠한 다음 초상화를 간직하였습니다. 메트로폴리탄에 이 초상화를 팔 당시 그는 "제가 만든 작품 중 최고일 겁니다."라고 말하면서 모델 이름을 가명으로 해달라고 부탁하였습니다.

제임스 맥닐 휘슬러

미국, 1834 – 1903년

살색 및 흑색 배열: 테오도르 뒤레의 초상화

1883년, 캔버스에 유화, 193.4 × 90.8cm
캐서린 로리야드 울프 컬렉션, 울프 기금 1913 (13.20)

파리 토박이 수집가이자 미술 비평가였던 테오도르 뒤레는 귀스타브 쿠르베, 에두아르 마네 및 인상파 화가들의 작품에 대해 초기 챔피언이었으며 휘슬러의 런던 스튜디오에서 이 초상화를 위해 포즈를 취하였습니다. 휘슬러는 뒤레의 요청에 따라 뒤레가 저녁 옷차림을 한 모습을 묘사했지만 화가 휘슬러는 뒤레가 살색을 되풀이하고 흑색 및 회색 팔레트의 엄숙함을 완화시켜주는 핑크색 도미노(후드가 달린 가장 가운)를 잡고 있을 것을 제안하였습니다. 휘슬러의 성숙한 스타일의 본보기 시연인 이 초상화는 기술적으로 특징화 한 머리와 조화로운 "배열"을 위한 의복 및 배경을 결합시킵니다.

차일드 하삼

미국, 1859 – 1935년

메인의 모래톱에 위치한 실리아 닥스터의 정원

1890년, 캔버스에 유화, 45.1 × 54.6cm
익명 기증, 1994 (1994.567)

이 회화는 뉴햄프셔 포츠머스에서 동쪽으로 10마일 떨어진 모래톱 중 하나인 애플도어 섬에서1890년대 여름에 하삼이 만든 고급 시리즈의 일부입니다. 이 시리즈는 섬의 거친 지형에 놀랍게 대조되는 정원으로 하삼의 친구인 시인 실리아 닥스터가 가꾼 호화로운 야생꽃 정원을 묘사하고 있습니다. 이 회화에서 무성한 녹색 잎에 감긴 생생한 빨간색 양귀비는 색이 바랜 배브의 바위 전망을 소개합니다. 이 작품은 하삼이 미국 인상파 화가로서 창의성이 절정에 이르렀음을 나타냅니다.

윌리엄 메릿 체이스

미국, 1849 – 1916년

해변에서

1892년경, 캔버스에 유화, 50.8 × 86.4cm
애들레이드 밀턴 드 그루트 양 유증 (1876 – 1967), 1967
(67.187.123)

1891년부터 1902년까지, 체이스는 뉴욕 사우샘프턴 마을에 있는 시네콕 힐스 미술 여름학교의 관장으로 근무하였습니다. 그는 매주 이틀간 가르쳤으며 나머지 시간에는 그림을 그리고 가족과 함께 보냈습니다. 이 캔버스에 시네콕 만으로 추정되는 해변에서 여유를 즐기고 있는 여인들과 아이들이 보이는데 날씨 좋은 날에 품위 있는 여가를 즐기기에 이상적인 장소입니다. 이 장면은 캔버스의 절반 윗부분 전체를 채우는 광범위하게 펼쳐진 하늘과 아이들 옷의 밝고 흰 형상을 되풀이하는 휙 스쳐 지나가는 구름으로 완성되었습니다.

메리 캐사트

미국, 1844 – 1926년

차 탁자에 있는 여인

1883 – 85년, 캔버스에 유화, 73.7 × 61cm
화가 기증, 1923 (23.101)

캐사트의 초상화는 그의 어머니의 사촌 메리 디킨슨 리들이며 중상류층 여인들 사이에서 하루 일과였던 차 옆에 서 있는 모습으로 나타냈습니다. 리들 부인은 그녀의 딸이 캐사트 가족에게 선사한 도금된 청백색 도자기의 서비스로 찻주전자를 들고 있습니다. 선물에 대한 답례로 그린 이 초상화는 스케치 같은 마무리, 자연스런 해부 처리 및 관람 대상에 대한 모델의 냉담함을 통해 캐사트의 인상주의적 표현에 있어서의 능숙함이 증명됩니다. 리들 부인의 딸이 이 초상화를 싫어했기 때문에 캐사트는 H. O. 하브마이어 부인이 박물관에 기증하라고 할 때까지 보관하고 있었습니다.

대니얼 체스터 프렌치

미국, 1850 – 1931년

죽음의 사자와 조각가

1889 – 1893년, 1921 – 1926년 조각
대리석, 2.38 × 2.55 × .83m
박물관 수탁자 단체 기증
1926 (26.120)

프렌치의 밀모어 기념비는 보스턴 조각가 마틴 밀모어의 형 요셉을 기리고 그에게 경의를 표하기 위해 밀모어 가족의 의뢰로 제작된 것입니다. 원래 동상은 1893년도에 매사추세츠 자메이카 플레인에 있는 포리스트 힐스 묘지에 세워졌었는데 이 대리석 복사판은 나중에 메트로폴리탄 박물관을 위해 조각되었습니다. 죽음의 사자가 젊은 조각가에게 나타나 그의 작업을 중단하려고 손을 내밉니다. 그녀는 오른손에 영원한 잠을 상징하는 양귀비를 들고 있습니다. 20세기 초의 주요 기념비 조각가 프렌치는 워싱턴 D.C.에 있는 링컨 기념비인 그의 작품 〈앉아 있는 링컨〉으로 유명합니다.

아래의 작품

프레더릭 레밍턴

미국, 1861–1909년

산의 사나이

1903년, 1907년 3월까지 주조됨
청동, 70.5 × 30.5 × 25.4cm
로저스 기금, 1907 (07.79)

레밍턴은 자신의 회화, 삽화, 조각상 및 작문을 통해 구 미국 서부와 동등한 우수성으로 존경을 받았습니다. 〈산의 사나이〉에서 이 화가는 말에 올라탄 채로 거의 수직의 경사를 내려가는 덫사냥꾼 일상사의 드라마틱한 에피소드를 선택하였습니다. 장비(곰 덫, 도끼, 침낭 및 소총)를 짊어진 사람과 말은 함께 경사진 길을 아슬아슬하게 갑니다. 이 동상은 레밍턴의 가장 고급스런 작은 조각상과 같이 가장자리가 갈라진 녹비 옷과 동물의 털 은닉에서부터 바위 같은 기초에 이르기까지 풍부하고 다양한 질감을 표현합니다.

위의 작품

오거스터스 세인트고든스

미국, 1848–1907년

승리

1892–1903년, 1914–1916년 주조
청동 도금, 96.5 × 24.1 × 47cm
로저스 기금, 1917 (17.90.1)

19세기의 일류 조각가 중 한 명이었던 세인트고든스는 파리에서 공부를 하고 활기찬 자연주의 양식의 작품을 남긴 1세대 미국 화가로 꼽힙니다. 이 작은 조각상은 전체 크기 인물의 축소판으로서 뉴욕 센트럴파크의 남동쪽 코너에 놓인 셔먼 유적에서 말에 탄 내란 장군 윌리엄 티컴서 셔먼을 이끌고 있습니다. 오른팔을 편 천상의 날개 달린 인물은 전형적인 상징물로 머리에 월계관을 쓰고 왼손에는 종려 나뭇가지를 든 안내 세력입니다. 그녀의 가슴에는 미국 독수리 장식이 있습니다.

프레데릭 윌리엄 맥머니스

미국, 1863–1937년

바쿠스의 여사제와 아기 파우누스

1893–1894년, 1894년 주조
청동, 213.4 × 75.6 × 80cm
찰스 F. 맥킴 기증, 1897 (97.19)

이 작품은 19세기 후반에 미국 조각을 지배했던 드라마틱한 프랑스 보자르 양식의 전형입니다. 바쿠스의 여사제는 포도주의 신(神) 바쿠스에게 헌신된 음주에 빠진 여인으로 자신의 머리 위로 포도송이를 들고 왼팔에 아기를 안고 균형을 잡고 있습니다. 정력적이고 나선형의 몸매와 풍부하게 형상화된 표면은 원기 왕성한 효과를 창출합니다. 맥머니스가 이 동상을 건축가 찰스 맥킴에게 주었고 맥킴은 자신의 회사가 고안한 보스턴 국립 도서관의 안뜰에 이 동상을 두었습니다. 그러나 이 동상 인물의 "술에 취한 상스러움"에 대한 항의로 인해 맥킴은 이 동상을 메트로폴리탄 박물관에 기증하기에 이르렀습니다.

위의 작품

조지 E. 오어

미국, 1857 – 1918년

찻주전자

1897 – 1900년, 토기, 18.3 × 18.1cm
로버트 A. 엘리슨 Jr. 기증 약속
(L.2009.22.279a, b)

자칭 "빌록시의 광신적인 도공" 미시시피 미술가 조지 오어는 거의 반세기 동안 도예의 추상 표현주의를 예비 구상하였습니다. 전형적인 예술 도공 오어는 직접 점토를 섞어 물레 위에 그의 고유 항아리를 절묘하게 형성했으며 자기 고유의 유약을 개발하고 자기 고유의 가마를 구웠습니다. 이 적색 토기 찻주전자는 그의 도자기에 대한 모험적이고 실험적인 접근을 나타냅니다. 그는 전통적인 찻주전자의 양면을 누르고 손잡이를 집어 냄으로써 그 시대의 보다 통제된 도자기에 저항하는 창의성과 기발함을 표현하였습니다. 오어의 독창력은 더욱이 찻주전자의 물집 생긴 적색 광택제를 통해 틀에 박히지 않는 표면 처리를 증명해 보였습니다.

아래의 작품
디자이너

루이스 컴포트 티퍼니

미국, 1848 – 1933년

제작자

티퍼니 유리 및 장식 회사

미국, 1892 – 1902년
유리병, 1893 – 96년
파브릴 글라스, 35.9 × 29.2cm
H. O. 하브마이어 기증, 1896 (96.17.10)

1890년대 초반에 루이스 컴포트 티퍼니와 숙련된 장인들은 파브릴로 된 불어서 만든 혁신적 유리를 뉴욕 코로나에 있는 스튜디오에서 제작하였습니다. 고대의 유리와 천연 세계는 티퍼니 병과 장식판의 수많은 모양, 색상 및 마무리 처리에 영감을 주었습니다. 이 상징적 병은 공작 깃털의 기름진 광채를 적절히 포착하는 티퍼니 상표 무지개빛을 연출합니다. 부채 모양은 공작의 활짝 편 깃털을 흉내냅니다. 이 병은 티퍼니가 불어 만든 장식용 유리병을 만들기 시작한 지 불과 3년밖에 안 된 1896년에 티퍼니의 열광적인 후원자 루이진과 헨리 오즈번 하브마이어에 의해 박물관에 증여된 많은 물건 중의 하나가 되었습니다.

시실리아 보

미국, 1855 – 1942년

어니스타(보모와 아이)

1894년, 캔버스에 유화, 128.3 × 96.8cm
마리아 드윗 제섭 기금, 1965 (65.49)

보의 2살 난 조카딸이자 맘에 드는 모델 어니스타 트링커는 대담하게 잘린 모습의 보모 마티의 손을 꽉 잡고 있습니다. 극단적인 구성과 자유로운 붓질은 보의 에두아르 마네 및 에드가 드가 작품에 대한 감상을 반영합니다. 광택이 나는 바닥을 아기 걸음마로 걸어가는 어니스타는 위엄 있고도 연약한 디에고 벨라스케스의 왕족 자녀들과 비슷합니다. 마티의 손은 보호와 안전의 보편적인 상징이며 그녀의 넓은 앞치마와 유니폼은 아이의 작은 체구를 강조합니다.

윈슬로 호머

미국, 1836–1910년

북동풍

1895년, 1901년 재작업
캔버스에 유화, 87.6 × 127cm
조지 A. 헌 기증, 1910 (10.64.5)

메인 해안의 북동풍은 예외적인 격렬하고 지속되는 폭풍입니다. 호머가 1895년도에 최초로 이 캔버스를 보였을 때는 그리 거대하지 않은 물보라 기둥 밑에 안 좋은 날씨에 대비한 옷차림의 남자 두 명이 움츠리고 있는 모습이 있었습니다. 이 회화가 잘 받아들여졌고 미국 미술품의 주요 수집가 조지 A. 헌에 의해 매입되었음에도 불구하고 호머는 나중에 더 강력한 효과를 위해 이 회화를 재작업하였습니다. 어느 한 비평가가 목격한 것처럼, 북동풍은 "바위의 울퉁불퉁한 힘, 바다의 중대하고 장엄한 움직임, 연약한 인간의 존재의 흔적이 없는 광대한 자연 공간의 대기권, 이 세 가지의 기본적인 사실"을 나타냅니다.

윌리엄 글래큰스

미국, 1870–1938년

센트럴파크, 겨울

1905년경, 캔버스에 유화, 63.5 × 76.2cm
조지 A. 헌 기금, 1921 (21.164)

글래큰스의 장면에서 얌전한 아이들이 몇 명의 어른들이 지켜보는 가운데 뉴욕의 센트럴파크에 있는 눈 덮인 언덕에서 썰매를 타고 내려옵니다. 어린이들은 따뜻하게 옷을 입었고 어른들은 맵시 있는 옷차림을 하고 있는 것을 보아 중산층 오락임을 알려줍니다. 글래큰스는 애시캔파이라고 알려지게 된 예술가 단체 중 한 명이었습니다. 현대적인 삶과 도시의 궁핍에 대한 소박한 진실을 말하는 명목상의 의무에도 불구하고 이 예술가들은 그들의 세계를 낙관적인 시각으로 보아 도시를 완곡하게 표현하였습니다.

프랭크 로이드 라이트

미국, 1867 – 1959년

미네소타 웨이자타에 있었던 프란시스 W. 리틀 저택의 방

1912 – 14년, 4.17 × 8.53 × 14m
매입, 에밀리 크레인 채드본 유증, 1972 (1972.60.1)

미국 전시관의 시대적 방들 중 가장 최신인 이 방은 미국의 가장 유명한 건축가 프랭크 로이드 라이트의 작품입니다. 이 방은 본래 프란시스 W. 리틀 부부를 위해 미네소타 미니애폴리스 교외에 건축된 저택의 한 끝부분에 거대한 단독 응접실로 건축되었습니다. 낮게 깔린 지붕과 폭넓게 드리워진 처마, 페인트 칠하지 않은 하얀 참나무 테, 투명한 인테르 삽입 유리의 층으로 구성된 이 방은 라이트의 초원 양식 가정집 구조를 대표합니다. 이 가구는 모두 라이트가 고안해 낸 것이며 그가 의도한 그 대로 배치되었습니다. 옅은 색의 가구는 이 방을 위해 제작되었고 짙은 얼룩의 가구는1903년에 일리노이 피오리아에 위치한 리틀즈를 위해 라이트가 설계한 초기 저택을 위해 제작된 것입니다.

추정된 설계자

아그네스 F. 노스럽

미국, 1857 – 1953년

제작자

티퍼니 스튜디오

미국, 1902 – 32년

가을 경치

1923 – 24년, 인테르가 삽입된 파브릴 유리, 3.35 2 2.59 m
로버트 W. 드 포리스트 기증, 1925 (25.173a – o)

티퍼니사 창설자의 아들 루이스 컴포트 티퍼니는 미국에서 탁월한 미술가 중 한 명이었으며 오래된 성공적인 커리어 도중에 수많은 장식 매재(媒材)를 숙달하였습니다. 그러나 그의 가장 획기적인 작품은 유리로 만들어졌습니다. 인테르가 삽입된 유리에 티퍼니의 자연 묘사 중 걸작품인 이 가을 노을 전경은 그의 뉴욕 작업실에서 개발된 모든 역량과 기법에 기인합니다. 다채로운 색무늬의 표면은 용해 중에 착색된 색유리를 구겨 만들어졌으며 특이한 빛 효과는 얼룩덜룩한 색종이 조각 유리에 의해 창작되었습니다. 한 층 이상의 유리가 도금됨에 따라 깊이 있는 감각과 각도가 제시되었습니다.

의상연구소

의상연구소의 방대한 백과사전적 컬렉션은 16세기 후반부터 현재까지의 화려한 의상, 아시아·아프리카·유럽·미주 지역 민족의 복식, 장식품, 사진을 포함하고 있습니다. 1937년 아이린 루이슨이 주도하여 설립한 의상 미술관과 메트로폴리탄 박물관이 1946년 합병하여 의상연구소를 창설하였습니다. 연구소는 매년 개최되는 의상연구소 자선 행사를 통해 패션 업계가 제공하는 기금의 지원을 받고 있습니다. 2009년 브루클린 미술관은 100년 이상 수집한 저명한 의상 컬렉션을 메트로폴리탄 박물관으로 이양하였습니다. 이로 인해 메트로폴리탄 박물관은 19세기 후반부터 20세기 중반까지 유럽과 미국의 뛰어난 의상 작품과 타의 추종을 불허하는 미국의 패션 디자이너 찰스 제임스의 컬렉션을 추가하게 되었습니다. 현재 의상연구소는 이 같은 뛰어난 작품들을 바탕으로 과거부터 현대까지의 상징적이고 예술성이 뛰어난 복식 작품을 중심으로 이 가이드북에 수록된 작품이 대표하는 포괄적인 서양 복식사를 표현하는 컬렉션을 유지하면서 작품 수집을 계속하고 있습니다.

더블릿

프랑스, 1620년대 초
아이보리색 실크 파유에 핑크색, 황색, 연보라색, 녹색, 자색 꽃문양 브로케이드
의상연구소 기금, 폴레르 와이스만을 추모하며
1989 (1989.196)

이 훌륭한 더블릿은 현존하는 1620년대 더블릿 2점 중 하나이며 다른 한 점은 런던의 빅토리아 앤 알버트 박물관이 소장하고 있습니다. 이러한 복식은 단기간 유행하였습니다. 소재는 화려한 실크 브로케이드이며 핑킹으로 마감하고 슬릿을 장식적으로 냈습니다. 옷감을 길게 터 놓는 핑킹은 당시 유행했던 장식 기법으로서 안에 입은 셔츠와 슈미즈, 색상이 풍부한 안감을 보여 주기 위해 사용되었습니다. 옷감의 실제 재단과 패턴이 일치하지 않는 것으로 보아 이전에 다른 용도로 핑킹했던 실크를 사용하여 이 의복을 제작했을 가능성이 있습니다.

궁정 의상

영국, 1750년경
청실크 태피터에 두드려 편 은과 은사로
수놓은 꽃문양 브로케이드, 은 테두리
매입, 아이린 루이슨 유증
1965 (C.I.65.13.1a-c)

18세기 의상 중 가장 훌륭한 작품으로서 비율이 극단적입니다. 측면에서 보면 몸보다 더 커 보이지 않지만 정면이나 후면에서 보면 최대한 넓게 보이도록 디자인되어 있습니다. 이 영국 가운 스커트는 폭이 140cm 정도이며 고래뼈로 만든 파니에 또는 측면 후프로 지탱합니다. 파니에 가운을 입은 여성은 대개 옆걸음으로 미끄러지듯 우아하게 출입구를 통과하는 것이 에티켓이었습니다. 이 의상은 연은사와 은테를 둘러 수놓은 한 장의 화려한 비단 브로케이드라고 할 수 있습니다. 이 의상은 착용한 여성의 부와 지위를 과시하는 광고판과 같다고 할 수 있습니다.

남성용 코트와 웨이스트코트

프랑스 추정, 1730년경
적색 양모 브로드클로스에 연금사와 시퀸 자수
이사벨 슐츠 기금, 2004 (2004.411a, b)

이 섬세한 코트는 18세기 전반 남성복의 화려함과 봉제기술을 보여주는 우아한 작품입니다. 말털을 사용하여 빳빳하게 한 코트 옷자락과 커다란 소매는 이 시대에 성행했던 과장된 비율을 보여주고 있습니다. 이러한 특징은 동시대에 제작된 본 박물관 소장 회화에서도 잘 나타나며, 특히 니콜라스 드 라질리에르의 1727년 작 앙드레 프랑소와 알로이 드 데 데르쿨라이 초상화가 주목할 만합니다. 붉은색 양모 브로드클로스에 연금사를 수놓은 자수는 당시 가장 호화로운 장식에 속합니다. 웨이스트코트에서 연금사와 금 시퀸으로 수놓은 굽이치는 깃털 문양은 특히 화려합니다.

앙상블

미국, 1820년경
감색과 크림색 울 브로드클로스,
염색하지 않은 광택 면, 흰색 리넨
매입, 아이린 루이슨 유증, 1976 (1976.235.3a–e)

1820년대 여성의 드레스에서 유행했던 허리를 높게 올린 복식은 동시대 남성복에도 다소 영향을 미쳤습니다. 상의는 흉부를 따라 재단하였으며 높이 올린 바지의 허리는 다리 길이를 강조합니다. 미미해 보이지만 이 스타일의 변형된 비례는 풍자의 대상이었습니다. 19세기에 진화한 남성 정장은 유행의 변화를 점점 따르지 않게 되면서 남성 앙상블의 가장 개성적인 요소들은 크라바트(넥타이의 전신), 조끼, 그리고 평상복에서는 셔츠의 원단으로 단순화되었습니다. 멋내기 좋아하는 남성의 입장에서 보면, 남성 정장은 "평등을 나타내고 고통을 주는 제복"이 되어 버렸습니다.

드레스

미국 또는 유럽, 1855년경
녹색과 흑색 장미 문양이 프린트된 상아색 오간자
제임스 R. 크릴 4세와 로런스 G. 크릴 부부 기증
1992 (1992.31.2a-c)

교체 가능한 보디스가 두 개 딸린 이 앙상블 드레스는 고급 의상에서는 드문 실용성을 겸비하고 있습니다. 현존하는 우수한 드레스의 보디스는 보통 두 개이며, 일반적으로 주간과 저녁 식사 시 또는 저녁 식사와 야간에 사용되었습니다. 여러 겹의 딱딱한 페티코트 위에 주름장식 단으로 구성된 불룩한 종형 스커트는 1850년대에 유행하던 스타일이었습니다. 이 드레스의 제작 연대는 추정할 수 있지만, 제작 국가의 확인은 훨씬 더 어렵습니다. 당시 최신 패션을 소개하던 스타일화가 널리 퍼져 있었기 때문에 파리에서 시작된 스타일도 적절한 직물을 구할 수만 있으면 어디에서나 즉시 복제할 수 있었을 것입니다.

드레스

영국, 1868년경
녹색 시네 실크 태피터
캐서린 브라이어 반 보멜 재단 기금
1980 (1980.409.1a-c)

1866년까지 양옆으로 극히 넓었던 스커트의 볼륨감이 뒷면 중앙으로 이동했으며 다양하게 장식되기 시작하였습니다. 때로는 유사한 볼륨감을 내기 위해 별도의 오버스커트를 겹치기도 하였습니다. 그 후 수 년간, 스커트를 지지하는 말털 또는 면 크리놀린 후프의 측면 폭이 현저히 줄어들어 그 정면 실루엣이 직선에 가깝게 변해 갔습니다. 1860년대 실루엣이 남아 있는 이 드레스에서 다음 20년간 유행할 버슬(스커트의 뒷자락을 부풀게 하기 위해 사용)을 예고하는 세부를 뒷면에서 볼 수 있습니다.

웨딩드레스

프랑스, 1864년
백색 면 오건디
루먼 리드 부인을 추모하여 제임스 설리번 부인 기증
1926 (26.250.2a–e)

삼각형을 이루는 완만한 어깨선은 목이 길어 보이게 하여 19세기 내내 인기가 있었습니다. 이러한 이상적인 미는 1860년대 정장 가운의 보디스 디자인에 반영되어, 일반적으로 어깨가 드러난 바토 네크라인으로 나타났습니다. 어깨가 드러났기 때문에 코르셋은 끈이 없거나 낮고 비스듬한 끈으로 설계되었습니다. 이 시대에 유행한 넓은 종형 스커트는 10년 전 혁신적인 기술을 적용했던 크리놀린 후프로 인해 가능하게 되었습니다. 1860년대 중반 이 후프는 가장 폭이 넓은 스커트를 지지할 수 있을 정도로 직경이 커졌습니다.

이브닝드레스

미국, 1884-86년
버건디색 및 복숭아색 실크 새틴, 갈색 실크 벨벳
J. 렌달 크릴 4세 부인 기증
1963 (C.I.63.23.3a, b)

1870년대에 자리를 잡은 버슬은 1885년까지 가장 과장된 형태를 취하였습니다. 극단적인 경우, 버슬은 잘록한 허리 부분과 거의 수직을 이루며 당시 응접실의 쿠션만큼 패드를 많이 넣고 장식이 풍부하였습니다. 이러한 버슬의 캔틸레버는 차 도구 전체를 지지할 수 있을 것이라는 유행어가 나돌 정도였습니다. 스커트의 무게를 지탱하기 위해 버슬 패드는 철사, 식물 줄기, 고래뼈로 만든 가볍고 유연성 있는 후프 아래 주로 장착되었습니다. 앉을 때는 후프를 움직여서 접어야 했습니다.

크리스티앙 디오르

프랑스, 1905-1957년

"비너스" 이브닝 가운

1949-1950년 가을/겨울
회색 실크 망사에 오팔색 시퀸,
라인석, 모조 진주, 파예트
바이런 C. 포이 부인 기증, 1953 (C.I.53.40.7a-e)

크리스티앙 디오르의 작품인 "비너스"는 그가 즐겨 사용하던 18세기 연회색으로 제작되었습니다. 보디스와 스커트의 조개형 부분은 진주 같은 광택이 나는 파예트, 시퀸, 진주로 장식되어, 보티첼리의 회화 〈비너스의 탄생〉(1485년)에 묘사된 바다 조개의 모티브와 초승달 형상의 파도를 연상시킵니다. 제2차 세계대전 후 디오르는 우아한 시대의 환상에 목말라하던 사람들에게 벨 에포크 시대에 유행했던 가는 허리(코르셋 착용 시 실루엣)를 다시 보여 주었습니다. 이 디자인에서 어깨 끈이 없는 동의는 뼈를 넣어 지지하였습니다. 디오르는 미란 사람의 손을 통해 이루어지는 인공적인 것이라고 생각하였습니다. 어느 글에서 그는 "나는 자연으로부터 여성을 해방시키는 꿈을 꿉니다"라고 말하였습니다.

폴 푸아레

프랑스, 1879–1944년

가장무도회 의상

1911년
녹색 실크 거즈, 은 라메, 청색 금속막, 청색과 은색 셀로판 코드로 감은 아플리케, 청색, 은색, 산호색, 핑크색, 터키석색 셀룰로오스 구슬 자수
매입, 아이린 루이슨 트러스트 기증, 1983 (1983.8a,b)

1910년 파리에서 세르게이 디아길레프의 러시아 발레단 발레 뤼스가 〈세헤라자데〉를 공연했을 때 등장한 이국적인 무대미술과 레온 박스트가 제작한 의상은 유럽에서 오리엔탈리즘에 대한 취향을 재연하였습니다. 이 가장 무도회 앙상블은 1911년 푸아레가 주최했던 전설적인 파티 "천일야화"를 위해 제작하고 착용했던 의상으로서 푸아레는 이 호화찬란한 파샤의 무도회를 통해 자신의 신작을 홍보하였습니다. 회고록에서 푸아레는 자신의 작품과 박스트의 의상 간의 관계를 부정했지만 푸아레의 호화로운 파티가 열리기 일년 전에 〈세헤라자데〉가 거둔 대성공을 감안하면 푸아레가 러시아 발레단이 불러일으킨 흥분된 분위기를 이용하려고 했던 것은 분명합니다.

크리스토발 발렌시아가

스페인, 1895–1972년

이브닝드레스

1951년
흑색 실크 벨벳, 핑크색 실크 태피터
지나 헤라르도 기증, 1993 (1993.393.1)

크리스토발 발렌시아가는 20세기 오트 쿠튀르의 거장 중 한 명입니다. 남성복과 여성복에 공히 뛰어났던 발렌시아가는 가장 부드러운 가운에서도 나타나는 구조에 대한 뛰어난 감각으로 유명합니다. 이 드레스는 그의 많은 작품과 같이 명쾌한 실루엣이 특징입니다. 또한 몸에 딱 맞고, 플라멩코 의상처럼 앞이 짧고 뒤가 긴 플레어드스커트 디자인에 발렌시아가의 스페인 전통이 뚜렷이 드러나 있습니다. 그러나 발렌시아가는 이 스커트의 안감을 전형적인 플라멩코 의상에서 보는 단으로 배열된 러플로 대체하였습니다. 안감 대신에 쓰인 강렬한 핑크색 러플은 관능미를 발산합니다.

루디 건릭

미국, 오스트리아 태생, 1922–1985년

앙상블

1967년
핑크색 양모 저지, 투명한 비닐
아이보리색 양모 저지, 투명한 비닐
레옹 빙과 오레스테 F. 푸치아니 기증
1988 (1988.74.2a–e, 1988.74.1a–f)

1960년대의 패션은 파리의 정통 오트 쿠튀르에서 벗어나 젊은 사람들을 주축으로 전개되었습니다. 기술의 유토피아적인 가능성에 대한 믿음에서 일부 영감을 받은 건릭의 작품은 딱딱할 정도로 기하학적인 디자인으로서 파리의 앙드레 쿠레주, 피에르 가르뎅, 파코 라반의 건축적 미래주의 디자인의 영향을 받아 미국에서 발생한 디자인이었습니다. 건릭의 우주시대 미학은 시스루 비닐, 형광색, 앵클부츠 등 세부에서 볼 수 있습니다.

찰스 제임스

미국, 영국 태생, 1906–1978년

"나비" 이브닝드레스

1955년
회색 실크 시폰과 실크 새틴, 짙은 자색, 라벤더색, 크림색의 실크 튈레, 메트로폴리탄 박물관 소장 브루클린 박물관 의상 컬렉션, 브루클린 박물관 기증, 2009년, 존 드 메닐 부인 기증 1957 (2009.300.816)

찰스 제임스는 1930년대에 디자이너로 경력을 시작했으며 1940년대 후반에서 1950년대 중반까지 특히 창의적인 시기를 보냈습니다. 진정한 오트 쿠튀르 전통을 계승한 유일한 미국인 디자이너로 간주되는 제임스는 자신의 상표를 부착한 의복 전부를 직접 입체 재단하였습니다. 이 가운은 1880년대 초반에 유행했던 몸에 딱 맞는 버슬 드레스를 제임스가 재현한 것입니다. 입체적으로 체형을 의식한 시스 디자인은 여성성을 강조하고, 망사의 얇은 비단이 부풀어 오른 거대한 버슬 스커트는 관능적으로 움직입니다. 드레스의 무게는 약 8kg이며 23m의 튤레를 사용하였습니다.

이브 생로랑

프랑스, 알제리 태생, 1936–2008년

이브닝 앙상블

1983-1984년 가을/겨울
황색 실크 파유, 흑색 실크 벨벳
토머스 L. 켐프너 기증, 2006 (2006.420.51a, b)

이브 생로랑의 1983-84년 가을/겨울 오트 쿠튀르 컬렉션 중 가장 인상적인 작품인 이 코트는 간소하며 세련된 검정색 가운 위에 걸쳐 입었습니다. 생로랑의 작품인 이 중량감 있는 실크 파유는 제2차 세계 대전 후 오트 쿠튀르 황금기의 볼륨감 있는 이브닝 코트의 영향을 직접 받았으며 크리스티앙 디오르의 화려한 로맨티시즘과 크리스토발 발렌시아가의 조각과 같은 효과가 융합되었습니다. 정면의 매듭을 묶는 곳까지 바이어스 칼라가 내려온 이 코트는 목 부근에서 잡아당겨서 입거나 어깨에서 등으로 흘러내려 가게 착용할 수 있습니다. 국제 베스트 드레서 목록에 빠지지 않았던 이 코트의 당시 소유자인 낸 켐프너는 후자의 방식으로 입기를 좋아하였습니다.

콤 데 가르송

일본, 1969년

준야 와타나베

일본, 1961년 출생

앙상블

2000-2001년 가을/겨울
옅은 베이지색 폴리에스테르 오간자, 은 폴리에스테르와 셀로판 팬 벨벳
매입, 리처드 마틴 유증, 2001 (2001.742a, b)

준야 와타나베는 자신의 2000-2001년 가을/겨울 컬렉션을 "테크노 쿠튀르"라고 명명하였습니다. 이 앙상블은 거대한 벌집 형상의 러프에서 볼 수 있는 신개발 원단, 손이 많이 간 작업, 의도적인 기법을 통해서 장인의 기술과 실험정신이 하나가 됩니다. 독립된 러프는 작은 고리가 달린 직사각형으로 접어서 봉투에 저장할 수 있습니다. 좁은 플레어 단이 있는 민소매 시스 드레스는 허리와 엉덩이선이 비스듬하게 접하도록 입체 재단하여 마치 실수로 비스듬해진 것 같습니다. 드레스에 반영된 이러한 계획된 "불완전함"은 이상적인 미에 대한 디자이너의 비판적인 생각을 표명합니다.

근대 및 현대 미술

메트로폴리탄 박물관은 설립 이후부터 당대 예술가들의 작품을 수집하고 전시해 왔습니다. 현재 근대 및 현대 미술 작품은 모든 분야에서 1만 2천점 이상을 소장하고 있습니다. 그 중 유명한 작품으로는 발튀스, 브라크, 마티스, 미로, 모딜리아니 같은 근대 거장들의 대표적인 작품들이 있습니다. 또한 이 소장품은 도브, 하틀리, 오키프, 마린 등 앨프리드 스티글리츠와 가까웠던 미국 초대 모더니스트들의 작품과 데 쿠닝, 폴록, 로스코 등 추상 표현주의 작가들의 대형 회화뿐 아니라 요제프 호프만과 비엔나 공방의 작가들의 작품으로부터 르네 라리크의 아르 누보 양식 보석 장식 등 근대 디자인 작품을 포함합니다. 최근 몇 년간 주요 컬렉션을 매입하여, 20세기 걸작이 중심이 된 자크와 나타샤 겔만 컬렉션, 제2차 세계 대전 후에 제작된 회화로 구성된 뮤리엘 칼리스 스타인버그 뉴먼 컬렉션, 재스퍼 존스의 〈백기〉와 척 클로스의 〈루카스〉등 유명한 회화 작품을 소장품에 추가하였습니다.

파블로 피카소

스페인, 1881–1973년

라팽 아질에서

1905년
캔버스에 유채, 99.1 × 100.3cm
월터 H와 레오노르 아넨버그 켈렉션, 월터 H.와 레오노르 아넨버그 기증, 1992
월터 H. 아넨버그 유증
2002 (1992.391)

피카소는 파리의 보헤미안 생활을 묘사하는 이 대표적 작품에서 그가 젊었을 때 존경했던 앙리 드 툴루즈 로트레크가 제작하였으며 어디에서나 볼 수 있었던 포스터의 요소를 차용하였습니다. 이 회화는 몽마르트 카바레의 장식용으로 그 카바레를 묘사한 것이며, 1905년부터 1912년까지 파리의 공공장소에서 계속 전시되었던 피카소의 유일한 작품입니다. 피카소는 평생 동안 할리퀸을 자신의 또 다른 자아로 묘사하였는데 이 회화에서 최초로 자신을 할리퀸으로 묘사한 것으로 추정합니다. 그의 옆에 있는 자는 저메인(로르 가갤로)이고 이 두 사람 뒤로 보이는 인물은 라팽 아질의 주인인 프레드 제라드입니다.

구스타프 클림트

오스트리아, 1862 – 1918년

메다 프리마베시 (1903 – 2000년)

1912년
캔버스에 유채, 149.9 × 110.5cm
클라라 머튼스의 모친 제니 퓰리쳐 슈타이너를 추모하여
앙드레와 클라라 머튼스 기증
1964 (64.148)

빈 공방의 재정 지원자였던 은행가/기업가 오토 프리마베시는 1912년 그의 딸 메다의 초상화를 의뢰하였습니다. 이 초상화를 위해 메다는 비엔나에 있던 클림트의 화실에서 포즈를 취했으며, 1914년 같은 화실에서 클림트는 그녀의 모친인 배우 유제니아 프리마베시(결혼 전의 성은 부첵)의 초상화도 그렸습니다. 클림트는 수많은 연필 습작으로 다양한 포즈를 시도해 본 후에 이 작품이 보여주는 정면을 향해 똑바로 선 포즈를 통해 9살 소녀의 쾌활함을 표현하였습니다.

앙리 마티스

프랑스, 1869–1954년

한련화와 "춤" 회화

1912년
캔버스에 유채, 191.8 × 115.3cm
스코필드 세이어 유증, 1982 (1984.433.16)

파리 남서부 이시-레-물리노에 있던 마티스의 화실 내부를 보여주는 이 회화는 1912년 마티스가 모로코에서 오래 머물다 프랑스로 돌아온 후 그렸습니다. 화면 왼쪽에 목재 팔걸이 의자 일부분이 묘사되었고 오른쪽에는한련화 화병이 삼발이 화분대에 놓여 있습니다. 이 작품의 제목에서 알 수 있는 마티스의 대형 회화 〈춤 I〉(1909)의 일부분이 배경 전체를 차지하고 있는데, 현재 이 회화는 뉴욕 근대 미술관에 소장되어 있습니다. 마티스는 이 주제로 같은 크기의 회화를 두 점 제작하였으며, 첫 번째로 그린 이 작품은 스케치처럼 보이는 밝은 색조인 데 비해 두 번째 작품(모스크바 푸시킨 국립미술관 소장)은 색조가 강렬하며 배경에는 〈춤 II〉(1909-1910년, 상트페테르부르크 에르미타주 박물관 소장)가 묘사되어 있습니다.

아메데오 모딜리아니

이탈리아, 1884–1920년

누워있는 나부

1917년
캔버스에 유채, 60.6 × 92.7cm, 클라우스 G. 펄스 부부 컬렉션, 1997 (1997.149.9)

모딜리아니는 1917년에 그의 유명한 일련의 나부상을 제작하기 시작하였습니다. 이러한 나부상은 대개 위쪽에서 내려다 본 구도로 묘사되었으며 캔버스의 폭에 따라 양식화된 나체는 크게 배치됩니다. 나부상이 누워 있는 어두운 색상의 침대 커버는 은은하게 빛나는 피부를 강조합니다. 그들의 발과 손은 항상 회화 밖에 있습니다. 한두 점의 작품에서 예외적으로 나부상이 잠을 자고 있는 것처럼 보이지만 이 작품의 나부상처럼 대개는 관람자를 마주보고 있습니다. 모딜리아니는 이러한 작품을 통해 르네상스부터 19세기까지 계속된 비너스 나부상 전통을 계승하였습니다.

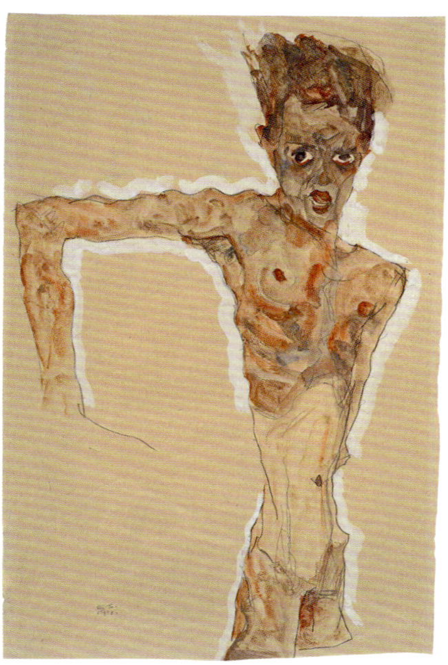

에곤 실레

오스트리아, 1890–1918년

자화상

1911년
종이에 수채, 불투명 수채, 흑연, 51.4 × 34.9cm
스코필드 세이어 유증, 1982 (1984.433.298ab)

실레는 단명했지만 치열한 창작활동을 통해 뛰어난 작품을 많이 남겼습니다. 28살에 인플루엔자로 사망하기 전까지 그는 삼백 점 이상의 유화, 수천 점의 수채화와 소묘를 제작하였습니다. 힘찬 에너지로 표현된 인간 묘사는 그의 작품의 주된 주제였습니다. 1910년부터 1918년까지 실레가 제작한 많은 자화상은 자신의 정신 상태를 강하게 표현하고 있습니다. 1911년작인 이 자화상에서 실레는 십자가에 못 박힌 그리스도를 암시하는 포즈를 취하고 있는데 그의 헝클어진 머리카락은 곤두서 있고 눈은 미친듯이 응시하고 있습니다.

파블로 피카소

스페인, 1881–1973년

거트루드 스타인

1905–6
캔버스에 유채, 100 × 81.3cm
거트루드 스타인 유증, 1946 (47.106)

이 유명한 초상화를 위해 당당한 체격의 스타인은 따뜻한 갈색의 코듀로이 드레스를 입고 피카소의 파리 화실에서 포즈를 취하였습니다. 이 미국인 작가의 통찰력과 자유로운 정신에 감명받은 피카소는 그녀의 초상화를 그리기 원하였습니다. 1905년 가을부터 시작하여 스타인이 90번 가까이 포즈를 취했다는 설이 있지만, 피카소의 빠른 창작 스타일로 보아 믿기 힘듭니다. 1906년 봄, 피카소는 스타인의 안면 표현에 만족하지 못하여 이를 지웠습니다. 그해 가을 파리로 돌아온 피카소는 스타인을 보지 않은 채 이 가면 같은 표정을 그렸습니다. 고대 미술 양식을 떠오르게 하는 이 얼굴 표현은 같은 해 여름 피카소가 스페인의 고솔에 머물면서 착안했던 새로운 양식을 앞으로 사용할 것을 예고하고 있습니다. 피카소는 장미빛 시기 화풍으로 그린 스타인의 몸에 큐비즘 원형에 해당하는 두상 표현을 대담하게 접목하여 놀랍도록 독특하고 상징적인 이미지를 창출하였습니다.

가스통 라셰즈

미국, 프랑스 태생, 1882–1935년

서 있는 여인

1912-1915년, 1930년 주조
청동, 187.6 × 81.3 × 45.1cm
스코필드 세이어 유증, 1982 (1984.433.34)

이 여성상의 신체적 특징을 보면 라셰즈는 자신과 1917년에 결혼하여 평생을 함께 하며 예술적 영감을 주었던 미국인 이사벨 두터드 나젤을 묘사한 것으로 추정됩니다. 라셰즈는 20세기 초 파리에서 조각가로 창작활동을 시작했으며 1906년 이사벨을 따라 미국으로 이주하여 평생 동안 살았으며 미국을 대표하는 인물상 조각가가 되었습니다. 〈서 있는 여인〉은 그의 첫 번째 실물 크기의 조각 작품입니다. 라셰즈는 이 조각에서 볼 수 있는 둥근 상체, 평평한 등과 엉덩이, 넓고 풍만한 유방, 가는 손 그리고 발끝으로 내려 갈수록 점점 가늘어지는 다리를 원초적인 이상형 여인으로서 표현하였습니다.

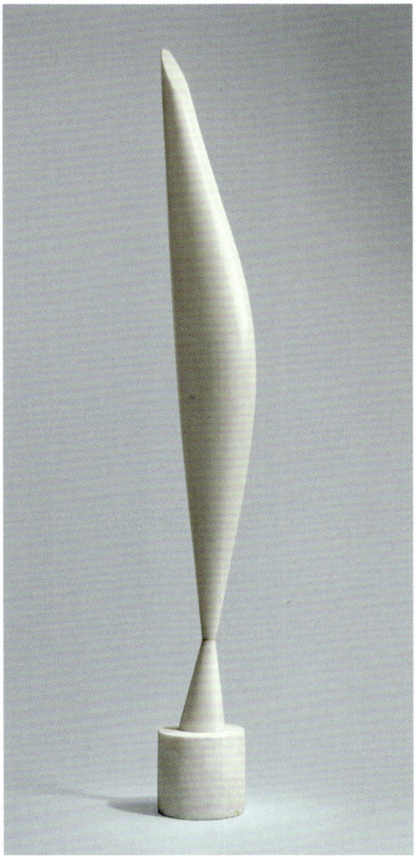

콘스탄틴 브랑쿠시

프랑스, 루마니아 태생, 1876–1957년

공간의 새

1923년
대리석, 높이: 144.1cm (아랫부분 포함)
플로린 M. 쇤보른 유증, 1995 (1996.403.7ab)

브랑쿠시는 전 생애를 통해 새의 주제를 표현하였습니다. 〈공간의 새〉에서 작가는 새 자체보다는 비행의 본질을 포착하기 위해 집중하였습니다. 새의 날개와 세부 특징은 제거되었고 몸체의 불룩한 부분은 길게 표현되었으며 머리와 부리는 비스듬히 기울어진 타원형의 평면으로 환원되었습니다. 이 작품은 1940년까지 20년간 브랑쿠시가 몰두했던 일련의 작품 중 첫 번째 작품입니다. 그는 동일한 주제로 대리석 작품 7점과 청동 작품 9점을 제작하였습니다.

움베르토 보초니

이탈리아, 1882–1916년

공간에서 연속적인 고유 형태들

1913년, 1949년 주조
청동, 121.9 × 39.4 × 91.4cm
리디아 윈스턴 말빈 유증, 1989 (1990.38.3)

보초니는 속도, 움직임, 조형적인 역동성의 추상적 표현을 중시했던 미술 운동인 이탈리아 미래파의 주창자였습니다. 다재다능했던 보초니는 소묘, 회화, 조각 작품을 제작했을 뿐 아니라 수많은 미래파 선언문을 작성하였습니다. 전성기에 그는 공간을 돌진하는 근육질의 힘찬 조각상 제작에 몰두하면서 남성 신체를 극도로 왜곡한 조형을 통해 역동적인 힘을 강조하였습니다. 보초니의 실험적인 조각 중 가장 성공적인 작품으로 간주되는 이 작품은 석고 작품 한 점(1913년 작)을 포함하는 다섯 작품 중 하나입니다. 이 작품은 1949년에 미래파 작가인 필리포 토마소 마리네티의 감수하에 주조되었으며, 마리네티의 컬렉션에서 이 작품을 인수한 수집가가 후에 메트로폴리탄 박물관에 기증하였습니다.

마스던 하틀리

미국, 1877–1943년

독일인 장교의 초상화

1914년, 캔버스에 유채, 173.4 × 105.1cm
앨프리드 스티글리츠 컬렉션, 1949 (49.70.42)

하틀리는 제1차 세계대전 초기에 베를린에 거주하면서 가장 전위적인 추상화를 그렸습니다.

이 전쟁 연작은 그가 독일 군대의 화려한 행사에 매혹되었음을 보여줄 뿐 아니라 그의 친한 친구였던 젊은 기병대 장교 카를 폰 프라이부르크의 죽음에 대한 애도를 표현하고 있습니다. 이 추상 초상화는 친구의 이니셜(KvF), 나이(24), 소속 연대("E"는 바이에른 아이젠반을 나타냄.), 십자훈장, 바이에른 기(파란색과 흰색) 등 기호, 상징, 패턴, 색상 등을 통해 친구의 인생과 군복무에 대한 상세한 내용을 나타내고 있습니다.

페르낭 레제

프랑스, 1881–1955년

고양이를 안고 있는 여인

1921년
캔버스에 유채, 130.5 × 89.5cm
플로린 M. 쇤보른 기증, 1994 (1994.486)

회색 단색 화법으로 그린 이 힘찬 나부상은 구, 원뿔, 원통으로 구성되어 있습니다. 장식이 없는 간략한 구도는 빨간색, 노란색, 검은색, 흰색으로 제한된 색채와 일치합니다. 이 그림은 독서를 하거나 차를 마시는 거대한 여성 인물상을 묘사한 레제의 작품 중 한 점으로 1918년과 1923년 사이 레제의 "기계" 시대에 표현된 거대한 인물 양식을 전형적으로 보여주고 있습니다.

에밀-자크 룰만

프랑스, 1879 – 1933년

"에타" 케비닛

1926년, 마카사르 흑단, 아마란스, 상아
127.6 × 84.5 × 35.6cm
매입, 에드워드 C. 무어 Jr. 기증, 1925 (25.231.1)

룰만은 아르 데코 시대의 가장 유명한 프랑스 디자이너였습니다. 미적 세련미, 화려한 재료, 완벽한 제작 기술을 자랑하는 그의 작품은 자신의 디자인 조형과 장식을 위해 참고했던 18세기 최고의 가구들과 어깨를 나란히 합니다. 룰만은 프랑스 정부가 앞서 구입했던 케비닛의 변형 작품을 1925년 메트로폴리탄 박물관의 의뢰를 받아 제작하였는데, 이런 연유로 프랑스어로 국가를 의미하는 "에타"라는 명칭을 갖게 되었습니다. 그는 때로 의뢰인의 취향에 따라 세부를 변경하지만 기존의 가구 모델은 유지하면서 작품을 제작하였습니다. 이 작품의 나무와 상아 장식판은 복잡한 직소 퍼즐을 떠오르게 하는 역작입니다.

뤼시앵 레비 뒤르메르

프랑스, 알제리 태생,
1865 – 1953년

"등나무" 다이닝 룸

1910 – 14년
다양한 재료
3.71 × 5.26 × 8m
해리스 브리스베인 딕 기금
1966 (66.244.1 – .25)

프랑스 아르 누보 시대 인테리어로서 미국 내 박물관에 전시된 작품 중 유일하게 완전한 이 다이닝룸은 엔지니어 오귀스트 라토의 파리 소재 아파트 실내를 재현하였습니다. 도예가에서 회화와 실내장식 분야로 전향한 레비 뒤르메르가 이 프로젝트를 감수하였습니다. 각 방은 통일된 테마를 따라 계획되었는데 이 다이닝룸은 환영의 상징인 등나무가 테마입니다. 벽화에는 등나무가 가득한 풍경에 새들이 묘사되어 있고 벽면의 호두나무 장식판에는 자색 꽃이 상감되어 있습니다. 그 외 등나무 꽃이 호두나무 가구에 조각되어 있고 의자의 가죽에 각인되어 있습니다. 청동과 설화석으로 만든 램프는 등나무 줄기를 상기시키며 카펫에는 등나무 꽃을 수놓았습니다.

디자인

장 뒤파

프랑스, 1882–1964년

제작

샤를 샴피뉼

프랑스, 1907–1955년

"항해의 역사" 벽화

1934년
유리, 도료, 금, 은, 팔라듐 박
6.22 × 8.86m
어윈 R. 버먼 박사와 부인 기증
1976 (1976.414.3a–ggg)

원양 정기선인 노르망디호는 프랑스 아르데코 양식 실내 장식 최후의 대작이었습니다. 이 벽화는 일등실 응접실을 위해 제작된 4점의 작품 중 하나입니다. 항해의 역사는 명목상의 주제이며 실재하지 않는 선박과 신화 속의 동물은 이야기를 전달하는 것이 목적이 아니라 장식 효과를 창출합니다. 노르망디호의 승객들은 운송 수단보다는 분위기를 즐기기 위해 요금을 지불했으며 응접실은 화려하였습니다. 거울 같은 광휘는 베르 에글로미제 기법에서 비롯된 것인데, 이 기법에 의하면 장식을 판유리 패널 뒷면에 설치한 후 앞면이 응접실을 향하게 고정하였습니다.

파울 클레

독일, 스위스 태생, 1879–1940년

5월의 그림

1925년
판지에 유채, 41.6 × 49.5cm
베르그루엔 클레 컬렉션, 1984 (1984.315.42)

파울 클레는 독일인 건축가 발터 그로피우스가1991년 설립한 미술학교 바우하우스의 주요 구성원이었습니다. 바우하우스의 목표는 건축, 조각, 회화를 통합하여 통일된 창의적 표현을 이끌어 내는 것이었습니다. 1924년 12월, 그로피우스는 바이마르에 있던 바우하우스를 폐교하고 1925년 봄에 데사우로 장소를 옮겨 다시 문을 열었습니다. 아마도 이 시기에 클레가 〈5월의 그림〉이라고 제목을 붙인 이 회화를 완성하여 서명하고 날짜를 적었다고 추정됩니다. 이 작품은 매직 사각형이라고 알려진 연작에 속하며, 클레가 1914년 튀니지에 머무르는 동안 풍경화를 사각형으로 분할한 수채화에 그 기원이 있습니다. 또한 이 연작은 클레가 바우하우스에 교사로 재직하는 동안 착안한 이래 그의 최대 관심사였던 색채의 법칙과 관련이 있습니다. 이 작품의 형태는 무지개와 같은 다양한 색상과 풍부한 회색 음영으로 채색한 특이한 형상의 돌을 떠오르게 하며 전체적으로 추상적인 모자이크를 구성합니다. 1911년 뮌헨에서 클레는 〈즉흥 27〉(맞은편 작품)을 제작한 바실리 칸딘스키와 가까워졌습니다. 그 후 클레와 칸딘스키는 데사우에서 그로피우스가 바우하우스 교원들을 위해 건설한 두 가구용 교원 주택 한 채를 함께 사용하였습니다.

바실리 칸딘스키

프랑스, 러시아 태생, 1866 – 1944년

즉흥 27(사랑의 정원 II)

1912년
캔버스에 유채, 120.3 × 140.3cm
앨프리드 스티글리츠 컬렉션, 1949 (49.70.1)

러시아에서 태어난 칸딘스키는 1896년 뮌헨에서 화가로서 창작활동을 시작하여 1911년까지 영적, 형이상학적, 신지학적인 아이디어에서 영감을 얻어 독창적인 조형언어를 확립하였습니다. 칸딘스키는 추상화의 선명한 색상과 구체적인 조형에서 분리된 선적인 요소의 구성을 통해 관람자의 정서적인 반응을 일으키기를 원하였습니다. 이 회화는 즉흥 이라는 제목의 연작 36점 중 한 점이며, 이 연작의 많은 작품은 추상 이미지의 원천으로 성서 주제를 이용하였습니다. 이 작품에서 칸딘스키는 에덴 동산의 이야기를 표현하고 있습니다. 커다란 노란색의 태양이 중심에 있는 목가적인 풍경에 반해 산재한 흑색 형상과 같은 조형 요소에는 아담과 이브의 천국 추방과 임박한 제1차 세계대전의 참화를 예언하는 것처럼 보이는 불길함이 배어 있습니다.

조르조 데 키리코

이탈리아, 그리스 태생, 1888–1978년

유대인 천사

1916년
캔버스에 유채, 67.5 × 44cm
자크와 나타샤 겔만 컬렉션, 1998 (1999.363.15)

데 키리코가 1911년부터 1917년까지 그려 호평을 받았던 신비적인 이탈리아의 풍경화는 10년 후 초현실주의자들에게 영향을 미쳤습니다. 이러한 그의 대표작 중 이 정물화는 예외적인 작품입니다. 핑크색 점이 찍힌 운형자, 청백색 미터자, 직각자 등 채색된 목재 부품들이 킬로미터 표지로 보이는 것 위로 무질서하게 쌓여 있습니다. 그 중 큰 종이에 대충 그린 거대한 눈은 뜻밖의 모티프입니다. 화가의 아버지는 철도 회사의 엔지니어였으므로 이 작품에 묘사된 건축 공사장 비계 같은 구조와 눈은 데 키리코의 아버지를 추상적으로 그린 초상화라는 것이 암시됩니다.

호안 미로

스페인, 1893–1983년

네덜란드 실내(III)

1928년
캔버스에 유채, 129.9 × 96.8cm
플로린 M. 쇤보른 기증, 1995 (1996.403.8)

1928년 5월 네덜란드 체재 중 미로는 네덜란드의 풍속화와 정물화에 매료되었습니다. 마후리츠호이스 미술관과 암스테르담 국립미술관의 컬렉션을 둘러본 후, 미로는 헨드릭 소르흐와 얀 스텐의 그림 엽서를 간직하였습니다. 같은 해 여름 미로는 스페인에서 이 두 화가의 작품 요소를 모방하여 자신의 네덜란드 실내 3연작을 제작하였는데, 이 연작에서 미로 특유의 초현실주의 양식인 유기적인 조형을 표현하였습니다. 연작의 처음 두 작품에서는 각기 소르흐와 스텐의 특정 회화의 양식을 찾을 수 있지만 세 번째 작품에는 두 작가의 다양한 모티프가 섞여 있습니다.

레오노라 캐링턴

멕시코, 영국 태생, 1917–2011년

자화상

1937–38년경
캔버스에 유채, 65 × 81.3cm
피에르와 마리아-개타나 마티스
컬렉션, 2002 (2002.456.1)

이 자화상에서 캐링턴은 흰 승마바지, 빅토리아 시대 부츠, 해초 녹색 재킷을 입고 있는데 머리는 손질하지 않아 텁수룩해 보입니다. 수수께끼 같은 방에 고립되어 파란색 팔걸이 의자에 앉아 있는 캐링턴의 유일한 상대는 세 개의 젖이 달린 하이에나로서 방 안을 활보하고 있습니다. 커다란 흰색 목마와 그 그림자는 벽에 그려져 있는 것으로 보입니다. 황색 커튼이 드리워진 창 밖으로 보이는 풍경에 작은 말 한 마리가 있습니다. 이 이상한 캐릭터들은 케링턴이 이 회화를 제작할 당시 집필했던 기상천외한 단편소설에서 유래했을 것입니다.

막스 에른스트

프랑스, 독일 태생, 1891–1976년

갈라 엘뤼아르

1924년
캔버스에 유채, 81.3 × 65.4cm, 뮤리엘 칼리스 스타인버그 뉴먼 컬렉션, 뮤리엘 칼리스 뉴먼 기증, 2006 (2006.32.15)

1921년에 에른스트는 쾰른에서 시인 폴 엘뤼아르와 그의 러시아인 아내 갈라를 만났습니다. 에른스트와 엘뤼아르는 이 방문으로 평생 우정을 간직하게 되지만 에른스트와 갈라는 갑자기 연정을 느끼기 시작하였습니다. 1922년 에른스트는 파리로 이주하여 1924년까지 엘뤼아르 부부의 집에서 지냈습니다. 그때까지 에른스트는 초현실주의 창시자 중 한 명으로서 활약하고 있었습니다. 갈라와 결별할 무렵 에른스트는 맨 레이의 사진을 모사한 이 회화에서 러시아인 요부로 갈라의 눈을 표현하였습니다. 그녀의 머리 윗부분은 포스터같이 벗겨져 앞으로 말려 있습니다.

오토 딕스

독일, 1891–1969년

비즈니스맨 막스 로즈버그

드레스덴, 1922년
캔버스에 유채, 94 × 63.5cm
매입, 릴라 애치슨 월러스 기증, 1992 (1992.146)

딕스는 1920년대 독일의 신즉물주의로 알려진 무표정 사실 그대로 사실주의 운동으로 가장 저명한 화가입니다. 그는 차갑고 객관적인 사실적 묘사와 신랄한 세부 표현을 통해 변호사, 의사, 화상, 시인, 창녀, 무용수 등 모델의 개성을 포착하였습니다. 의뢰를 받아 그린 이 로즈버그의 초상화에서는 딕스의 냉혹하고 솔직한 묘사를 볼 수 없습니다. 공구제조업자인 로즈버그는 딕스를 포함한 드레스덴의 젊은 예술가들의 작품 수집가였습니다. 세부 묘사를 통해 그가 자신의 작은 사무실에서 포즈를 취하고 있음을 알 수 있고, 사무실은 상업과 금전을 나타내는 우중충한 색으로 묘사되어 있습니다.

맞은편

알베르토 자코메티

스위스, 1901 – 1966년

직립상

1947년
청동, 201.9 × 21.9 × 41.3cm
피에르와 마리아-개타나 마티스 컬렉션
2002 (2002.456.111)

자코메티는 높이가 1-2cm에 불과한 소상을 실험적으로 제작하던 것을 중지하고 1945년 이후 대형 작품 제작에 집중하기 시작하였습니다. 1947년까지 그의 작품에서는 걷는 남성상, 여성 직립상, 흉상 또는 두상 등 세 가지 주요 주제가 등장합니다. 실물보다 더 큰 이 여성 직립상은 양감이 제거되어 소외감이 느껴집니다. 이 작품의 비현실성은 작가가 청동에 칠한 베이지 도료에 의해 강조되고 있습니다. 침식된 것 같은 작품의 표면으로 인해 이 직립상은 수세기 동안 거친 기후를 견뎌낸 인상을 주며 그 자세는 고대 이집트 입상의 자세를 반영하고 있습니다.

막스 베크만

독일, 1884 – 1950년

출발

1949년
캔버스에 유채; 트립틱(세 폭 그림)중 중앙 회화: 181.6 × 156.2 cm, 양측 회화는 각기: 171.5 × 91.4cm
애들레이드 밀던 데 그루트(1876 – 1967) 유증
1967 (67.187.53a – c)

베크만은1946년 암스테르담에서〈출발〉제작에 착수하여 1947년 미국으로 이주한 후 1949년에 완성하였습니다. 그의 10점의 세폭화 중 8번째 작품으로 유소년 시절을 테마로 다루고 있습니다. 오른쪽의 수업 장면에서는 엄한 교사가 학생들을 내려다보고 있습니다. 왼쪽 패널에는 왕관을 쓴 소년이 창을 통해 맹인 오르간 연주자를 보고 있습니다. 이 음악에 매혹되어 나타난 천사 성가대가 보입니다. 중앙의 회화는 다락방에서 소녀가 파이프를 통해 비눗방울을 불고 있고 군복을 입은 작은 소년이 흔들 목마를 타고 있으며 장화 신은 고양이가 거꾸로 매달려 있는 광경을 묘사합니다.

찰스 데무스

미국, 1883–1935년

나는 황금의 5라는 숫자를 보았다

1928년
페이퍼보드(판지)에 유채, 흑연, 잉크, 금박
90.2 × 76.2cm
앨프리드 스티글리츠 컬렉션, 1949 (49.59.1)

데무스는 1920년에 당대의 미국 예술가, 작가, 행위 예술가들에게 경의를 표하는 상징적인 포스터 초상화 연작을 제작하였습니다. 이 작품은 미국의 시인, 윌리엄 칼로스 윌리엄스에게 헌정된 것으로서 작품의 제목과 이미지는 그의 시 〈거대한 숫자〉에서 영감을 받았습니다. 시와 마찬가지로 5번 소방차는 비가 내리는 도시의 가로등이 켜진 도로를 시끄러운 소리를 내며 질주합니다. 움직임과 소리를 암시하는 단편화된 형태, 단어, 선은 프랑스 큐비즘과 이탈리아 미래파에서 유래하였지만, 도시 주제, 비례 감각, 예리한 윤곽은 순전히 미국의 정밀주의에서 비롯되었습니다.

조지아 오키프

미국, 1887–1986년

소의 두개골: 적색, 백색, 황색

1931년
캔버스에 유채, 101.3 × 91.1cm
앨프리드 스티글리츠 컬렉션, 1952 (52.203)

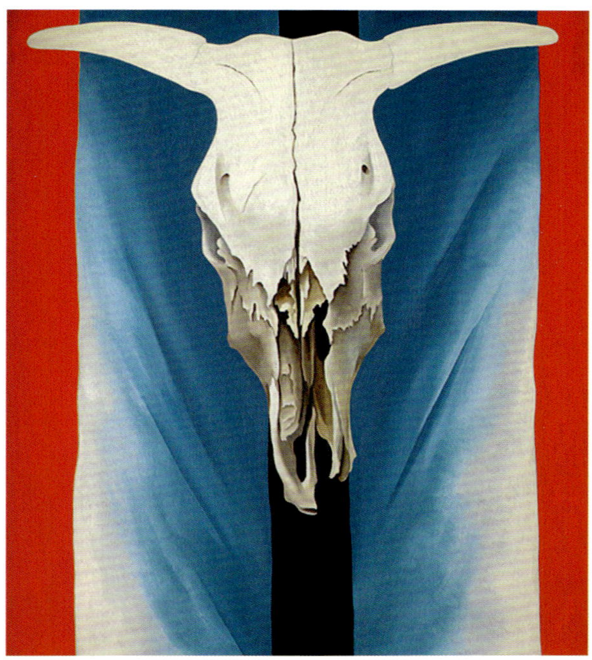

오키프는 1920년대에 거대한 꽃 그림으로 명성을 떨쳤지만, 1929년 이후 그녀의 회화 주제는 주로 뉴멕시코 주의 풍경에서 영감을 얻었습니다. 1929년부터 1946년까지 오키프는 거의 매년 뉴멕시코를 여행했으며, 1949년 그곳에 정착하였습니다. 그녀에게 사막에서 발견한 동물뼈는 시대를 초월한 사막의 아름다움과 미국의 강한 불굴의 정신을 나타냈습니다. 이 작품은 외견상 사실적으로 보이지만, 작가는 특정 세부를 삭제하고 과장하여 조야한 아름다움을 강조하고 있습니다. 제목과 삼색 색상은 절대적인 미국 양식을 찾는 데 사로잡힌 예술가, 작가, 음악가들을 풍자적으로 비판하고 있습니다.

에드워드 호퍼

미국, 1882–1967년

여성용 테이블

1930년
캔버스에 유채, 122.6 × 153cm
조지 A. 헌 기금, 1931 (31.62)

미국 대공황이 시대적 배경인 호퍼의 그림 〈여성용 테이블〉은 여성의 사회적 지위 변화를 반영하였습니다. 여성들은 이 작품에 묘사된 계산대 직원과 웨이트리스로서 인력의 일부일 뿐 아니라 여성이 고객인 매장의 새로운 출자자가 되었습니다. 스케치와 화면 구성에 관한 자세한 노트에 기초하여 작가는 아름답게 진열된 식품, "체리색으로 착색된 목재", "타일 바닥", "미인 웨이트리스", "싸구려 식당의 천박한 색채" 등을 충실히 묘사하였습니다. 밝은 조명과 따뜻하고 심지어 현란한 색채에도 불구하고 특별히 즐거운 분위기는 아닙니다. 두 손님은 서로 대화를 나누고 있지만 계산원과 웨이트리스는 각자의 생각과 일에 정신이 팔려 있습니다. 호퍼의 회화에서 많이 보이는 무표정한 사실주의는 인간의 조건과 장소의 환경과 상관없이 항상 고립감과 소외감을 불러일으킵니다.

피에르 보나르

프랑스, 1867–1947년

베르노네의 테라스

1939년
캔버스에 유채, 148 × 194.9cm
플로렌스 J. 굴드 기증
1968 (68.1)

1912년 보나르는 베르논 근교 베르노네에 집을 사서 1939년까지 회화 주제로 사용하였습니다. 선명한 색채로 표현한 이 후기 대작에는 집을 둘러싸고 있으며 지면보다 더 높게 설치된 불규칙한 형태의 테라스의 그늘진 구석을 묘사합니다. 기이하게도 세 여성의 모습에 비해 커다란 나무 줄기가 더 강조되어 있습니다. 난간을 통해 넓게 펼쳐진 정원으로 내려가는 계단이 있음을 알 수 있습니다. 테라스는 무대 역할을 하고 정원은 배경의 커튼처럼 위로 올라오는 것처럼 보입니다.

발튀스(발타사르 클로소프스키)

프랑스, 1908–2001년

산

1936–37년
캔버스에 유채, 2.49 × 3.66m
매입, 네이트 B. 스핑골드 부부와 네이선 커밍스, 교환에 의한 로저스 기금과 알프레드 N. 푸넷 기부 기금, 교환, 해리스 브리스베인 딕 기금
1982 (1982.530)

이 회화는 발튀스가 청년기 여름을 보냈던 스위스 베른 오버란트 지역의 산 정상에 있는 상상 속의 고원을 묘사합니다. 이 작품에서 작가는 여러 인물을 표현하고 있습니다. 발튀스의 삶에 실재했던 인물은 모호하게 묘사되었고 니콜라 푸생, 구스타브 쿠르베 등 작가가 존경하던 화가의 작품에서 차용했음을 분명히 알 수 있는 인물도 묘사되었습니다. 명암으로 구분된 구도의 중심은 손을 머리 위로 펴고 있는 금발의 여장부입니다. 발튀스는 끈질긴 교제 끝에 〈산〉을 완성한 해에 이 인물상의 실제 모델과 결혼하였습니다. 이 회화는 '여름 – 사계절을 묘사하는 4연작 중 첫 번째 작품' 이라는 부제를 달고 1939년 뉴욕의 피에르 마티스 갤러리에서 전시되었습니다. 그러나 발튀스는 나머지 연작을 위한 세 계절은 그리지 않았습니다.

맞은편

스튜어트 데이비스

미국, 1892–1964년

락포트에서 온 보고서

1940년
캔버스에 유채, 61 × 76.2cm, 이디스와 밀턴 로웬탈 컬렉션
이디스 아브라함슨 로웬탈 유증, 1991 (1992.24.1)

이 작품은 매사추세츠 주 락포트의 번잡한 거리를 표현하지만 풍성한 색, 선, 형태, 장식적인 요소들에 의해 이 회화의 주제가 모호해집니다. 이 회화는 주유소 펌프, 나무, 매장의 간판뿐만 아니라 이 지역에서 호황인 어업을 상징하는 물, 선박 깃발, 밧줄, 센 상표의 어망 등으로 채워져 있습니다. 데이비스는 자신의 새로운"색과 공간"이론을 통해 특정한 색을 병치하여 원근의 착시를 불러일으키는 동시에 형태와 색면의 절대적인 평면성으로 이를 부정하였습니다. 작가는 이 같은 모순을 통해 20세기 중반 현대 미국 사회의 활력, 단절, 속도를 표현하였습니다.

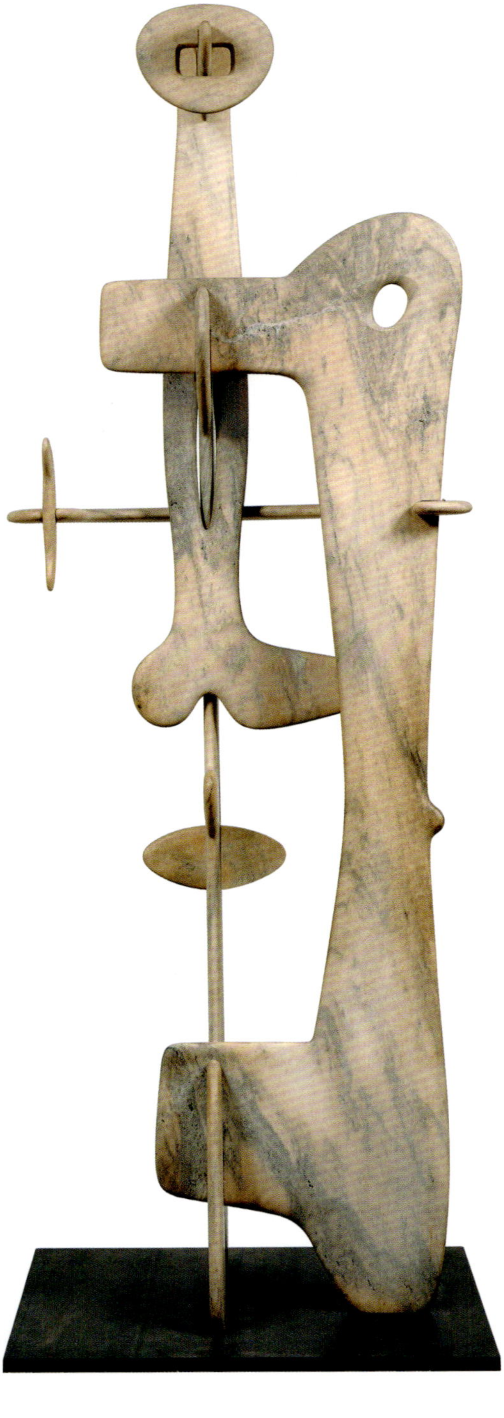

이사무 노구치

미국, 1904–1988년

쿠로스

1944–45년, 대리석, 2.97 m, 받침대: 86.7 × 106.7cm
플래처 기금, 1953 (53.87a–i)

노구치는 제2차 세계대전 중 일본계 미국인 수용소에 억류되었던 후인 1940년대 중반에 접착제 또는 피니언 기어를 사용하지 않고 석재를 조각한 유기적인 형태를 연결하여 이 작품을 제작하였습니다. 핑크와 회색 대리석으로 구성된 이 뛰어난 〈쿠로스〉는 우아하면서도 모호한 균형을 표현하고 있습니다. 노구치는 메트로폴리탄 박물관에 보낸 서신에서 이 작품의 원형에 해당하는 고대 그리스 쿠로스 조각과 이 작품을 비교하며 다음과 같이 적고 있습니다. "쿠로스로서 남성의 이미지는 메트로폴리탄 박물관이 인수했던 핑크 쿠로스에 대한 학생 때의 기억까지 거슬러 올라갑니다(이 가이드북의 앞부분에서 언급)… 돌의 무게가 작품을 공간에 유지합니다. 인생처럼 힘의 균형은 정확하며 불안합니다."

알렉산더 콜더

미국, 1898 – 1976년

목걸이

1940년, 황동 철사, 54 × 55.9 × 25.4cm, 뮤리엘 칼리스 스타인버그 뉴먼 컬렉션, 뮤리엘 칼리스 뉴먼 기증 2006(2006.32.5)

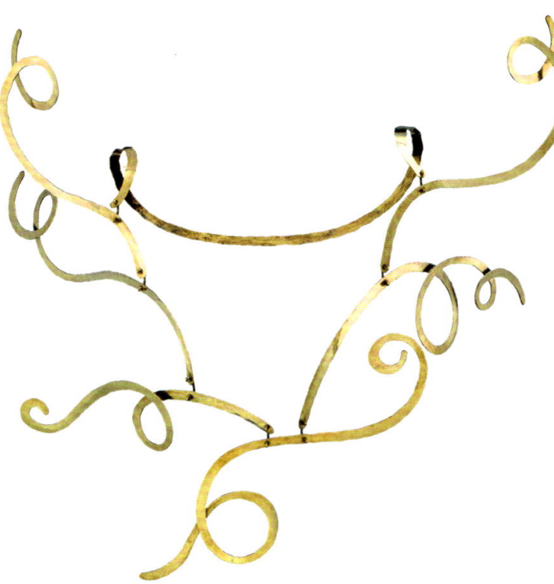

콜더는 1,800점이 넘는 보석 장식품을 제작했지만 그 중 대부분은 1933년과 1952년 사이에 제작되었습니다. 많은 보석 작품은 특별한 축하 행사에서 가족과 친구들에게만 증정되었습니다. 각각 독특하게 수작업으로 제작된 목걸이, 팔찌, 반지, 장식핀 또는 귀걸이에는 콜더가 모빌 및 철사를 굽힌 조각 작품을 만들 때와 같이 금속 세공인으로서의 기술과 시각적인 위트를 적용한 디자인이 사용되었습니다. 이 목걸이는 황동 철사를 망치로 두드려 납작한 스트립으로 만든 후 그의 철사로 만든 초상화 초기 작품과 직접 연관되는 선적인 디자인으로 제작되었습니다.

위

빌럼 데 쿠닝

미국, 네덜란드 태생, 1904–1997년

다락방

1949
캔버스에 유채, 에나멜, 신문지 전사
157.2 × 205.7cm
뮤리엘 칼리스 스타인버그 뉴먼 컬렉션, 아들 글렌 데이비드 스타인버그를 추모하며 뮤리엘 칼리스 뉴먼 기증, 1982
(1982.16.3)

데 쿠닝의 초기 걸작인 이 작품에는 충돌하는 흑백의 형태 사이에 아주 작은 색채 흔적만이 남아 있습니다. 역동적인 구도는 작가의 참신한 구상적인 요소의 사용에서 일부 비롯됩니다. 이 작품에서 그는 구상적인 요소를 지우고 다시 칠하고 재구성하여 잭슨 폴록의 회화를 상기시키는 전면 구도를 표현하였습니다. 드 쿠닝은 처음 이 작품의 제목을 "인테리어"로 할 것을 고려했지만 그의 아내가 반대하자 다락방 으로 결정하였습니다. "아무것이나 넣기 때문이다"라는 것이 이유였습니다. 이 회화를 제작하는 동안 데 쿠닝은 회화가 마르지 않게 신문지로 캔버스를 덮어 두었을 때 신문지 글자와 사진이 회화 표면에 전사된 것을 그대로 놔두었습니다.

맞은편

클리포드 스틸

미국, 1904 – 1980년

1947-48-W No.1

1947 – 48년
캔버스에 유채, 233 × 179.7cm
클리포드 스틸 부인 기증, 1986 (1986.441.3)

스틸은 1945년부터 정기적으로 뉴욕에 거주했지만 화가로서의 형성기는 미국 서해안에서 보냈습니다. 1961년 그는 메릴랜드 주에 정착하였습니다. 그의 성숙기 회화는 주로 팔레트 나이프를 사용하여 표현한 무정형의 뾰족한 윤곽이 있는 형태가 특징입니다. 이 작품에서 거대한 흑백 공간에 적색, 황색, 청색 물감 터치를 가하였습니다. 스틸은 그의 추상화에서 연상되는 의미를 부인했지만, 회화의 구도에서 미국의 서부 광야가 암시된다는 설이나 조형의 직립성이 환경에 처한 인간을 표현한 것이라는 설이 있습니다.

잭슨 폴록

미국, 1912 – 1956년

가을의 리듬(넘버 30)

1950년
캔버스에 에나멜, 2.67 × 5.26m
조지 A. 헌 기금, 1957 (57.92)

1945년 폴록과 아내인 화가 리 크래스너는 뉴욕 주 이스트 햄튼 시 스프링스 지구의 작은 집으로 이사하였습니다. 폴록은 그 후 몇 년간 집에 딸린 헛간에서 고립된 상태로 작업하면서 자신만의 드리핑 기법을 개발하기 시작하였습니다. 간단한 나무막대 또는 페인트를 젓는 데 사용하는 막대, 가정용 에나멜 도료를 사용하고 때로는 페인트 통에서 페인트를 바로 떨어뜨리는 기법을 통해 폴록은 서예를 연상시키는 색의 선을 바닥에 깔아 놓은 캔버스 천에 직접 표현하였습니다. 폴록의 전형적인 드립 기법을 사용한 대작 중 하나인 〈가을의 리듬〉은 폴록이 불의의 사고로 사망한 다음 해에 메트로폴리탄 박물관이 크래스너로부터 매입하였습니다.

재스퍼 존스

미국, 1930년 출생

백기

1955년
캔버스에 엔카우스틱, 유채, 신문지, 목탄
1.99 × 3.07m
매입, 릴라 애치슨 월러스, 레바와 데이브 윌리엄스, 스테판과 난 스위드, 로이 R.과 마리 S. 노이버거 재단, 루이스와 베시 애들러 재단, 폴라 쿠시, 마리아-개타나 마티스, 바넷 뉴먼 재단, 제인과 로버트 캐롤, 앨리엇과 월슨 놀렌, 데럴드 H. 루튼버그 부부, 루스와 세이모어 클라인 재단, 앤드루 N.쉬프, 카울스 자선 신탁, 메릴 G.와 에미타 E. 헤이스팅스 재단, 존 J. 로쉬, 몰라와 월터 베리스, 린다오 모튼 잰클로우, 아론 I. 플라이쉬맨, 린포드 L. 로히드 기증, 박물관 후원회 기증, 캐서린 E. 허드, 데니즈와 앤드루 솔, 조지 A. 헌, 아서 호포크 헌, 조세프 H. 헤이즌 재단 매입, 신시아 헤이즌 폴스키와 레온 B. 폴스키 기금, 메이어 기금, 플로린 M. 숀보른 유증, 세비 샤프스타인 교수, 히먼 브라운 기증, 교환에 의한 그 외 많은 기증자의 기타 기금, 유증, 기금, 1998 (1998.329)

〈백기〉는 존스의 성조기 주제 회화 중 가장 큰 작품이며 이는 성조기를 단색으로 묘사한 최초의 작품입니다. 존스는 빨리 굳는 재료인 엔카우스틱을 사용했기 때문에 붓질을 한 획 한 획 분명하게 해야 했지만 48개의 별이 있는 성조기 디자인은 변화가 풍부한 표면을 만들어 내는 구조를 제공합니다. 〈백기〉는 별이 그려진 영역, 별의 오른쪽에 위치한 7개의 상부 줄무늬 그리고 6개의 하부 줄무늬 등 세 개의 분리된 패널로 구성됩니다. 존스는 녹은 밀랍에 담갔던 종이와 직물을 사용하여 별과 그 주위의 공간 그리고 줄무늬를 표현하였습니다. 존스는 모티프로서 성조기를 가장 많이 그리고 있지만, 꿈에서 성조기를 그리는 자신의 모습을 보고 성조기를 그리게 되었다고 합니다. 표적, 숫자, 알파벳 등 존스의 다른 초기 모티프와 마찬가지로 새롭게 고안하지 않아도 되기 때문에 기존의 성조기는 매력적이었습니다. 1955년부터 존스는 다양한 크기, 색채, 매체로 수십 점의 성조기 작품을 제작하였습니다.

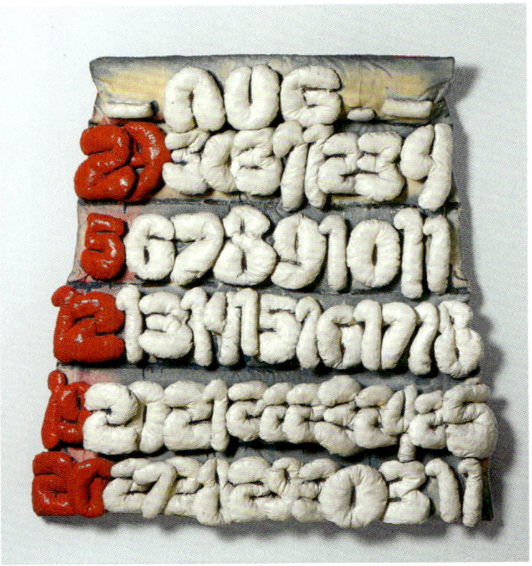

위

클래스 올덴버그

미국, 1929년 스웨덴 태생

8월의 부드러운 달력

1962년
잘게 자른 기포 고무로 캔버스를 채우고 리퀴텍스와 에나멜로 채색, 106 × 108 × 10.8cm
뮤리엘 칼리스 스타인버그 뉴먼 컬렉션, 뮤리엘 칼리스 뉴먼 기증, 2006 (2006.32.49)

올덴버그는 일관성 있게 모순의 관념을 포용하여 일상 생활의 평범한 물건들을 활기 있는 오브제로 변형시킵니다. 그의 작품에서 딱딱한 것은 부드러워지고 작은 것은 거대해지며 〈부드러운 달력〉 처럼 평면은 입체가 됩니다. 올덴버그의 속을 채운 직물 조각은 그의 행위예술의 소품으로서 1962년에 시작되어 독립적인 작품으로 진화하였습니다. 〈부드러운 달력〉에 등장하는 거대한 숫자는 모가 나지 않고 둥글며 베개와 같은 형상으로 중첩되게 배치되어 양감이 강조됩니다. 올덴버그는 캔버스에 숫자 형태를 고정한 후 조각의 표면을 채색하였는데, 일요일은 선명한 적색으로 강조했으며 다른 요일은 광택 있는 백색 에나멜을 칠하였습니다.

아래

앤디 워홀

미국, 1928–1987년

아홉 개의 재키

1964년
캔버스에 아크릴과 실크스크린
전체 153.4 × 122.2 × 1.9cm, 9개 패널, 각 패널은 약 50.8 × 40.6 cm, 할스톤 기증, 1983 (1983.606.14–.22)

1963년 11월 22일, 달라스에서 존 F. 케네디 대통령이 암살당한 직후 몇 주 동안 워홀은 대중지에 게재된 미망인이 된 영부인의 사진을 수집하기 시작하였습니다. 1964년 맨해튼 이스트 47번가에 위치한 새 스튜디오(유명한 뉴욕 "공장" 중 최초)로 옮긴 후 워홀은 수집한 사진들을 바탕을 청색과 금색으로 채색한 작은 캔버스에 실크스크린으로 인화하기 시작하였습니다. 이 작품의 클로즈업 사진은 저격 직전의 순간을 재현하고 있습니다. 집요하게 반복되는 사진은 어디에서나 볼 수 있었던 매스컴의 보도와 비극적인 사건에 대한 대중의 집착을 부각시킵니다.

마르크 로스코

미국 러시아 태생, 1903–1970년

넘버 13(황색 위에 백색, 적색)

1958년
캔버스에 유채, 아크릴 물감, 분말 안료
242.3 × 206.7cm
마르크 로스코 재단 기증, 1985 (1985.63.5)

1950년 이후, 로스코는 회화의 수평 띠를 3색 또는 4색으로 제한했으며, 타계할 때까지 이러한 구도로 작업을 하였습니다. 로스코는 다양한 종류의 물감을 사용하고 물감 층의 두께에 변화를 주면서 때로는 화실에서 작품의 방향을 바꾸어서 작업하기도 하였습니다. 실제로 이 회화의 물감을 칠한 패턴을 보면 작가가 이 캔버스를 한동안 뒤집어 작업했음을 알 수 있습니다. 로스코는 회화의 부드러운 빛이 관람객을 안아 주기를 바랐으며 대형 작품을 제작하는 이유는 "거대하고 위압적이지" 않으며 "아주 친밀한 느낌을 주는 인간적"인 작품을 원했기 때문이라고 말하였습니다.

엘즈워스 켈리

1923년 미국 출생

청색, 녹색, 적색

1963년
캔버스에 유채, 231.1 × 208.3cm
아서 호포크 헌 기금, 1963 (63.73)

동세대의 다른 화가와 달리 켈리는 자신의 주변 환경 관찰을 통해 추상화를 제작하였습니다. 그는 "나의 아이디어는 사물이 어떻게 보이는지를 항상 관찰하는 데서 비롯된다"라고 말하였습니다. 〈청색, 녹색, 적색〉은 이러한 삼색을 사용하여 1963년과 1965년 사이에 완성한 작품으로서 8점의 대형 연작 중 첫 번째 작품입니다. 이 작품은 켈리의 1958년작 〈가면〉과 양식적인 유사성이 있습니다. 〈가면〉은 동일한 삼색을 사용했으며 구도는 펴놓은 책에 비친 그림자에서 착안하였습니다. 긴박감이 넘치는 평면 형상과 단색으로 균일하게 채색된 선명한 색면으로 구성된 〈청색, 녹색, 적색〉은 강한 시각 효과를 일으켜 주제와 배경을 분간하기 어렵게 만듭니다.

데이비드 스미스

미국, 1906 – 1965년

베카

1965
스테인리스강, 2.88 × 3.12 × .76m
매입, 교환에 의해 애들레이드 밀턴 데 그루트 기증(1876–1967), 1972 (1972.127)

20세기 미국의 가장 영향력 있는 조각가인 스미스는 1961년부터 1965년까지 고도로 연마한 철강을 사용하여 거대한 작품인 큐비 연작을 제작하였습니다. 이 조각은 쌓아 올린 입방체와 겹친 사각판으로 구성되었습니다. 〈베카〉는 스미스의 두 딸 중 한 명의 이름을 붙인 작품으로서 스미스가 타계한 해에 발표되었으며 이러한 기하학적 조형의 대담한 단순성을 추구했던 작가의 전형적인 양식을 보여주고 있습니다. 스미스가 원판 연마기로 표면을 연마할 때 남게 되는 서예 같은 문양은 빛을 흡수합니다. 이러한 작품은 실내 또는 옥외 공간에 설치될 수 있지만, 스미스는 특히 변화하는 자연의 대기 효과가 작품 표면에 반사되는 것을 중시하였습니다.

바버라 헵워스

영국, 1903 – 1975년

끈이 있는 채색된 타원형

1966
면사, 채색된 느릅나무, 85 × 57 × 55cm, 매입, 교환에 의한
피터 I. B. 레이번 부인 기증, 2007 (2007.95)

바버라 헵워스는 헨리 무어와 함께 20세기의 가장 위대한 영국 조각가이며 역사상 가장 유명한 여류 작가 중 한 명입니다. 거대한 영국산 느릅나무의 줄기를 직접 깎아서 제작한 〈타원형〉은 그녀가 조각가로서 절정에 이르렀을 시기에 발표되어 헵워스의 중요한 성숙기 작품 중 하나가 되었습니다. 이 작품의 난형 형상은 1933년에 인생의 전환점이 된 콘스탄틴 브랑쿠시의 파리 아틀리에를 방문해서 착상을 얻었지만, 끈은 그녀의 친한 친구이자 그녀의 남편 벤 니콜슨과 함께 영국 작가 모임의 일원이 된 헝가리 피난민 나움 가보와 라슬로 모호이너지의 작품에서 유래하였습니다.

장 팅겔리

스위스, 1925 – 1991년

나르바

1961
철근, 금속 바퀴, 튜브, 주철, 와이어, 알루미늄, 철사, 끈
218.4 × 198.1 × 160cm
매입, 교환에 의한 지오콘다 킹 유증, 루이스 S.와 메리 마이어스 재단 기증, 2006 (2006.277a – fff)

다다 예술 운동은 1916년, 취리히에서 태동하였습니다. 작품에 우연히 발견한 오브제를 사용하여 예술과 일상의 경계를 모호하게 하는 다다 운동은 혼돈 상태 또는 최소한 문명의 허식에 잠재된 혼돈을 이상으로 간주합니다. 1950년대에 마르셀 뒤샹에게 매혹된 장 팅겔리 같은 젊은 작가들은 다다의 개념을 확대하여 도발적이며 소란스럽고 호소력 있는 예술 작품을 제작하였습니다. 〈나르바〉는 팅글리의 예술가로서의 활동이 절정에 달한 시기에 제작된 작품입니다. 현대 생활에서 버려진 폐품을 모은 이 작품은 시간을 잘못 가리키고 있는 거대한 시계같이 쓸모없는 복잡한 조형을 통해 관람객을 즐겁게 만듭니다.

제임스 로젠퀴스트

미국, 1933년 출생

불의 집

1981년, 캔버스에 유채, 1.98 × 5.03m
매입, 아서 홉포크 헌 기금, 조지 A. 헌 기금, 릴라 애치슨 월러스 기증, 1982 (1982.90.1a–c)

빌보드 광고 화가로 교육받은 로젠퀴스트는 팝 아티스트로서1960년대에 대담한 구도의 대작을 제작하기 시작하였습니다. 〈불의 집〉은 당시 그의 작품의 특징인 역동감과 관능적인 품위를 명확히 나타내고 있습니다. 이 우화적인 세 폭짜리 회화에서 일상 생활의 평범한 물건들은 기묘하게 느껴집니다. 식료품 봉투는 불가사의하게 공중에 매달려 있고 초자연적인 광선을 발산하는 용광로는 창을 지나 실내로 내려오고 있으며 다수의 진홍색 립스틱은 총처럼 배열되어 있습니다. 이 작품에 나타난 폭력, 섹스, 소비지상주의에 대한 암시는 그가 1965년에 제작한 기념비적인 작품인 〈F-111〉과 같은 초기 작품과 관련됩니다. 〈F-111〉은 미 공군의 전투 폭격기, 어린이, 스파게티의 이미지를 병치하여 유혹과 위기감을 고조시키고 있습니다.

로이 릭턴스타인

미국, 1923–1997년

외출

1978년
캔버스에 유채와 마그나, 218.4 × 177.8cm
매입, 릴라 애치슨 월러스 기증, 아서 호포크 혼 기금, 장 아르프를 추모하여 아서 레이와 기금, 번힐 기금, 조세프 H. 헤이젠 재단, 사누엘 I. 뉴하우스 재단, 월터 베아리스, 마리 베논 맥헨리, 루이스 스미스, 스테판 C. 스위드 기증, 1980 (1980.420)

1960년대의 팝 아트 작품에 일상 생활의 이미지를 도입한 릭턴스타인은 1970년대에는 현대 미술사로 눈을 돌렸습니다. 자신만의 독특한 원색으로 작품을 제작하면서 릭턴스타인은 만화 등 상업적 인쇄물의 색조와 명암을 만드는 벤데이 점을 회화에서 연출하였습니다. 이 작품에서 작가는 페르낭 레제의 유명한 작품 중 한 점인 〈시골 여행〉(1954)에 등장하는 말쑥한 남성상을 차용하고 그 옆에 여성 인물을 추가하였습니다. 극적으로 축소 또는 재구성된 이 여성의 얼굴 부위는 피카소가 1930년대에 그린 초현실주의 여성상과 양식적인 연관성이 있습니다.

척 클로스

미국, 1940년 출생

루카스

1986–87년, 캔버스에 유채와 흑연, 2.54 × 2.13m
매입, 릴라 애치슨 윌러스 기증, 아널드와 밀리 글림처 기증
1987 (1987.282)

클로스가 그린 미술작가 루카스 사마라스의 거대한 초상화는 폴라로이드 사진을 격자상으로 분할하여 확대한 것입니다. 1960년대 후반에 클로스는 아크릴 물감으로 세밀하게 묘사된 포토리얼리즘 양식의 거대한 초상화를 제작하였습니다. 화면에 두상이 클로즈업된 구도를 지속적으로 사용하였지만 대상의 진정한 사실성을 표현하기 위해 콜라주에서 지문에 이르는 의외의 기법을 실험하였습니다. 사마라스의 얼굴은 가까이에서 보면 각기 고유색과 패턴을 유지하는 수천 개의 작은 사각형으로 분해되어 있다는 것을 알 수 있지만 멀리서 보면 수많은 추상 형태가 강한 충격을 주는 하나의 이미지를 만들어 내면서 루카스의 최면에 걸린 것 같은 격렬한 인상을 표현합니다.

로메어 비어든

미국, 1911–1988년

시가지

1971년
잘라서 붙인 인쇄, 채색, 금속 박지, 복사, 흑연, 잉크 마커
구아슈, 수채, 메이소나이트 위에 잉크, 전체 1.22 × 5.49m
6개 패널 121.9 × 91.4cm
사무엘 쇼어 부부 기증, 1978 (1978.61.1–.6)

이 벽화 크기의 회화는 비어든이 살았던 뉴욕 할렘가의 이웃들에게 바치는 작품입니다. 따닥따닥 붙어 있는 낮은 건물들(다세대 주택, 교회, 이발소, 주류 판매점)은 132번가와 133번가 사이 레녹스 에비뉴의 스케치에 기초하고 있습니다. 거리와 실내에서(창문과 잘린 틈으로 보임) 일하고, 쉬고, 거리에서 놀고 있는 사람들의 삽화가 인간관계와 사회 관습에 관한 신랄하고 때로는 유머러스한 관찰을 묘사하고 있습니다. 비어든은 콜라주를 독창적으로 사용하고 크기와 비례를 예기치 않게 변화시켜 표현을 강조하는 기법에 의해 도시 생활의 에너지와 복잡함을 능숙하게 포착합니다. 그의 작품의 이미지와 재료는 소박하지만 이 작품에서 르네상스 회화, 기독교 도상, 큐비즘, 아프리카 부족 조각 등 다른 미술과 문화에 관한 다중의 의미를 더하였습니다.

안젤름 키퍼

독일, 1945년 출생

겨울 풍경

1970년, 종이에 수채, 구아슈, 흑연, 42.9 × 35.6cm
데니즈와 앤드루 솔 기금, 1995 (1995.14.5)

처녀지의 풍경 또는 소위 숭고한 풍경에 대한 명상은 특히 독일에서는 낭만주의를 뜻하는 비유적 표현이었습니다. 안젤름 키퍼 〈겨울 풍경〉은 그 시대를 상기시키지만, 쟁기가 지나간 흔적이 거칠게 남아 있는 눈덮인 농지는 이 장면에 황량한 느낌을 줍니다. 육체에서 분리된 여성의 머리가 밭 위에 떠 있고 목에서는 피가 흐르고 있습니다. 빨간색 수채물감 얼룩은 백설로 덮인 지면에 핏빛이 돌게 합니다. 아폴로의 관심을 피하기 위해 자신의 아버지에 의해 월계수로 변한 다프네처럼 키퍼는 아마 신화 속에 등장하는 자연의 인격화를 염두에 두고 있었던 것 같습니다. 그러나 혈흔이 배어 있는 황량한 대지의 묘사에서 제2차 세계대전의 참화를 떠올리지 않기는 어렵습니다.

필립 거스턴

미국, 1913–1980년

거리

1977년, 캔버스에 유채, 1.75 × 2.81m
매입, 릴라 애치슨 월러스와 앤드루 솔 부부 기증, 교환에 의한 조지 A. 헌 기증, 아서 호포크 헌 기금, 1983 (1983.457)

이 기념비적인 작품은 추상표현주의자였던 거스턴이 1960년대 후반 구상화로 회귀하여 그린 작품을 특징짓는 많은 테마를 합쳐 놓았습니다. 이는 과거 추상 표현주의로서의 그의 지지자들을 아주 놀라게 하였습니다. 1974년에 쓴 글에서 거스턴은 이 시기의 직설적인 회화는 "단테가 지은 신곡의 지옥과 같은 장소"를 묘사한다고 말합니다. 이 작품은 강력하고 음산한 유머러스한 전투장면이며, 이곳의 거리는 무질서, 대립, 쓰레기로 가득 찬 장소입니다. 이 회화는 거스턴의 후기 작품의 특징인 만화 같은 인물들이 짙은 회색, 선명한 적색, 풍선껌 핑크색으로 묘사된 악몽 같은 장면에 등장하는 모순된 구조를 보여 주고 있습니다.

루치안 프로이드

영국, 독일 출생, 1922–2011년

남자 나상, 뒷모습

1991–92년
캔버스에 유채, 183.5 × 137.5cm
매입, 릴라 애치슨 월러스 기증
1993 (1993.71)

영국의 주도적 사실주의 화가인 프로이드는 모델의 신체를 꾸밈없이 묘사하면서 인간성을 드러내는 구도를 창출하였습니다. 이 회화의 모델은 런던을 거점으로 활동하던 호주인 행위예술가 레이 보워리로서 프로이드가 좋아하던 모델 중 한 명이었습니다. 보워리는 기발한 의상과 화장으로 알려졌지만 프로이드는 그의 화실에서 폭넓고 낮은 의자에 쪼그리고 앉아 있는 육중한 보워리의 나상을 묘사하였습니다. 물감을 두껍게 칠해 묘사한 살집이 좋고 거대한 그의 등은 마치 조각된 것 같습니다. 이 작품은 전통적인 초상화는 아니지만 피부의 정물화라고 할 수 있습니다.

엘 아나추이

가나, 1944년 출생

두사사 II

2007년, 우연히 발견한 알루미늄, 동선, 플라스틱 원반
5.99 m × 7.32 m × 5.1cm
매입, 레이먼드와 비벌리 새클러 21세기 미술 기금, 스테판과 난 스위드, 로이 R.과 마리 S. 노이버거 재단. 장 아르프를 기리며 아서 레이와 기금, 2008 (2008.121)

가나에서 태어났으며 현재 나이지리아에 주재하고 있는 엘 아나추이는 오늘날 가장 유명한 당대 아프리카인 조각가로 알려져 있습니다. 벽에 설치한 그의 작품은 우연히 발견된 재료를 사용해 만들어집니다.

일반적으로 수천 개의 폐품 알루미늄 뚜껑과 납작하게 해 모양을 만들고 구멍을 뚫어 구리선으로 연결한 술병 뚜껑 같은 재료가 사용됩니다. 아나추이는 자신을 조각가로 인정했지만 마치 화가 또는 태피스트리 공방의 디렉터처럼 재료를 세심하게 구성하였습니다. 그의 작품은 아프리카 전통 문화(가나의 켄테 천), 서양 미술(모자이크, 태피스트리, 구스타브 클림트의 그림), 현대 생활(주류 소비, 소비 지상주의의 잔해)에 기반을 두고 있습니다. 아나추이에 따르면, 이 작품의 제목 〈두사사〉는 "마을 주민들이 팀을 이뤄 제작한 공동 패치워크"로 번역할 수 있는데, 그의 조수들을 가르킵니다.

사진

메트로폴리탄 박물관은 1830년대 사진의 발명에서 비디오와 새로운 미디어로 표현한 가장 최근작을 망라하는 4만 점 이상의 사진 관련 작품을 소장하고 있습니다. 본 박물관의 컬렉션은 1928년 미국의 사진가 앨프리드 스티글리츠가 자신의 작품 22점을 처음 기증한 것을 계기로 시작되었으며, 후에 그가 유증한 픽토리얼리즘 사진 600점으로 더욱 충실해졌습니다. 스티글리츠 컬렉션은 그 후 추가된 소장품과 함께 박물관 사진 컬렉션의 중요한 부분을 형성하고 있습니다. 그 외 중요한 컬렉션으로는 양차 세계대전 사이에 촬영된 미국과 유럽의 아방가르드 사진 500점을 수집한 포드 자동차 회사 컬렉션, 영국의 초기 걸작을 포함한 루벨 컬렉션, 19세기 프랑스, 영국, 미국 사진 및 20세기 초 모더니즘 시기의 걸작을 포함한 길먼 컬렉션, 미국의 사진가 워커 에버스와 다이안 아버스의 사진 컬렉션이 있습니다. 메트로폴리탄 박물관의 컬렉션은 1960년 이후 전개된 다양한 사진의 궤적을 더욱 풍부하게 보여주고 있습니다. 이 소장품은 개념 예술, 대지 미술, 보디 아트, 베른트와 힐라 베허 부부와 문하생이 중심이 된 뒤셀도르프파, 픽처 제너레이션 그룹의 사진가 그리고 사진을 작품에 도입했던 중요한 현대 미술가들의 작품으로 구성됩니다. 이러한 사진의 핵심 컬렉션은 포토저널리즘, 패션, 광고, 과학, 민속학적인 내용의 사진 및 일반인이 촬영한 사진 등 엄선된 사진 작품이 추가되어 현대 사회에서 사진 매체의 보편성과 편재성을 시각적으로 증언하고 있습니다.

장-바티스트-루이 그로

프랑스, 1793–1870년

그로 남작의 살롱

1850–57년, 다게레오타이프, 22 × 17.1cm
매입, 플레처 기금, 조이스 F. 멘셜 기증, 루이스 V. 벨 기금
앨프리드 스티글리츠 소사이어티 및 W. 브루스와 델라니 H.
런드버그 기증
2010 (2010.23)

이 작품의 넉넉한 장면 설정과 은은하고 매혹적인 빛의 효과는 그로의 탁월한 다게레오타이프 기술과 세련된 시각적 감성을 동시에 보여 줍니다. 창가에 배치되어 실루엣으로 윤곽만 보이는 물병, 비스듬히 비치는 광선을 받도록 배치되어 앉아 보고 싶은 느낌을 주는 등받이가 높은 고급 의자, 표면이 반사되지만 선명하게 식별할 수 있는 이젤 위 다게레오타이프 사진들, 무대 배경처럼 닫혀 있는 커튼 등 세부는 완벽하게 설정되어 있습니다. 이 작품은 실내 및 정물 사진이라기보다는 그로 남작의 사회적인 지위, 미의식, 여행, 재능을 보여주는 초상화에 가깝습니다.

위

앨버트 샌즈 사우스워스

미국, 1811–1894년

조사이어 존슨 호스

미국, 1808–1901년

레무엘 쇼 매사추세츠 주 대법원 수석 재판관

1850년, 다게레오타이프, 21.6 × 16.5cm
에드워드 S. 호스, 앨리스 메리 호스 및 매리언 오거스타 호스 기증, 1938 (38.34)

사우스워스와 호스가 공동 운영했던 보스턴 파트너십 사진관은 저명한 정치인, 지식인, 예술가들을 포함하는 고객을 대상으로 미국 최고의 다게레오타이프 초상화 사진을 촬영하였습니다. 1839년 파리에서 일반에게 공개된 최초의 사진 기술인 다게레오타이프는 전 세계적으로 빠르게 보급되었습니다. 연마한 은도금 동판을 카메라 옵스쿠라에서 노출시킨 후 수은 증기로 현상한 사진은 충분한 빛이 있는 데서 보면 경이로운 세부 묘사와 입체감을 나타냈습니다. 강한 태양광과 재능 있는 사진가의 통찰력으로 입체감 있게 표현한 레무엘 쇼의 당당한 존재감은 스튜디오에서 간접 조명으로 촬영하던 종래의 초상 사진에서 벗어나게 되는 주목할 만한 전환점을 보여줍니다.

아래

오네시페 아구아도

프랑스, 1827–1894년

여인의 뒷모습

1862년경, 유리 음화를 과학염으로 처리한 종이에 인화
30.8 × 25.8cm, 길먼 컬렉션, 매입, 조이스 F. 멘셜 기증
2005 (2005.100.1)

부유한 아마추어 사진작가로서 프랑스 궁정을 출입했던 아구아도가 촬영한 이 작품은 초상화인 동시에 패션 사진이며 장난삼아 찍은 사진입니다. 능숙한 하녀의 솜씨임을 알 수 있는 정교하게 쪽진 머리, 신중한 보석 장식품, 화려한 직물은 이 여성의 높은 사회적 지위와 품격 있는 신분을 시사하고 있습니다. 여인이 누구인지 궁금하지만 피사체의 저항할 수 없는 신비한 분위기가 더 중요해 보입니다. 이 작품과 짝을 이루는 사진에는 턱을 당기며 난처한 표정을 짓고 있는 동일한 여인의 얼굴 옆모습이 찍혀 있습니다.

구스타브 르 그레
프랑스, 1820 - 1884년

세테의 큰 파도
1857년 유리 음화에 은염 인화, 33.7 × 41.4cm
존 골드스미스 필립스 기증, 1976 (1976.646)

르 그레가 이 해경 사진을 촬영했던 시대의 대부분 사진가들은 한 장의 사진에서 풍경과 하늘의 적절한 노출을 동시에 획득하는 것은 불가능하다고 생각하였습니다. 따라서 그의 작품에 보이는 해경의 햇빛과 구름, 파도의 극적인 효과는 동시대의 사진가들에게 큰 감명을 주었습니다. 르 그레는 바다와 하늘을 따로 촬영한 두 장의 음화를 한 장의 인화지에 사용함으로써 이 문제를 해결하였습니다. 음화는 때로 다른 시간에 다른 장소에서 촬영하였습니다. 르 그레의 해경 사진은 사진의 기술적인 성과뿐 아니라 전례 없는 시적인 효과를 표현했기 때문에 반향을 불러 일으켰습니다.

칼턴 왓킨스
미국, 1829–1916년

셀릴로 인근 케이프 혼
1867년
유리 음화에 은염 인화
40 × 52.4cm, 길먼 컬렉션, 매입, 조이스와 로버트 멘셜을 통한 호레스 W. 골드스미스 재단 기증
2005 (2005.100.109)

매체에 상관없이 가장 뛰어난 풍경 작가 중의 한 사람인 칼턴 왓킨스는 오리건 주 포틀랜드의 컬럼비아 강에서 100마일 정도 상류에 위치한 혼 영역의 하늘, 강, 철도, 절벽이 있는 경이로운 풍경을 거대한 판유리 음화로 촬영하였습니다. 셀릴로는 오리건 증기선 항해회사가 의뢰한 4개월간의 조사에서 가장 멀리 떨어진 곳에 있었습니다. 자연과 인간의 개발 사이의 교묘한 균형을 보여주는 이 사진은 미국인이 이 대륙을 지배할 운명을 지녔다는 신념을 암시하는 시각적인 은유로 해석될 수 있습니다.

위

줄리아 마거릿 캐머런

영국, 1815–1879년

필립 스탠호프 워슬리

1866년, 유리 음화에 은염 인화
30.4 × 25cm
길먼 컬렉션, 매입, 조이스와 로버트 멘셜을 통한 호레스 W. 골드스미스 재단 기증
2005 (2005.100.27)

필립 스탠호프 워슬리는 옥스퍼드대 출신 시인으로서 서사시 〈오디세이〉와 〈일리아드〉의 일부를 스펜서의 시체로 번역하였습니다. 어린 시절 앓았던 결핵 때문에 그는 와이트 섬의 프레시워터에서30살에 요절하였는데, 줄리아 마거릿 캐머런 역시 그곳에 살았습니다. 워슬리가 타계한 해에 촬영된 이 초상 사진은 지식인으로서 응축된 삶과 비극적인 일면을 선명하게 나타냅니다. 흐릿한 배경을 바탕으로 워슬리의 얼굴이 드러나며 불길하게 올려다 보는 그의 시선은 화면의 중앙을 차지하고 있습니다. 자기 희생의 암시, 천에 싸인 몸, 극적인 어둠을 압도하는 커다란 두상은 워슬리의 최면을 거는 듯한 엄숙함을 강조하고 있습니다.

아래

토머스 에이킨스

미국, 1844–1916년

그리스 의상을 입은 두 여학생

1883년
백금 프린트, 36.8 × 26.7cm
데이비드 헌터 맥알핀 기금
1943 (43.87.17)

토머스 에이킨스는 자신이 제작하는 회화의 사실성을 높이기 위해 카메라를 사용하였습니다. 그는 필라델피아의 펜실베이니아 미술학교 학생들을 모델로 하여 인체 조형 연구에 직접적인 도움을 준 방대한 사진 카탈로그를 편집하였습니다.백금 코팅을 입힌 대형 인화지에 제작된 이 사진은 포즈와 제스처에 관한 습작입니다. 모델들은 벽에 걸려 있는 일습의 목재 팔레트 아래의 작업대에 놓여 있는 에이킨스의 부조 작품 〈아르카디아〉(1883)에 등장하는 인물의 자세를 의도적으로 모방하고 있습니다.

에드워드 스타이컨

미국, 룩셈부르크 출생, 1879–1973년

플랫아이언 빌딩

1904년, 백금 프린트에 검 인화, 47.8 × 38.4cm
앨프리드 스티글리츠 컬렉션, 1933 (33.43.43)

이 사진에서 스타이컨이 사용한 색은 휘슬러의 녹턴 연작을 연상하게 하며 전경의 나뭇가지는 19세기 말부터 20세기 초까지 파리에서 유행했던 일본 목판화의 구도를 따르고 있지만 주제는 현대 미국의 고유한 광경입니다. 뉴욕 시의 메디슨 스퀘어에 당시 완공된 22층의 이 고층 건물은 너무 높아서 이 사진에 전체 모습을 담을 수 없었습니다. 메트로폴리탄 박물관의 사진 컬렉션에서 주옥같은 스타이컨의 〈플랫아이언 빌딩〉 3연작을 빼놓을 수 없습니다. 황혼의 변하는 시간에 따라 다른 색조로 인화된 이 연작은 사진이 스케일, 색상, 개성, 표현력에서 회화에 필적할 수 있다는 것을 강력하게 주장하고 있습니다.

조지 쉴리

미국, 1880 – 1955년

겨울 풍경

1909년
백금 프린트 위에 검 인화
43.7 ×53.8cm
길먼 컬렉션, 매입, 조이스와 로버트 멘셜을 통한 호레스 W. 골드스미스 재단 기증, 2005 (2005.100.116)

보스턴에서 화가로 교육받은 쉴리는 1906년 앨프리드 스티글리츠가 중심이 된 예술가 그룹인 사진 분리파에 참여하였습니다. 1908년 스티글리츠의 갤러리 291에서 열린 자신의 두 번째 개인전을 위해 뉴욕을 방문한 쉴리는 처음으로 동료 작가가 제작한 원본 사진을 보게 되었습니다. 얼어붙은 연못에 내린 눈을 주제로 한 이 습작은 그가 특히 감명을 받았던 에드워드 스타이컨 사진의 영향을 보여주는 것 같습니다. 극도로 절제된 색조와 아르 누보 양식의 곡선과 호응하는 분명한 윤곽선은 동시대의 가장 추상적인 사진 중 하나였습니다.

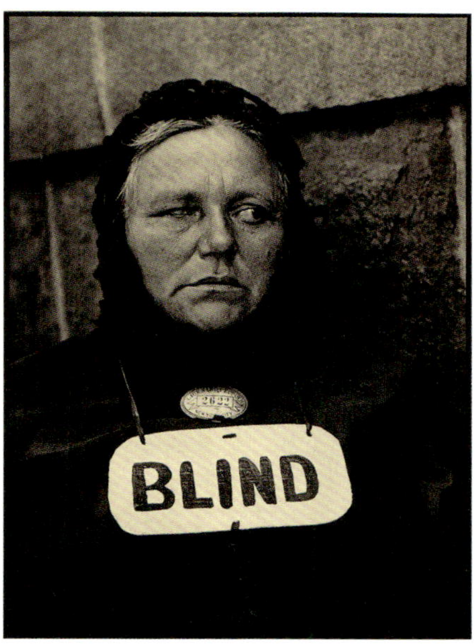

폴 스트랜드

미국, 1890 – 1976년

맹인 여인

1916년, 플래티늄 프린트, 34 × 25.7cm
앨프리드 스티글리츠 컬렉션, 1933 (33.43.334)

1916년 스트랜드는 휴대용 카메라의 측면에 가짜 렌즈를 달아 그쪽 방향으로 사진을 촬영하는 것처럼 카메라를 가리키면서 실제로는 다른 방향에 있는 피사체를 촬영하는 기법으로 거리에 있는 사람들의 사실적인 초상 시리즈를 제작하였습니다. 노점 상인을 촬영한 이 참신한 사진은 1917년에 앨프리드 스티글리츠의 잡지, 『카메라 워크』에 연재되었습니다. 즉시, 이 사진은 사회의 기록이라는 휴머니즘과 조형을 대담하게 단순화하는 모더니즘을 융합한 새로운 미국 사진의 상징이 되었습니다. 이 거대한 백금 프린트는 제작 당시 전시된 작품으로서 유일하게 알려진 원본 프린트입니다.

맨 레이

미국, 1890–1976년

레이오그래프

1923–28년
젤라틴 은 프린트, 49 × 39.8cm
길먼 컬렉션, 매입, 조이스와 로버트 맨설을 통한 호레스 W. 골드스미스 재단 기증, 2005 (2005.100.140)

초현실주의의 애매함을 추구했던 맨 레이에게는 감광지에 피사체를 직접 배치하고 카메라를 사용하지 않고 광선에 노출시키는 과정인 포토그램은 안성맞춤이었습니다. 맨 레이의 친구인 트리스탕 차라는 이것을 "레이오그래프"라고 칭했지만 포토그램은 똑같은 이미지를 두 번 반복하여 만들 수 없었고 조정도 거의 불가능한 기법이었습니다. 맨 레이의 가장 큰 레이오그래프 중의 하나인 이 작품에서 액상 화학약품으로 "채색된" 어두컴컴한 배경 위로 백색으로 빛나는 형상들이 떠다니는데, 이는 천지창조의 은유를 나타내는 것 같습니다.

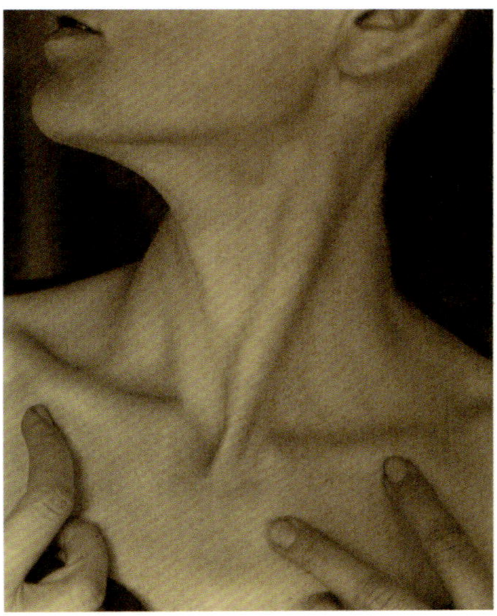

앨프리드 스티글리츠

미국, 1864–1946년

조지아 오키프–목

1921년
팔라듐 프린트, 23.6 × 19.2cm
조지아 오키프 재단과 제니퍼 및 조세프 듀크의 호의로 조지아 오키프 기증, 1997 (1997.61.19)

1917년부터 1937년까지 스티글리츠는 조지아 오키프를 모델로 하여 300장이 넘는 사진을 촬영하였습니다. 그 중 한 점인 이 작품은 합성 기법에 의한 희귀한 초상 사진입니다. 스티글리츠는 초상 사진은 모델이 겪은 전반적인 경험의 기록으로서 표현적인 움직임, 감정, 몸짓을 종합하여 인생을 상징해야 한다고 생각하였습니다. 그는 "완전한 초상 사진을 촬영하는 것은 영화를 한 장의 정지 사진으로 응축하라고 요구하는 것만큼 무의미한 일이다"라고 주장하였습니다.

찰스 실러

미국, 1883 – 1965년

교차 운반기, 포드 자동차 회사의 리버 루지 공장

1927년
젤라틴 은 프린트, 23.5 × 18.8cm
포드 자동차 회사 컬렉션, 포드 자동차 회사와 존 C. 워델 기증, 1987 (1987.1100.1)

엄밀한 사실성을 추구했던 정밀주의 화가 및 사진가인 실러는 미국의 고유한 건축에 나타나는 윤곽이 예리한 조형에서 조화로운 통일성을 일관성 있게 표현하였습니다. 디트로이트 근교의 포드사 공장을 촬영한 그의 사진 연작은 포드사가 광고 대행사를 통해 의뢰한 작품입니다. 기술 유토피아를 보여주는 이 중후한 이미지는 1920년대에 유럽과 미국에 널리 소개되어 초기 근대 공업 생산의 초월적인 힘을 상징하는 기념비적인 작품이 되었습니다.

워커 에번스

미국, 1903 – 1975년

소작 농가의 부엌 한구석, 앨라배마 주 헤일 카운티

1936년, 젤라틴 은 프린트, 19.5 × 16.1cm
매입, 조이스와 로버트 멘셜을 통한 호라스 W. 골드스미스 재단 기증, 1988 (1988.1030)

1936년 여름, 워커 에번스는 친구이며 작가인 제임스 에이지와 함께 미국 남부의 면재배 소작농에 관한 기사를 공동 집필하였습니다. 이 기사는 발표되지 않았지만 후에 『이제 유명한 자들을 찬양합시다』(1941년)라는 표제로 출간되어 대공황 시대를 대표하는 걸작이 되었습니다. 에이지는 세 채의 농가를 취재했고 에번스는 그들의 초상 사진뿐 아니라 가옥과 가구, 의류, 토지를 자세히 촬영하였습니다. 소박한 빗자루, 낡은 면직물, 사다리 모양의 등받이 의자 등을 애정과 존경심을 갖고 촬영한 이 사진은 어느 농가에서는 모든 것이 "혀로 핥아도 될 정도로 청결했다"는 에이지의 회상을 생각나게 합니다.

다이안 아버스

미국, 1923–1971년

뉴욕 시 센트럴파크에서 장난감 수류탄을 쥐고 있는 소년

1962년
젤라틴 은 프린트, 39.5 × 38.3cm
매입, 제니퍼 및 조세프 듀크 기증, 2001 (2001.474)

지난 반 세기 동안 가장 영향력 있는 예술가 중 한 명인 다이안 아버스는 미국 사회의 보통 사람들과 사회로부터 소외된 사람들을 비판적으로 적나라하게 촬영하여 초상 사진에 대한 통념을 일신하였습니다. 1962년 아름다운 어느 날 센트럴파크에서 작가와 소년은 서로 마주보고 있었습니다. 쏠 것 같은 시선으로 서로 상대를 노려보고 있지만 무해한 무기(플라스틱제 장난감 수류탄과 카메라)로 무장한 두 사람은 짧지만 견딜 수 없는 긴장에 이르러서야 무승부를 인정하였습니다. 아버스는 예리한 통찰력으로 폭발 직전의 긴박감을 포착하고 그것을 어린 시절의 장난, 전쟁 그리고 사회에서 사진가의 역할 등에 대한 인상 깊은 사진으로 번안하는 데 성공하였습니다.

앤디 워홀

미국, 1928–1987년

자화상

1979년
즉석 칼라 프린트, 61 × 50.8cm
매입, 시각 예술을 위한 앤디 워홀 재단 기증, 조이스와 로버트 멘셜 기증 및 로저스 기금, 1995 (1995.251)

고통을 참고 있는 재클린 케네디의 상징적인 묘사로부터 1970년대 중반의 두개골을 그린 유화에 이르기까지 워홀의 많은 작품은 인생무상에 대한 명상으로 이해될 수 있습니다. 이상하게 창백하며 눈을 감고 있는 워홀은 이 초상화에서 현세의 육체적 고통과 내세의 눈부신 백색 빛 사이에 유예된 순교자의 모습으로 보입니다. 워홀의 많은 자화상에서 사용했던 전형적인 교활함을 찾을 수 없는 이 충격적인 사진은 1968년 자신에게 일어났던 살인 미수 사건을 회고하는 동시에 얼마 남지 않은 그의 생을 불길하게 예견하고 있는 것 같습니다.

제프 월

캐나다, 1946년 출생

이야기꾼

1986년
라이트 박스에 투명 필름 은색소 표백방식 인화
2.29 × 4.37m
매입, 샬린과 데이비드 호우, 헨리 니아스 재단, 제니퍼 솔, 로버트 아파, 해리엇 에임스 자선 신탁, 개리와 사라 울코비츠 기증, 2006 (2006.91)

월은 이 작품을 제작하기 위해 그가 목격했던 일상적 장면을 재현하였습니다. 아마추어 배우와 실제 장소를 사용하여 버스 정류장이나 공항의 광고판에서 볼 수 있는 백라이트 조명의 투명 필름 형식으로서 최종 작품을 제시합니다. 이 작품을 자세히 들여다보면, 일부 인물들의 포즈는 프랑스의 거장 에두아르 마네와 조르주 쇠라의 회화에 등장하는 인물과 흡사함을 알 수 있습니다. 마네와 쇠라 역시 과거 거장들을 모방하며 작품을 제작하였습니다.

리처드 프린스

미국, 1949년 출생

무제(카우보이)

1989년
발색 현상 인화
127 × 177.8cm
매입, 조이스와 로버트 멘셜을 통한 호라스 W. 골드 스미스 재단 기증, 제니퍼와 조세프 듀크 기증, 2000 (2000.272)

〈무제(카우보이)〉는 항상 미국의 원형을 나타내는 이미지의 해체를 모색하던 프린스의 최고 걸작입니다. 프린스의 작품에 등장하는 카우보이는 최초의 서부 개척자들로부터 당시 임기를 다 채운 로널드 레이건 대통령과 더불어 미국의 원형을 상징하는 이미지입니다. 프린스의 사진 작품은 신화(카우보이)의 복제(광고)를 복제(사진)한 이미지로서 실제 체험이 아닌 이미지에 항상 매혹되는 우리 문화, 즉 작가가 "실제와 가장 가까운 것"이라고 말한 바 있는 문화에 대한 통렬한 비판입니다.

맞은편 아래

토마스 슈트루트

독일, 1954년 출생

나폴리 지역의 산 로렌초 마조레 성당의 복원 전문가들

1988년, 발색 현상 인화, 119.1 × 159.7cm
매입, 조이스와 로버트 멘셜을 통한 바이탈 프로젝트 기금 기증, 앨프리드 스타글리츠 소사이어티 기증, 제니퍼 솔 기증, 모타이머 D. 새클러 박사, 테레사 새클러와 가족 기증, 개리와 사라 울코비츠 기증, 2010 (2010.121)

1980년대 말 슈트루트는 소비 상품의 범람과 언론의 선동으로 조성된 문화 속에서 예술이 나아갈 길을 잃었다고 느꼈습니다. 바로 이때 그가 제작한 〈복원 전문가들〉은 작가의 고유한 작품 이미지를 나타낼 뿐만 아니라 미술관과 교회, 그 외 "문화의 성당"에서 미술 작품을 감상하는 사람들을 촬영한 슈트루트의 가장 유명한 대형 컬러 사진 연작의 초창기 작품입니다. 이 작품은 혈연 관계는 아니지만 공동의 목적을 위해 모인 개인 집단을 묘사한 점에서는 일종의 가족 사진이라고 할 수 있습니다. 현대 사회에서 필요한 과거를 복원하는 복원 전문가들의 역할은 슈트루트 자신과 흡사한 데가 많습니다.

데이비드 하몬즈

미국, 1943년 출생

팻 프리

1995년
싱글 채널 비디오, 컬러, 음향 효과 5분 14초, 다양한 크기
매입, 앨프리드 스타이글리츠 소사이어티 기증, 2003
(2003.269)

무당이자 행상인이었던 하몬즈는 뉴욕 고급 주택가 보도에서 눈 덩이를 팔았고 닭의 뼈와 할렘가의 이발소에서 모은 인간의 머리카락으로 우아하며(눈 덩이보다는 오래 갔지만) 수명이 짧은 조각 작품을 만들었고 1989년에는 얼굴을 백색으로 칠한 제시 잭슨의 거대한 초상화를 워싱턴 D.C.의 거대한 빌보드에 전시하였습니다. 하몬즈의 유일한 비디오 작품인 〈팻 프리〉는 쓰레기통을 맹렬히 두드리는 듯한 큰 소리가 울리면서 시작되는데, 이는 정체를 알 수 없는 인물이 밤중에 "버킷을 발로 차면서" 바워리를 지나가며 내는 소리로서 공포감을 주는 동시에 유쾌한 자명종 소리와 같은 인상을 줍니다.

작품 색인

사진 출처

메트로폴리탄 박물관은 비영리 교육 사명에 따라 저작권을 준수하기 위해 노력합니다. 본서에 부적절하게 포함된 자료가 있다고 믿을 경우 메트로폴리탄 박물관의 편집 부서에 문의하십시오.

발행
뉴욕 메트로폴리탄 박물관

발행인 겸 편집책임자_마크 폴리자티
공동발행인 겸 출판 총괄 부담당자_그웬 로진스키
제작 담당자_피터 안토니
편집 주필_마이클 시텐펠드
편집 부주필_로버트 와이스버그
제작 매니저_보니 래식 및 크리스 지켈로
이미지 인수 및 게재허가 담당_제인 S. 타이

편집_해리엇 휄첼, 마가렛 아스핀월, 그리고 엘리사 어바넬리
프로젝트 관리자_엘리자베스 제켈라

디자인_스티븐 쇤펠더
서체_센토와 샤파랄
인쇄지_130 gm "“Cartiere Burgo R4”
분리 가공_Professional Graphics, Inc., 리노이주 락포드
인쇄 및 제본_Conti Tipocolor, S.p.A., 피렌체, 이탈리아

표지화: (전면) 장-레옹 제롬, 바쉬보주크(세부), 1868 – 69년(282쪽); (뒤표지 페이지) 가노 산세츠, 노매도(세부), 1647년경(106쪽)

1쪽: 발타자르 페르모저, 마르시아스 흉상(세부), 1680 – 85년경(310쪽)
2쪽: 오네시페 아구아도, 여인의 뒷모습(세부), 1862년경(438쪽)
3쪽: 앉아서 키타라를 연주하는 여인을 그린 벽화(세부). 로마, 공화국시대말(78쪽)
4쪽: 수렵 문양이 있는 접시. 이란, 사산 왕조시대(37쪽)
5쪽: 직물(세부). 터키, 이스탄불 추정, 1565 – 80년경(138쪽)
6쪽: 어머니 여왕의 펜던트 가면. 나이지리아, 베닌 왕국, 에도족, 16세기(145쪽)
7쪽: 존 싱어 사전트, 마담 X(세부), 1883 – 84년(373쪽)
8쪽: 석고상을 전시한 메트로폴리탄 박물관 메인 홀
10쪽: 엘즈워스 켈리, 청색, 녹색, 적색, 1963년(세부)(427쪽)
12쪽: 소축제를 묘사하는 피치와이(세부). 인도, 데칸 고원, 18세기 말 – 19세기 초(120쪽)

메트로폴리탄 박물관 소장 작품의 사진은 달리 명시하지 않는 한 메트로폴리탄 박물관 사진 스튜디오에서 촬영했습니다. 그 외 다른 사진의 출전은 455쪽에 기재되어 있습니다.

메트로폴리탄 박물관
5번가 1000번지
뉴욕, 뉴욕주 10028
metmuseum.org

메트로폴리탄 박물관 가이드북

2014년 8월 20일 발행
지은이_메트로폴리탄 박물관
펴낸이_윤철호
펴낸곳_(주)사회평론아카데미
등록번호_2013-000247(2013년 8월 23일)
전화_02-2191-1133
팩스_02-326-1626
주소_121-844 서울특별시 마포구 월드컵북로12길 17(5층)
ISBN_979-11-85617-06-0 03650